爸爸课
好爸爸是这样炼成的

主　编　时遂营
编写者　岑新尚　杨　光
　　　　王晓艳　徐印芳

长江出版传媒　长江少年儿童出版社

图书在版编目（CIP）数据

爸爸课／时遂营编．—武汉：长江少年儿童出版社有限公司，2014.4
ISBN 978-7-5353-9999-1

Ⅰ.①爸… Ⅱ.①时… Ⅲ.①家庭教育 Ⅳ.①G78

中国版本图书馆CIP数据核字（2013）第283825号

爸爸课——好爸爸是这样炼成的

出 品 人：	李　兵
选题策划：	张国龙
责任编辑：	黎　蕾
版式设计：	韩中华
出版发行：	长江少年儿童出版社有限公司
印　　刷：	北京盛源印刷有限公司
经　　销：	全国各地书店
开　　本：	16
印　　张：	20
规　　格：	710mm×1000mm
版　　次：	2014年4月第1版　2014年4月第1次印刷
书　　号：	ISBN 978-7-5353-9999-1
定　　价：	35.00元

版权所有　翻印必究

目录 Contents

A篇　老爸，老爸，我们是谁呀？

第一章 | 老爸眼中我最棒！ ……… 3

① "老爸，说你爱我，快！"不要把听话作为评价孩子的唯一标准 …… 3
② "宝贝，你永远是老爸的大拇指。"让拇指教育代替食指教育 …… 7
③ "我不是大明星，我是小王子。"好爸爸自己带孩子 ……… 10
④ "爸爸，我们一起荡秋千。"好爸爸与孩子一起边学边玩 ……… 16
⑤ "有我在就天不怕地不怕。"有担当的孩子更自信 ……… 23
⑥ "宝贝，宝贝，我是你的大树。"教孩子直面挫折，做最勇敢的我 …… 28
⑦ "反正你是我的爸爸。"别让你的爱成为孩子的负担 ……… 33

第二章 | 让孩子成为自己眼中最棒的自我 ……… 41

① "我要到顶上呢！"别用分数衡量一切 ……… 41
② "老爸，你也是小屁孩吗？"我们都曾经是小孩 ……… 46
③ "我想成为超人！"与孩子一起呵护梦想 ……… 50
④ "我虽然不帅，但我很酷！"理智对待孩子的优缺点 ……… 55
⑤ "我不是伪娘，我要学习踢足球。"与孩子分享性别优势 ……… 60
⑥ 一起写下一撇一捺，牵着孩子的手，脚踏实地地走 ……… 65

B篇　老爸，老爸，我们去哪里呀？

第三章 | 那些人，那些事，那些地方 ……… 75

① "宝贝，你是你的主人。"尊重孩子的隐私权 ……… 75

② "我这样做是不是特丢份啊!" 友情的甜蜜共同体味 …………… 79
③ "我不想邀请明明帮我过生日。" 学会与自己不喜欢的人友好相处 …… 85
④ "老爸,我肚子疼,要请假。" 拒绝教师权威对孩子的伤害 ………… 93
⑤ "爷爷,我和你一起拾垃圾吧!" 警惕无意间抹杀了天使宝贝的善心 … 100
⑥ "我不住校,我要回家。" 不能改变世界就改变自己 ………………… 105
⑦ "爸爸,对不起,你打我吧!" 尊重他人,保有自我 ………………… 110

第四章 | 在路上,爬,爬,爬 ……………………………………… 116

① "爸爸,为什么沙漠里都是沙子?" 与孩子共学生活常识 …………… 116
② "我要攒钱买诺亚方舟船票。" 共担风雨,为明天做准备 …………… 122
③ "我要,我要,我都要!" 教孩子学会选择,懂得放弃 ……………… 126
④ "这条路,爬,爬,爬……" 与孩子一块儿锻炼毅力 ………………… 130
⑤ "有一种爱,叫手放开。" 培养孩子的独立能力 …………………… 136
⑥ "爷爷,你在家你要好好的。" 家是永远的温暖港湾 ………………… 140

C篇 老爸,老爸,我们在哪里呀?

第五章 | 牵着孩子学走路 …………………………………………… 147

① 孩子在这头,老爸在那头:要独立更要安全 ………………………… 147
② 柔弱小鬼,勇气大侠:教孩子从容应对、以智取胜 ………………… 156
③ "我不要你这样的坏朋友!" 不让孩子被校园帮派伤害 ……………… 161
④ "要钱还是要命!" 和孩子一起学习十大抢劫应对法 ………………… 165
⑤ "温柔"的陷阱:妥善处理性侵害 …………………………………… 170
⑥ "老师很生气,后果很严重吗?" 不让暴力教师"以教之名"伤害孩子 … 175
⑦ "老爸,我可以放屁吗?" 做不打不骂的好爸爸 ……………………… 180
⑧ "老爸,我可以一个人在家吗?" 必须教给孩子的那些居家安全必
  备常识 ………………………………………………………………… 185

第六章 | 一生陪你看日出 …………………………………………… 188

① 网络不是青城剑,是双刃剑:教孩子正确使用网络 ………………… 188

② 做君子，不做瘾君子：教孩子拒绝陷入白色诱惑的泥潭 …………… 192
③ 一起走过"性"窦初开的日子：怎样对孩子进行性教育 …………… 197
④ 人生就像愤怒的小鸟：做电子游戏的主人 ……………………………… 203
⑤ "抽烟身体好，赌博练头脑。"教孩子远离赌博 ……………………… 208
⑥ "我怕妈妈不在，我就不听话了。"与孩子一道了解旅行安全注意事项 … 211
⑦ 穿越 hold 住：理智对待孩子追星 ……………………………………… 215
⑧ "爸爸，苹果三件套你给我备了吗？"与孩子一起勤俭节约 ………… 220

D篇 老爸，老爸，我们一起发芽！

第七章 好爸爸也是好妈妈 …………………………………………… 229

① 大扫除，全家总动员：注重培养孩子的劳动观念 …………………… 229
② 富爸爸、穷爸爸：理财教育从小开始 ………………………………… 235
③ "我没有别的才能，只有强烈的好奇心。"好奇心造就好孩子 ……… 241
④ 与其咒骂黑暗，不如燃起一支明烛：培养孩子的行动力 …………… 249
⑤ 欢迎来到"为什么"时代：注重培养孩子独立思考和判断的能力 … 255
⑥ 一二三，向后转：培养孩子的创造性 ………………………………… 261
⑦ 三寸之舌，强于百万之师：培养孩子的语言能力 …………………… 266

第八章 好爸爸也是好老师 …………………………………………… 272

① "数到三，爸爸就抱你走。"要让孩子养成勤于锻炼的好习惯 ……… 272
② "孩子，你的眼睛能发现美。"培养孩子的审美能力 ………………… 277
③ 从小就要爱科学：怎样教孩子爱科学 ………………………………… 281
④ 真善美就是正能量：与孩子一起提升素养 …………………………… 286
⑤ 孩子也是父母的老师：共同面对信息时代 …………………………… 291
⑥ "老爸，现乃反哺教育时代。"和孩子一起面对数字化生存的挑战 … 297
⑦ "请老爸放心，我会继续加油的。"尽力做好现在，把握将来 ……… 301

序言　是爸爸，就是男人
——爸爸进化史

"老爸，老爸，我们去哪里呀……"

下课了，两个学生会的女生在楼道里欢快地哼起了《爸爸去哪儿》的主题歌。

湖南卫视节目《爸爸去哪儿》火了，也火了这首耳目一新的儿歌。我一直以为，这首和孩子的生活更贴合、更融入、更能促进亲子关系的歌曲，传唱者如果不是儿童，也该是为人父母者。当这首温暖有爱的儿歌从大学生口中唱出时，我不禁为之一震。

看来，2013年的中国已全民启动了"爸爸去哪儿"模式，连总书记视察庆丰包子铺的体察民情，都演绎成了习大大排队吃包子的全民狂欢。

"爸爸去哪儿"模式的开启，是在"高铁上"行进的中国人烦躁之后对"慢节奏"的渴求。"一万年太久，只争朝夕"。很多人将过多的精力放在赚更多的钱、成就更大的事业上，以至于步履匆匆，没有时间感的中国人变成了最着急、最不耐烦的地球人。哲学家克尔凯郭尔说过："大多数人在追求快乐时，急得上气不接下气，以至于和快乐擦肩而过。"影响快乐的主要因素是家庭，今天的中国人过于重视给家庭带来物质保障，却忽视了与家庭成员在精神层面的深层交流。

"爸爸去哪儿"模式的开启，也是中国人对长期"女主内、男主外"文化中存在"父亲角色失位"的重新审视。我们的古训说"养不教，父之过"，但在中国人的童年中，爸爸的影响远没有达到足够的强势。在中国的传统家教中，"孟母三迁"、"岳母刺字"、"欧母画荻"、"陶母责子"等故事早已成为家教典范，千古佳话。但在这些教子故事中却鲜有爸爸的角

色和身影。

爸爸，有着一个怎样的进化史？又如何潜移默化地影响着孩子的一生？从"父亲"到"爸爸"，从"爸爸"到"老爸"，称谓的变迁又蕴涵了怎样的亲子关系？

在甲骨文中，"父"字像一把斧头，象征着劳动。但也有人说，这个字手持的是一根木棒，象征着教育子女。棍棒底下出孝子，棍棒底下出教育。因此，父亲是手持棍棒的惩戒者，是不打不成器的执行者；父亲是一座山，高大威严；父亲是一汪水，深藏不露。

《易·说卦》曰：父者，子之天也。这种天父意象的心理原型赋予了父亲作为保护者和赐予者的角色。在现代家庭中，他的工作是外部世界，身份是家庭的保护者和供养者，他生活在家庭的边缘，而不是家庭的中心，他是熟悉而又陌生的角色，为家庭制造的是紧张的气氛。

在我们的记忆中，父亲冰冷角色中开始渗出的一丝暖意，是从朱自清的《背影》中透射出来的。在奔丧、葬母、变卖典质、赋闲谋事、老境颓唐等一系列不顺利和多灾多难的境况中，父亲执着而迂阔、勉力而蹒跚地为儿子买橘的背影动人心弦，穿透了一代又一代的读者心灵。文中表现出的"五四"之后"父子关系中最真诚、最动人的天伦觉醒"，让父亲第一次冲破了"父为子纲"的桎梏，回到了我们的家庭生活之中。

1919年，《新青年》第六卷第六号发表了鲁迅的《我们现在怎样做父亲》。鲁迅认为，当好父母"是一件极伟大的要紧的事，也是一件极艰苦困难的事"。冷峻理性的鲁迅和至情感性的朱自清，在父亲回归家庭的人本主义道路上，心有灵犀地走在了一起。

从此，"父亲"开始向"爸爸"转变。"爸"字最早出现在三国时期，可是这个字在我国古代基本属于被打入冷宫、毫无发言权的地位，它真正扬眉吐气、广泛使用是在近代，随着父亲的角色回归而回归，随着社会的变迁而传播。

但"爸爸"身上，还残留着"父亲"严肃严厉的印记。

"世界上为什么要有爸爸这么可怕的东西呀！"

曼斯菲尔德的短篇小说《小姑娘》里的主人公小姑娘受到爸爸的严厉训斥后这样号叫。

她扑到奶奶的怀里哭诉，本来是为了给爸爸准备生日礼物，结果不小心毁掉了爸爸的重要文件，生日礼物就换成了暴风雨。

随后，在奶奶和妈妈不在的暴风雨之夜，雷声惊醒了小姑娘，她惊恐地缩在墙角哭泣。不知所措，惊恐之际，爸爸举着蜡烛走了进来，给小姑娘盖好被子，哄着她入睡。

此时，小姑娘终于体会到了什么叫爸爸。

孩子呱呱坠地，自妈妈的身体里蜕变出来，妈妈对孩子的爱理直气壮、天经地义。同样赋予孩子生命的男人，与孩子的关系却更加微妙。以至于文学家和精神科专家固执地相信人类天性里有一种"弑父情结"。

从妈妈怀孕开始，爸爸就无微不至地照顾。既有对小生命的呵护，更多的是对妻子嘘寒问暖的柔情表达。妻子躺在产房里撕肝裂胆地叫喊时，爸爸感到了内心有一种强烈的负罪感。当那一声尖长的"哇"叫传来时，那颗石头才算落了地，一种幸福的感觉也油然而生，男孩也在这一时刻升级为男人。

著名心理学家格尔迪说："爸爸的出现是一种独特的存在，对培养孩子有一种特别的力量。"爸爸也热爱孩子，男人的天性却更容易在抚养孩子的过程中不知所措。如果说母性来自人类进化的天成，做爸爸却大部分都需要后天的习得，这种习得在影响孩子的同时也改变着爸爸。

《我们怎样做父亲》发表近八十年后，美国李文斯登·劳奈德以一本《不体贴的父亲》掀起美国"亲子教育"的浪潮，被称为人类"父性的觉醒"。文章中父亲对自己打骂儿子的真情忏悔打动了千千万万的读者，让我们都相信，除非特殊原因，绝大多数的父亲都深爱着自己的孩子，但表达爱的方式却大相径庭。

2013年11月的《科学美国人》刊登了一篇《爸爸是怎么炼成的》的文章，从生物学的角度剖析了在养育孩子过程中，父亲那种独一无二的角色和作用。

在文章里，作者讲到，一般看来，父亲远不像母亲那样，从生命的肇始就和孩子紧紧连在一起。母亲们在怀孕九个月期间，经过催产素等一系列激素的"洗礼"，会自然而然和孩子形成紧密的生化联系。这么看来，父亲的贡献实在不明显。当然，受精完成之后，父亲对孩子好像就没那么重要了。然而研究发现，如果父亲把年幼的孩子丢给母亲独自抚养，孩子长大以后更容易产生类似情感障碍、好斗、吸毒等问题。

没有血肉上的直接牵绊，也不可能通过乳汁喂养建立交流，我们该怎样研究父亲与孩子的联系？神经科学家开始从父子生物学联系的角度解开这一谜团的关键一环。

神经科学家的研究发现，在成年男人的大脑中，有一种"爸爸牌"神经元，帮助巩固父子之间的"社交记忆"；而"父性荷尔蒙"，不管剂量大小，都增加了父亲对孩子的亲近行为。

即便有了生物神经科学上的发现，对于社会和家庭来讲，还是经常发问：爸爸去哪儿了？

爸爸很忙，像杜甫一样忙！

那孩子怎么办？如果爸爸不能抽时间照亮孩子的心灵，孩子只能像爸爸一样，用交易的方式数算着渴望的爸爸的时间和爱心。

很晚了，很累了，一位爸爸下班回到家，并有点烦，发现他五岁的儿子靠在门旁等他。"爸，我可以问你一个问题吗？"

"当然可以，什么问题？"爸爸回答。

"爸，你一小时可以赚多少钱？"

"这与你无关，你为什么问这个问题？"爸爸很生气地说着。

"我只是想要知道，请告诉我，你一小时赚多少钱？"小孩哀求着。

"假如你一定要知道的话，我一小时赚20块钱。"

"喔。"小孩低头这样回答。

沉默了几秒钟，小孩又说："老爸，可以借我10块钱吗？"

爸爸发怒了。

"如果你问这问题只是要借钱去买毫无意义的玩具或东西的话，给我回房间并上床。好好想想为什么你会那么自私。我每天长时间在工作，没时间和你玩小孩子的游戏。"

小孩安静地回到自己的房间并关上门。

这位爸爸坐下来后还对小孩的问题生气：他怎么敢只为了钱而问这种问题？

约一小时后，他平静下来，开始想，他可能对孩子太凶了，或许他应该用那十块钱买小孩真正想要的,让他不用常常要钱。

爸爸走到小孩的房间。

"你睡了吗?"他问。

"还没,我还醒着。"小孩回答。

"我想过了,我刚才可能对你太凶了。"爸爸说着,"我将今天的闷气都爆发出来了。这是你要的十块钱。"

小孩笑着坐直起来,"老爸,谢谢你。"小孩叫着。

接着,小孩从枕头下拿出一些被弄皱的钞票。

爸爸看到小孩已经有钱,快要再次发脾气。

小孩慢慢地算着钱,然后看着他爸爸。

"为什么你已经有钱了还要更多?"爸爸生气地说。

"因为在这之前不够,但我现在足够了。"小孩回答。

"爸,我现在有二十块钱了,我可以向你买一个小时的时间吗?明天请早一点回家,我想和你一起吃晚餐。"

抽出时间陪伴家人、照顾孩子,对于大多数爸爸而言,是人生面临的最大挑战。但养育孩子的压力,是一种促进爸爸进化的"正面压力",在养育孩子的过程中,促进了爸爸的进化,帮助了男人变成真正的父亲,变成了好爸爸。

二十块钱的爱的时间让我们重新审视了自己的教养方式,也许父爱不仅是一座山,更应该是一双手,抚摸着孩子走过春夏,走过秋冬;也许父爱不仅是一汪水,更应该是一滴泪,为孩子的成长创造幸福,饱含温度。

似乎是为《爸爸是怎么炼成的》的生物学发现做注解,《爸爸去哪儿》火遍神州的同时,把"爸爸"推向了家庭教育的中心,也把"老爸"这个带有几分撒娇几分亲昵的称呼带到了老老少少的口头禅上,这就是那两个女大学生给我长的知识。

在海南新闻出版单位推荐为中小学生必读的50本著作之一《中国孩子智慧生存法》的基础上,我们编著了这本《爸爸课——好爸爸是这样炼成的》。这本书总共分成四个篇章,分别是:老爸,老爸,我们是谁呀?老爸,老爸,我们去哪里呀?老爸,老爸,我们在哪里呀?老爸,老爸,我们一起发芽!

老爸，老爸，我们是谁呀？老爸是自我的依恋。对象关系学派的精神分析学家鲍尔比提出了依恋理论。他认为，早期亲子关系的经验形成了人的"内部工作模式"，这种模式是人的一种对他人的预期，决定了人的处世方式。孩子是爸爸的化身，在爸爸眼中孩子是最棒的，爸爸也要教会孩子认识到，在自己眼中自己也是最棒的。自我欣赏其实就是自信心的化身，它可以最大程度地挖掘个人的潜能。正如美国著名的音乐家麦克约瑟所说："你自己与自己的心交流，要赞美它，让它感到你对它的赏识，那时候它才向你释放灵感。"

老爸，老爸，我们去哪里呀？老爸是世间的不变。有人说，这个世界唯一的不变就是变化，这句充满了辩证法意味又蕴藏着逻辑错觉的话，表达了现代人对当今社会变迁的认知。但从哲学上来讲，变化必须建立在一个恒定不变的基础之上。孩子的成长是一个不断变化的过程，在变化中学习变化，适应变化。不管去哪里，不管孩子如何变化，孩子都无所畏惧，那是因为他知道，无论他走多远，爸爸凝视的目光总在拐角处。

老爸，老爸，我们在哪里呀？老爸是安全的底线。爸爸是孩子的天然保护者，教会孩子学会保护自我是授之以渔；生命安全只是其中的一部分，学会抗拒诱惑才是最大的自我保护。人生并不是风光无限的坦途，天灾人祸、暗礁陷阱，充满梦想的生命之水在奔腾不息的时候会遭受突来的风暴。地震、火灾、平静的水、喧嚣的马路甚至生活中的玩伴都可能让你无声无息地跌倒在人生的起跑线上。达·芬奇说过：智慧是经验之女。人生如箭，开弓后就不能退缩，穿越厚重的夜幕，突围意想不到的风暴，带着经验启程是到达成功彼岸的唯一选择。

老爸，老爸，我们一起发芽！老爸是成长的伙伴。有这样一句顺口溜：十岁白相，二十卖相，三十亮相，四十吃香，五十识相，六十还乡，七十药箱，八十回想，九十梦想，百岁装箱。成长是一个永恒的话题，人的一生都在成长。更何况，用人类学家玛格丽特的话来说，我们今天已经进入一个"后喻"文化时代。在高科技面前，父母与孩子都处在同一起跑线，如果不继续学习就无法承担教育者的角色。在家庭里，老爸和孩子都是学习的主体，需要一起发芽，共同成长。

在《我们怎样做父亲》里，鲁迅说，觉醒的人们，应先解放自己的孩子"肩起黑暗的闸门,放他们到宽阔光明的地方,此后幸福地度日,合理地做人"。百年之后,此话言犹在耳,言犹在心!

今天,是一个诞生"屌丝"一词的时代,却越来越被压扁为"拼爹时代"。当社会对"拼爹"的厌恶情绪越来越浓时,当拼爹的社会条件随着《爸爸去哪儿》的热播开始反转时,做父亲的如果能量强大,便应该意识到:能力越大,责任越大。

做父亲的,最大的能量莫过于自己成为一个热爱生活、富于社会责任感的男人,莫过于帮助孩子成为一个善良、幸福、有能力的人,成为一个对社会有价值的人。

"幸福地度日,合理地做人"!

在孩子成长的同时,爸爸也完成了自己的进化……

时遂营
2014年元旦凌晨三时于树蕙园

A 篇

老爸，老爸，我们是谁呀？

- 老爸眼中我最棒！
- 让孩子成为自己眼中最棒的自我

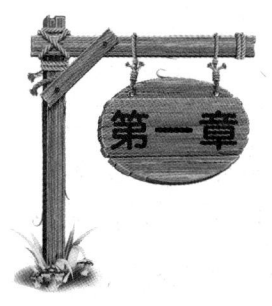

第一章

老爸眼中我最棒！

1 "老爸，说你爱我，快！" **不要把听话作为评价孩子的唯一标准**

"这段时间特别烦，我的孩子越来越不听话了……"

"以前我觉得孩子在家里既懂事又听话，父母叫怎么做，她就怎么做。可渐渐地，孩子长大了，有些事总是不愿意告诉我们，遇到些鸡毛蒜皮的事，总是问我怎么办，我真不知这孩子现在怎么了……"

我的妻子是一名初中教师，她每周总是会打电话与每个学生家长沟通孩子最近的一些情况，但她听到最多的往往是如上述这般的抱怨。当妻子与这些被抱怨的孩子谈起关于自己是不是个好孩子时，他们一致认为自己因为不听话，所以不是乖孩子、好孩子。其中几个孩子甚至以为老师也认定了不听话就不是好孩子，立马在我妻子面前保证以后会乖乖听话。"老师，是不是只有听大人的话的孩子才是好孩子？"一个小男孩满脸疑惑地发问。

是吗？好孩子应该如何定义？或许每个家长都会有自己的答案，但确定无疑的是，听话的孩子不等于就是好孩子。一味要求孩子听话，说不定会适得其反；相反，试着引导孩子将自己的"不听话"做出合理化解释，用创造性的形式进行表现，说不定你会有意想不到的收获。我的儿子阳阳上幼儿园并开始适应之后，就完全变成了一个不听话的孩子。每天穿什么样的衣服去学校必须由他选；玩游戏时，家里每个人扮演的角色必须按照他的设定来；画画时，他不再按照范画或是我和他妈妈告知的样子画，而是天马行空地随意挥洒。

几次与他意见不合之后，作为大学老师的我拿这"小不点"也没了办法，我知道我不能强硬地要求他执行，但因为他的不听话我确实感到了极大的失落。诚如很多家长般，我感到自己作为家长的权威性正在减弱，甚至于对他提出的很多问题及做法大有无力招架之势。我开始担心阳阳会变成一个不听话的坏孩子，并暗下决心要将其扭转过来，必要时不惜动用武力。

幸运的是，妻子提出了不一样的看法，她说："受几千年传统观念的影响，现在的父母对'好孩子'的标准还没有一个新的认识，仍然以过去的标准判定孩子。其实，'听话'不等于是'好孩子'，也无助于培养孩子的创造力。"我们细细回想了阳阳每次不听话时的举动，他总是会在否定爸爸妈妈的建议之后提出自己的想法，并努力解释自己的看法，证明其看法的合理性。有时，他甚至做出了很多出人意料的创新性举动。例如，家里的书房就贴满了他自己的意愿并涂抹的各种各样的英雄画像。

思及此，我和妻子决意与阳阳成为攻辩双方的战友。每当他对我们的要求提出异议时，我和妻子就鼓励他说出自己的想法，并列举证据证明自己观点的正确性和行为的可行性。

"妈妈，今天我不想穿牛仔裤，想穿运动服。"阳阳对他妈妈找出的裤子提出了异议。

"为什么呢？这不是你最喜欢的画有奥特曼的牛仔裤吗？"妻子说出了自己的理由。

"嗯……第一，这条裤子我昨天就穿了一天，今天不想重复；第二，今天我要和大宝比赛谁跑得快，牛仔裤不方便；第三，我想想……"

诸如此类的对话时不时在我家上演。是的，令人欣慰的是，阳阳不仅仅是提出异议，他还能有条理、有逻辑地说出自己的理由。无疑，这对于他的语言表达能力、逻辑思维能力及创造性的提高都是锻炼。

看来，一味要求孩子听话或许会带来一时的好管教，但却会剥夺了孩子与爸爸妈妈平等对话的权利，扼杀了孩子的创造力。《知心姐姐》杂志开展的"父母与孩子沟通现状"调查显示：目前绝大多数家长在回答"你最满意自己孩子哪一点"时，都强调了孩子爱学习、诚实守信、勤快和听话，只有为数很少的家长欣赏孩子独立、创新和合作的能力。而当今社会的竞争更需要孩子具有的就是能力。

爸爸妈妈们，给孩子一个"不听话"的机会吧。说不定会有意想不到的收获等着你。

1. 作为家长，我们首先应该意识到传统观念中的"好孩子"与当今及未来社会所需要的人才之间的差距。如果一个"好孩子"的标准仅仅局限于"听话"的话，那么孩子长大成人步入社会之后，由只会"听话"塑造而成的性格可能成为他们发展的桎梏。过分强调孩子要"听话"，将会剥夺孩子的独立和自信等优秀品质养成的机会，削弱孩子今后在社会上的竞争力。

2. 培养教育孩子，不能单单培养孩子"听话"，而要培养孩子的想象力、创造力、独立自主能力、动手操作能力、解决问题能力、与人交往能力和合作能力等，进而改变家教观念，树立新的家教观。

3. 根据社会对人才的需要，循序渐进地有目的去培养。如要培养孩子逐步形成独立、自主、勇敢、创新等良好品质，就可以从让孩子单独入睡开始；选购一些适合自己孩子年龄段的、操作性强的、可变性多的玩具；让孩子看图编出不同的故事情节；鼓励孩子多问些"为什么"；引导孩子和周围的同伴友好相处；多与孩子交流、沟通，丰富他们的情感世界。

 教育小贴士

为了让孩子跳出习惯思维的框架，多开放些思考空间，父母不妨在平时生活中利用创造性、发散性的语句与孩子对话。比如，可以试试下

面的创意游戏:

假如——假如自己的东西被偷了怎么办?假如乒乓球是黑色、红色、蓝色的会怎样?

列举——筷子除了吃饭夹菜以外,还有什么用途?牙刷一定是用来刷牙的吗?

比较——比较橘子和柠檬有什么不同?

联想——看到这个故事,你想到什么?

替代——抹洗桌子没有抹布,可以用什么东西替代?

6W——常常利用平时生活中的情境,问孩子为什么(why)、在哪儿(where)、什么时候(when)、和谁在一起(who)、怎么了(how)、是什么(what)。

游戏:"今天我是主角!"找一个大纸箱,把纸箱的盖子剪掉,并在箱子底部挖一个方形大洞,然后把这个大箱子放在两张凳子之间,挖洞处向外,这样就成了一个小小的"舞台"。全家轮流上场,表演者站在"舞台"后表演,其他人则在前面当观众。表演内容与形式可以自由发挥。比如,用自创方式唱歌跳舞一番,或用现成的小玩具、小工具自编自演一段故事;再或者换种方式,在方形大洞的边缘涂抹上一排按钮,让"舞台"变成一台电视机;想象自己是电视中的主角,大家轮流播报新闻、主持、说相声……现场演出,更加精彩!主角卖力表演,观众也别忘了鼓掌噢!

设计:变废为宝,打造孩子的创意天堂!你的孩子喜欢涂涂画画吗?不过,如果认为做美工只能用纸、笔、胶水、剪刀,那是一种刻板的想法。要激发孩子的创造力,除了鼓励孩子自由发挥外,多提供各类素材和原料,丰富孩子的创意基础,也是相当重要的。你可以将家里的某个空间布置成孩子专用的艺术创作角落,在角落里放置各种画笔、书纸,同时允许孩子放置他收集来的各种弃置不要的"废品",例如一次性纸杯、纸盒以及各种线绳丝带、瓶罐等。这些形状、颜色、材质各异的材料,看起来或许一文不值,却可以帮孩子创造出与众不同的艺术作品呢!

竞争日益激烈的现代社会需要我们培养的不是只会听从指示、按部就班的乖孩子,而是要具备创新能力、活跃思维和较强工作能力的完满个体。因此,培养孩子的创造力和创新能力就显得尤为重要。创造力和创新能力的培养并没有固定的方法和模式,只要父母能够给孩子多一些的空间让其发挥,那么即使是小小的游戏,也能产生意想不到的效果。

伫立在人生的台阶上,崭新的生命之舟即将航行于蜿蜒曲折的生活之河。感悟自我,关爱他人,是提升人生品质、享受温馨生活的智慧源泉。西塞罗说过,智慧就是有自知之明。自知知人,转识成智;尊重自信,悟道明心。在充满希望和困惑的人生岁月里,让你的气质和性格绽放成一朵受欢迎的鲜花,奏响沐浴生活光辉的智慧音符。

——《中国孩子智慧生存法》

正如我们在平滑的镜子中才能看清自己一样,当我们的个性不加扭曲地呈现在我们面前时,我们才能清楚地了解自己的内心世界。

——埃文斯

② "宝贝,你永远是老爸的大拇指。"让拇指教育代替食指教育

幼儿园总喜欢在六一儿童节、家长开放日等时间举办各种各样的晚会表演或是书画作品展,并邀请家长参观。目的在于让家长觉得孩子在幼儿园学到了一些东西而非纯粹玩耍度日。自然,这样的展示有其存在的必要性,但也正因为在这些活动开展的过程中,老师无力兼顾到班里的每一个孩子,并给予他们公平的自我展示的机会,所以无意中对很多孩子造成了伤害。一些孩子因为得不到老师的赏识而自卑甚至放弃自己的兴趣爱好,更严重的则可能患上舞台或画笔恐惧症。

阳阳在念小班的一年中,我和妻子曾三次受邀参加幼儿园的展演活

动。但一年里我们从未看见阳阳登台或是展览上有他的作品。后来阳阳的班主任解释，小班学生都没有这样的机会，因为他们还太小，难以控制，没法排节目。对于这个说法我们勉强接受了。

到了阳阳念中班那一年的六一儿童节，他显得格外兴奋，一周前就要求我和他妈妈必须空出时间去看他的表演和画作。我听说他这次参与了一个舞台剧《小青蛙找妈妈》，并且是领舞。六一儿童节那天，我处理完学校的事匆匆赶到幼儿园时，那里早已人声鼎沸，俨然成了一片欢乐的海洋。由于阳阳的节目是开场舞，小主持人已经在报幕，我就没有再去找他，而是直接坐到了观众席。

阳阳出场了，但他一直在东张西望，我想他应该是在看我到了没有，就站起身来对他竖起大拇指鼓励他好好跳。然而，就在那时，音乐响了起来，很明显，阳阳还没有反应过来。当他回过神来努力再想去跟上节奏时已经太晚了。直到整支舞蹈过去三分之一后阳阳才跟上了并开始慢慢投入，直至结束。坦白说，略去前半部分，阳阳后三分之二的时间的表现真的很不错。

"阳阳，你怎么搞的？整个舞蹈都被你毁了，大家练了那么久，真是一颗老鼠屎……"想到自尊心极强的小家伙肯定会因为自己的失误难过，我与妻子都匆匆赶往后台。但远远地我们就看到了阳阳班主任正气急败坏地指着他的小脑袋在厉声批评他。

尽管老师在看见我们之后咽下了接下来的话语，但阳阳仍然在接下来的一天闷闷不乐，即使在画展上看见他那幅《幸福一家》的作品获了奖时依然没有露出笑脸，而是一直躲在我和妻子身后，怕遇到班里的小朋友会对他指指点点。妻子找阳阳的班主任谈过之后，班主任老师也意识到自己的言行欠妥，找阳阳谈话并当着全班同学多次夸赞阳阳，他才慢慢放下这件事。但我们发现，阳阳再也不会像以前那样听见音乐就手舞足蹈了。

一周后，阳阳过生日，我们请了他班里的小朋友一起吃饭，并在饭后邀请阳阳表演上次的舞蹈，独自跳一次《小青蛙找妈妈》。阳阳看了看小朋友们,满脸的为难表情。后来在大家的鼓励下,他才愿意表演。音乐响起来时,我从他的脸上看到了他从未有过的认真,一曲终了,他跳得很好,小朋友们均报以热烈的掌声。

从那天开始,阳阳终于又会不管何时何地听到音乐就跳起来了。我和妻子心里的石头总算是落了地。我妹妹的孩子西西比阳阳大一岁,从小就十分喜欢画画。于是,我妹妹不仅将她送到画画训练班进行培训,还在日常生活中严格要求其每天练习。遗憾的是,我认为妹妹不仅没有取得让孩子更会画画的效果,相反让西西越来越困惑并不断失去自我。

有一次,我看见西西依照范画画好后,在动物旁边加了一团黑色。妹妹问:"这是什么乱七八糟的东西?"西西回答:"影子。"妹妹当即厉声责备:"谁叫你画的?范画上哪有影子?"西西呆呆地点了点头,顺从地涂抹了影子。妹妹无疑是在和西西说只有范画才是正确的,不能随意发挥。长久这样下去,可想而知西西会变成一个怎样的小画家,不!或许是临摹家。

在看画展时,时常能听到父母这样指责孩子:"看看他画得多好!你怎么画得这么差,以后再不好好画,我就不来接送你上学了。"这样每次绘画时,孩子总是边画边用手遮掩着自己的作品,或是迟迟不敢动笔,甚至拒绝画画,这些都是常受责备而感到自卑和恐惧造成的。

我们都想让孩子表现得更好,那就首先学会用欣赏的眼光看待孩子吧!在日常生活中,记得多多翘起你的大拇指给孩子一些鼓励,收起你因为气愤而对孩子指责的食指,少给他一些否定与批评吧!你多用看爱因斯坦般的眼光看待他,他就会成为爱因斯坦。

孩子有自己特有的内心世界,它是具体的、单纯的、鲜活的。而强求孩子"照葫芦画瓢",会挫伤孩子的积极性、主动性和自信心,会折断孩子想象的翅膀,会泯灭孩子创造美与表现美的欲望。这些是因为家长不了解孩子的身心特征。

实例中西西家长的无理指责，就错过了一次赏识孩子创造性表现的机会。孩子之间因遗传、环境、教育的不同而使个体差异客观存在。家长往往忽略了个体差异，过于看重技能技巧，盲目横向攀比，致使孩子自卑而畏缩。现实生活中，我们应该注意以下几点：

1. 尊重个体差异，维护孩子的自尊，是正确评价孩子作品的前提。不管孩子的作品多糟糕，都必须从孩子的视角去理解、接受与赞赏，并倾听孩子赋予作品的内心的声音。用"写实的、创造的、审美的"观点去分析孩子的作品，轻松、愉悦地欣赏孩子的作品，激发孩子勇于尝试、乐于探索的创造精神。

2. 造型优美、构图饱满、色彩丰富来评价孩子的作品，但不作为主要评价的依据。最重要的是孩子在完成作品的过程中，是否善于使用相关材料与工具，是否大胆而专注地表达自己的想法或周围生活，是否乐在其中。

3. 引导孩子学会自我评价和欣赏同伴的作品。鼓励孩子找出自己或同伴作品中最满意的部分，说说设计时的方法与表现的内容，再启发孩子找出作品中不太满意的部分，并说说如何才能更好，家长巧妙地参与评价，适当地提出一些孩子乐于接受的好建议。

在评价孩子作品的过程中，除了口头表达外，尽量多使用肢体语言配合给予鼓励。例如，跷起拇指、点头、拥抱、赞赏的目光与愉悦的笑容等。

③ "我不是大明星，我是小王子。" **好爸爸自己带孩子**

大家都在读的尹建莉老师编著的《好妈妈胜过好老师》，我也仔细拜读过。在这本书的第五章"做家长应有的智慧"中，尹老师率先提出了"自己不带孩子就是渎职"这一观点。她说如果家长能领悟儿童成长中每一天、每一种境遇的重要，知道这些境遇会对孩子产生巨大的影响，那么父母又带孩子又工作的能力自然就有了①。对于这一观点，我很认同并尽力把孩子带在身边。但偶尔的一次不得已还是让我体验到了自己渎职的下场。

我的科研工作比较繁忙，有时候出去到田野调查，一去就是几个星期甚至一个月。妻子作为初中老师，常常要等到所有孩子被家长接走之后才能回家。尽管这样，我们还是尽量调整、互相配合，保证阳阳在我们的身边上学、成长。

但在阳阳幼儿园毕业后的那个假期，我和妻子还是同时被派到外地参加培训学习。想到这样的机会于我们而言非常难得，我和妻子在商议之后决定，把阳阳送回河南老家让他奶奶带一个假期。我和妻子放心地各自前行了。但在开学前一周我们接回阳阳时，突然意识到自己犯了多大的一个错误，因为我们那个乖巧、自主自立的好孩子丢失了，换回来的是一个无法无天的王子。

阳阳在去奶奶家之前都是自己洗漱、吃饭、穿衣甚至洗袜子的，可是从奶奶那儿回来之后，他的这些能力显然已经退化甚至完全消失了。吃饭要人喂，穿衣只伸手，刷牙要事先给他挤好牙膏。每当我和他妈妈对他这样的举动提出异议时，他就开始振振有词地说："奶奶说了，自己是家里的王子，王子是不需要自己动手做任何事的。"他应该过的是衣来伸手、饭来张口的生活。他还列举了奶奶给他讲的诸多各国王子与公主的故事作为证据。如果我们说他不是王子，那等于告诉他奶奶是骗子。可是，这样的王子需要享受的待遇实在让我们招架不住。阳阳这股"我是王子我最大"的风气整整在家持续了有半年之久，才在我和他妈妈苦口婆心的劝说、冷漠对待和积极防御等一系列攻略之下败下阵来。

看来，为了一时方便自己不带孩子，在未来反而会带来无尽的麻烦。家长在孩子婴幼儿时期付出的努力具有"四两拨千斤"的功效。这

---

① 尹建莉.好妈妈胜过好老师［M］.北京：作家出版社，2008.194.

样的投资是最值得做,也是天底下最划算的,因为这是孩子品格养成、知识增长的关键时期。

相信很多家长都像我一般体会过这一时的便利引发的恶果。很多家长在孩子成长的整个关键期,都选择了由孩子的爷爷奶奶甚至保姆替代自己,但后来孩子回到自己身边的时候并没有想象中的一家人快快乐乐、开开心心的情景,相反却是适得其反。孩子因为不适应新的环境而产生焦虑;因为与爸妈不够熟悉而不知道如何交流;父母因为不了解孩子的生活喜好而不能很好地照顾孩子,不了解孩子的脾气和个性而与孩子矛盾不断等。

所以,父母能够把孩子带在自己身边对其成长是很有必要的。即便实在没有时间陪在孩子身边,也应该想办法减轻和降低孩子在情感上的失落感,如经常挤出时间去看看孩子,打电话给孩子讲故事和他聊天沟通,让孩子感受到父母时刻都在关注着他、爱着他。

还有另外一种情况也值得警惕,那就是父母虽然把孩子留在了身边,但心里老想着自己的工作、社交,几乎没有时间和精力来关注孩子。对孩子的需求从不放在心上,与孩子的交流应付了事。这样的情况,或许孩子的确不是实质上的留守儿童,但却是精神上"被留守"了。这样造成的后果实在让人甚是遗憾。

"我发现从古至今,孩子都是一样的,家长却发生了巨大的改变。现在太多的父母只愿在孩子身上花钱,不愿意花时间、精力和心思。实质是家长变得糊涂了,自私了,盲目了,愚蠢了,懒惰了。"① 著名女作家池莉的话可谓一针见血,字字珠玑,希望这尖锐的话语能够敲醒你我的榆木脑袋,真正地爱孩子,与孩子的爷爷奶奶一起理智地爱孩子。

苏联作家高尔基说过:爱孩子,那是母鸡也会做的事情。而现在很

---

① 池莉. 来吧,孩子 [M]. 北京:作家出版社,2008.55.

多家长在孩子的生活中总是扮演"老母鸡"的角色,时时用翅膀呵护着自己的孩子。孩子经常是饭来张口、衣来伸手。父母对孩子的任何要求总是无原则无条件地满足,生生地把爱变成了"害"。

何谓溺爱?替孩子做孩子本应该自己做的事。很多孩子到了大班,在家还是由父母替其穿脱衣服,不会梳头、系鞋带,吃饭基本靠喂等,更别提帮家长做家务了。不是因为孩子骨子里懒惰或者是根本没学会,其实这些孩子在幼儿园里的时候,自己穿脱衣服可能很利索,一旦到了家里,父母剥夺了孩子亲自动手的权利,有的嫌孩子动作慢,有的则是能代劳就代劳。

何谓溺爱?"二十四孝"的老爸老妈就是溺爱。对孩子过度爱护,过度看管。"捧在手里怕掉了,含在嘴里怕化了",这句话就是很多家长的最好写照。孩子是需要保护和管教的,但不是要寸步不离地"看着",事无巨细,样样都管。担心孩子走路摔着,这里不要去那里不让去;衣服穿多了怕他热,穿少了怕他冷,孩子连基本的需求都不知道如何表达了。在西方校园,"中国妈妈"已经成了一个专用名词,代表着过度照顾孩子的父母。他们导致中国的孩子普遍缺乏独立和自主的能力。

何谓溺爱?对孩子提出的要求总是满足。孩子想要什么就给予什么。这样的事情最常发生在家长比较忙的家庭中。父母由于没有时间陪伴孩子,于是就用物质来表达自己的爱。也有些家长出于攀比的心理而满足孩子的要求。春节前,有个孩子的家长跟我聊天时说,给孩子的礼物是iPad,因为当下时髦一些的家庭人手一个,不能使自己的孩子因为没有这个昂贵的玩具而感到自卑。而实际上,iPad并不适合一个幼儿园的孩子来使用。家长其实是在满足孩子需求的同时,满足自己五花八门的心理。然而他对孩子所产生的负面作用却是没有考虑周全。一个被过度满足的孩子是不懂得什么是幸福感的,将来长大了,也不会懂得靠自己的努力去争取什么。这是很严重的后果。

爱孩子要爱得有理智,有水平,有远见。爱和溺爱之间,只差一个字,前者能造就一个人,后者则能毁掉一个人。

此外,孩子是这个世界的可爱的小天使,每一对父母都有抚育他们的责任,除了在生活上的照顾外,有时候心理上的教育更加重要,这也关系到孩子日后基本心理素质的养成。父母适当带养孩子是十分必要的。爸爸妈妈们,工作诚可贵,育儿价更高,尽可能抽出时间陪伴孩子成长吧!这是我们能给他们的一生中最好的礼物。

看看下面的观念对比。

奶奶:"多抱抱、晃晃孩子,他能很快入睡,也很乖。"导致结果:孩子只有在抱着时才容易睡着。

奶奶:"孩子睡前闹,让他吃块糖就好了。"导致结果:孩子总要含着糖才能睡着,容易患龋齿。

矫正:孩子入睡前把他平放在床上,抚养者应在身边陪伴,并让睡眠环境安静、舒适,让孩子自然入睡。

解决方案:父母尽可能参与育儿,以科学的育儿观念来促进孩子的健康成长。如果父母工作确实很忙,可以让祖父母多学习一些育儿方面的知识,并积极参加育儿培训。我认为父母对孩子的生理发育、个性培养及人际交往能力等的提升具有重要作用,因此最好还是父母自己带孩子。

由于祖父母有些育儿观念相对陈旧,科学性不够,单凭个别的和表面的经验出发,对孩子经常听之任之,导致孩子养成许多不利于健康的习惯,从而影响了孩子身体的正常发育,而父母们则在抚育孩子方面有较为科学的方法。

个性培养——教他做一个"小大人"。祖父母对孩子抚育偏向于依顺和纵容,往往忽视孩子独立性的培养。从下面的情境中,你就能看到日常生活中隔代抚养和父母自己带孩子对孩子性格培养的不同影响。

隔代抚养情境:孩子(5岁):"我要喝水!"奶奶:"好宝宝,杯子放得有点高,你自己拿不方便,来!奶奶帮你倒上水,现在还太烫,我来吹一下再喝。你别碰杯子，奶奶喂你。"

结果：孩子依赖性强，很多事情都不想自己动手、自己解决，且习惯以自我为中心，不会关心别人。

矫正：妈妈（或爸爸）："杯子放在柜子里，自己去拿吧，小心点！嗯，开水要倒在凉杯里过一会儿再喝，真聪明！来，妈妈也要喝水，再给妈妈倒一杯水来。"

结果：孩子在妈妈的训练、培养下，不但学会了取杯子喝水，还能为妈妈倒水喝。这样就培养了他独立解决问题的能力，生活小事上自己做决定，还能为他人着想，避免以自我为中心。

解决方案：父母适当地参与到对孩子的带养中，设置情境，在情境中培养孩子的独立性和自主性。在情境中充分接纳孩子，多赞扬鼓励孩子，从侧面给他适当建议，帮助他纠正行为中的问题，不断提高孩子自己解决问题的能力。

交际能力——新鲜刺激下的活力。孩子的语言能力和交际能力依赖于不断地与外界接触，激发其兴趣，而由于多数老年人都喜欢安静而不喜欢运动与外出，在给予孩子新鲜刺激，培养孩子认识事物、探究事物上的能力有限，很可能导致孩子视野狭小，缺乏应有的活力，不利于培养孩子开阔的胸怀和活泼开朗、宽容的性格。在这种环境中成长的孩子，为人心胸狭小，不善于与人交际，易产生交际恐惧症。

隔代抚养情境：孩子："姥姥，电视说一个地方地震了，什么是地震啊，为什么地震房子会塌啊？"姥姥："别吵，姥姥要睡觉，你安静一些，自己看吧。"

后果：对孩子智力刺激不足，导致孩子变得懒散，缺乏活力，缺乏交际。

矫正：妈妈："地震是一种自然现象。"（妈妈继续给孩子讲关于地壳运动的知识，孩子被迷住了。）

结果：满足了孩子的求知欲，激发了他的活力和好奇心，交谈过程中语言能力得到培养。

解决方案：父母要不断给予孩子语言上、智力上的各种刺激，耐心地引导他们去探索新的知识，培养他们广阔的视野和良好的言语交际能力。

安全感——亲子关系密切的桥梁。动物的本能让其将出生之后最先看到的当成自己的母亲，并一直跟随至自己能够独立存活。孩子出生后给予自己第一杯关怀之羹的便是自己的母亲。孩子依恋着母亲的怀抱，因为他觉得那是为他挡风遮雨的港湾，那里能够带给他安全感；孩子喜欢被父亲搂在自己的臂弯里，因为父亲强壮的手臂让孩子可依附。所以，孩子出生之后，父母应该尽量陪在孩子身边。

现代社会随着经济发展水平的提升，很多家庭选择把带孩子的重任交给所谓的"专业人士"，让自己从中解脱。其实家长在这里恰恰犯了一个被科学技术迷惑的错误，我们试图用技术来代替感情。但是不可否定的是，亲子关系、情感深浅不能用技术达成。

所以，父母应该尽量自己带孩子，帮助孩子建立起安全感，不让孩子因为孤立无援而感到恐惧。试想：一个孩子，如果连爸爸妈妈的爱都得不到，我们还能奢求谁来给他这份爱呢？

❹ "爸爸，我们一起荡秋千。" **好爸爸与孩子一起边学边玩**

阳阳上了小学之后，我和他妈妈都坚持一个原则，那就是他每天回到家，必须先写好作业才能看电视或出去玩。总之是谨遵大家的教诲：学的时候认认真真地学，玩的时候快快乐乐地尽情挥洒。

一年级第一学期下来，阳阳基本已经养成了这个我们眼中的好习惯。但到了寒假期间他却开始有些坐不住了，每次写作业时都嘟着小嘴，满脸的不高兴并且每天总是准时在下午3点以前快马加鞭完成任务，然后就一溜烟地跑出去了。我悄悄地尾随过他几次，发现他总是去我们楼上的鳗鳗家，但都会在晚饭以前回家，所以也就不再管他了。鳗鳗和阳阳年龄前后相差五天，又分在一个班，两人感情很好。这样每天完成任务后去鳗鳗家的日子大概持续了一周。"爸爸，我想和你谈谈。"一天下午，阳阳在饭前半小时就回来了，并自己搬了凳子到书房满脸严肃地对我说。见我满脸疑惑，他接着说："刚才我把鳗鳗惹哭了！"我一听很着急，担心他是不是到别人家没礼貌弄坏了鳗鳗的玩具什么的，就急切地让他说是怎么回事。"我和鳗鳗说，我想和她换爸爸，并告诉她我每天都要自己写完作业才能出去玩。鳗鳗不愿意就哭了。"他一脸难为情地说完之后，我立马意识到了这或许是自己在某些做法上的失职惹来的后果。带着一脸的尴尬我和阳阳一起去了鳗鳗家。

在门口，我们就听到了鳗鳗咯咯的欢笑声。原来鳗鳗和爸爸正在玩警察捉小偷的游戏，现在鳗鳗这个"小警察"正好制伏了爸爸这个"大坏蛋"，正扬扬得意呢！看到这一幕我似乎明白了什么。

"爸爸，王叔叔每天都陪鳗鳗玩，做作业的时候也能玩。"阳阳警觉地捕捉到了我的情绪，乘势说出了事由。

鳗鳗爸爸让鳗鳗带着阳阳去玩玩具，然后对我说："老时，我知道你是家庭教育专家，教孩子肯定比我在行。但是，阳阳和鳗鳗这么小的孩子，你真不能让他只学不玩，我觉得带着孩子边玩耍边学习这招挺管用的。孩子记知识也比较牢靠，学起来也开心，不怕写作业。呵呵！"之后，鳗鳗爸爸向我展示了他自创的拼音声母韵母记忆图片，每一个字母都有他和鳗鳗一块设计的卡通形象。

"数学题目我一般与孩子进行抢答比赛，语文题目我一般采取和她进行角色扮演、画画或是唱歌等方式来教她记忆与表达。鳗鳗现在每天最期盼的就是和我一起完成作业，并且反应是越来越快了。"老王兴奋地和我分享了他的成功经验。

回到家后，我和妻子分享了这些宝贵的经验，于是我们一家三口开始创造、开发属于我们一家并可以帮助阳阳学习的游戏。再加上经常和鳗鳗爸爸一起研讨、交换经验，阳阳很快也变得爱上了这边学边玩的方式。

或许很多家长会担心这样把孩子惯坏了，但我想说的是，爱玩是孩

第一章 老爸眼中我最棒！

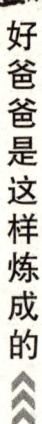

子的天性，玩让他快乐。学习或许让他倍感痛苦，那么就让我们努力把学习游戏化，让学习也使孩子快乐吧！

我见过很多家长在孩子写作业时就搬个凳子在旁边一坐，看见孩子写错了或是算错了就一阵批评，有时甚至动手力图打醒孩子。这样做的结果就是孩子无辜地成了被监视对象，紧张情绪促使他错误连连，又何谈体验学习带来的乐趣呢？"看伴不如帮伴"，这句老话说得没错，爸爸们，不要再让你们的监督变成孩子的负担，加入孩子的学习情境，玩起来，和孩子一起快快乐乐边玩边学吧！

爸爸感悟

爱玩是孩子的天性。所以我们对孩子的教育最好的方法就是"玩中学"的教育方法。这种教育方法引导孩子将玩和学结合起来，通过玩来激发他们求知的动力、培养习得的知识、提高动手协作的能力，使他们在玩的过程中自由快乐地学习和探索。这种教育方法让家长和孩子意识到玩乐与学习之间并不矛盾，并不完全都是冲突。因为爱玩，因为学习渗透在玩的过程中，有利于养成幼儿自觉自发的学习心态，专注专心的学习习惯。玩中学是一种现代化的新的幼儿教育理论，也是欧美国家早期教育理念的发展趋势。

教育小贴士

爸爸和妈妈在孩子成长的过程中扮演着不同的角色。妈妈更多的是孩子生活上的照顾者和温情的教授者，而爸爸要教给孩子的是其性别特征中特有的坚强、勇敢、快乐等品质。以下几件事是爸爸应该教给孩子的。如果你还没有教给孩子，那么就应该从现在开始和他一起学会。

1. 开开心心度过每一天

"开心过一天，不开心也是过一天。那我们为什么不选择开心呢？"开心是一种对生活的态度，开心度过每一天则是一种境界。我们或许为了赚钱而整日做着令自己不开心的工作。我们或许为了孩子明天更美好而逼迫着他不开心地去上补习班。很多人都说这样的不开心我们时刻都在忍受,所以我们何来开心的生活?但是在你追求目标之时,看着工作一点点被完成,看着孩子越来越沉醉于某种乐器之时,你难道是不开心的吗?不,你是开心的,因为你有梦想,你还看到了希望。真正的不开心就是对自己的彻底失望、被动的屈辱和内心不可挥散的空虚与恐惧。

没有人会在可以选择开心的时候选择郁郁寡欢的生活。很多人可能会说开心是有钱有权之人的专属权利,我们为了生活在挣扎,何来开心?其实真正的开心与物质丰富的程度无关。快乐是个人的个性使然,快乐不快乐完全源于你内心的真实想法。快乐需要你拥有一双发现美的眼睛,快乐需要你有一颗永远年轻的心,快乐需要你豁达、开朗并乐观。不快乐的人往往是那些对每一个人都耿耿于怀,对每一件事都斤斤计较的人,他们永远在为昨天的失利扼腕叹息,却不为明天铺平道路。他们总是在担忧自己的未来过得不好,却不懂得在当下应该努力付出、做好准备。

所以,作为父母,我们应该给孩子的是快乐的生活环境和豁达的人生态度。我们应该对孩子慈爱,让孩子感受到情感上的归属感;我们对孩子不一味放任也不让孩子体味过多的委屈、挫折或受到冷落。我们要让孩子养成乐观的生活态度,让孩子知道只要微笑,一切就都不会太糟糕。总之,爸爸们应该教会孩子快乐地生活,这是爸爸应该教给孩子的重要一课。

2. 解脱是一种日常范儿

"最近我真是亚力山大啊!"在我开始动笔写这本书的时候,我手头上还有科研、管理等一系列的事情,真是应了累觉不爱、分身乏术等网络新词的景。我有时候感到自己快要撑不住了,就会选择到外面走一走再回来继续。我发现在适当地放松过后,工作效率总会得以大大提升。我们人类思维的力量是十分巨大的,但我们往往不能把自己的聪明才智发挥到极致,其罪魁祸首就是紧张的情绪。思维本身是活跃的、开放的,但是在紧张状态下思维开始变得封闭、呆板。有时候我们预计的上

台时的侃侃而谈不能出现，相反却是紧张得结结巴巴。这一切均缘于我们不够放松。

我们很多人不会放松的坏毛病往往是从很小的时候就养成的。我们从小被家长告知每一次考试都是至关重要的，每一次比赛最好都能够拿奖，于是我们很看重我们每一次的出现，怕自己哪里出了错或是没弄好，可是我们越紧张越容易出错，这样的恶性循环经常在我的生活中上演。因为大家都是自应试教育环境中成长的，长期以来我的梦中经常出现不停地紧张考试的场景，这些都是早期的学校生活在我今天生活中的阴影投射。

紧张经常妨碍我们最好水平的发挥。有时候它影响的仅仅是一次比赛的排名，我们在当时追悔莫及，但很久之后觉得那是小事。可有时候它影响的却是我们的求职、工作上的晋升等。其实，消灭紧张的最好办法就是告诉自己：我已经做好了万全的准备，一切尽在掌握中。当然，这要求我们之前确实是踏踏实实做好了准备。

我们都希望我们的孩子具有处变不惊的能力。据专家研究表明，家长的期望过高以及言语和身体暴力等是造成孩子紧张的最主要原因。所以，生活中父母应该教会孩子以放松的状态和心情来面对所有事情，避免紧张带来的影响。

3. 专注地做好每一件事

我想要做好这件事，也想要做好那件事，这无可厚非，鱼和熊掌在今天的社会里是可以兼得的。但是，我们需要的是你在做任何一件事情的时候都足够专注和努力。每个人的精力都是有限的，我们不能要求自己同时做好很多事情。只有心系一处，集中注意力和精力朝着一个目标前进，才能达成这个目标，做好每一件事。一些人看似在不疾不徐完成手头的工作，但是他们的专注力很强，在不知不觉中能够把事情处理得稳稳妥妥；还有一些人遇到事情总是紧张兮兮地东抓西摸，但最后白白忙活了很久，每一件事都办了一部分，却没有一件事办得十全十美。我们在处理事情时首先应该行动起来。不能行未动，心已经疲惫不堪，放任下去，就是人艰不拆、累觉不爱了。

所以，我们应该从小培养孩子的专注能力。我们一旦发现孩子对某一种现象或食物感兴趣，且乐于去探究其中的原委和构成，那么我们就不应该打搅孩子。不要因为怕孩子拆坏了东西就不让他实践，也不要因为怕孩子思索太多会太累而直接告诉他答案。我们不能总以为我们的事情才是大事情，而孩子感兴趣的都是小儿科，不值得我们去等待。我们一定要忍住打断孩子的冲动，鼓励他在探究之后与我们分享他的所得。如果孩子的专注状态经常被我们破坏掉，他的专注能力的形成与发展就会受到损害，这将是终生的损失。

4. 主动争取

天上掉馅饼的事情就算会发生，也绝对是千年一遇，或者是世界上最远的距离，即便是天上真的掉了馅饼，深深的雾霾也会先挡在了我们的头上。人生的机会需要我们去争取而不是等着别人送来，人生更多的时候像是一次自助餐，想要什么要靠我们自己去拿。

在生活中，我们不应该事事为孩子准备好，让孩子不用争取就能满足自己的所有需求。我们应该鼓励孩子说出自己的需求并主动去争取，而不是被动保守地守株待兔。当今社会是一个竞争激烈的社会，机会总是给有准备且积极争取的人。如果孩子总是想着"酒香不怕巷子深"，那么他就不适合这个时代的发展需求。孩子天生具有好奇心和主动性，他们到哪里看到新鲜事物都要动手摸一摸，看到不一样的人都要究根问底，试一试、尝一尝成为孩子生活中的主题词。但是很多家长却总在这时候担心孩子摸到脏东西、遇到不友好的人而一切代劳，久而久之，孩子就会变得木讷、被动。好爸爸懂得该放就放，不会天天对禁止项目三令五申，让孩子不敢尝试去争取。

5. 坚持做自己

要孩子坚持做自己，首先要教会孩子独立自主。你是想让自己的孩子做一个有主见的人还是一个毫无主见、遇事立马向你求助的人？我想大多数人的答案会是前者。或许有些人担心孩子太有主见会一意孤行，

如果我们可以在孩子身边指点，帮助他确立正确的方向，那么他就能够成功。现代社会不缺乏只会随大流的人，却缺乏有自己的想法并乐于坚持自己的人。英特尔前总裁格鲁夫写了一本名为《只有偏执狂才能成功》的书，许多人都说这本书比英特尔集团更能提升他的身价，因为他道出了强大的自主意志对于成功的重要意义。

永远跟着别人的思维走、任人摆布的人注定不能取得成功。这样的人不知道自己的需求是什么，他们最好的结局就是遇到一个极其需要他的服从和听命的人，但大多数时候和这样的人一起工作或是生活会让人感到很累。

要孩子坚持做自己，父母就不要把孩子"管"住。由于年龄特点和心理稚嫩，孩子很容易被家长牵着鼻子走。父母不敢放任孩子按照自己的想法走，因为他们害怕控制不住孩子。他们不允许孩子提出不一样的看法，因为他们觉得这是在挑战自己的权威。诚然，父母肯定是想让孩子健康成长的，但是有时候管得太多会让孩子失去自我。等有一天你发现孩子毫无想法、万事依赖你时，你肯定会后悔的。

6. 公正地看待世界和处理事情

要孩子学会公正，其实就是要避免孩子自私自利。公正的人懂得把握做事情的度，他不会高估自己的实力，也不会纠结于一点点的利益。他不会只顾自己而不考虑他人的感受。

《好爸爸必须教给孩子的六件事》中讲到，公正对于个人而言其实是一种能力，是一种善于理解他人、"讲道理"、"拎得清"的魄力。面对上司时能够"拎清"，做到不卑不亢；面对朋友和家人能够"拎得清"，做到和谐双赢；和下属或者晚辈相处时能够"拎得清"，就会赢得别人的尊敬。

公正的人懂得把握分寸，做事有原则，知道什么时候该拒绝什么时候该执行，知道自己的立场，明白自己应该扮演什么样的角色，不言而无信，懂得言行一致的重要性。

5 "有我在就天不怕地不怕。"有担当的孩子更自信

我兴高采烈地冲进家门。今天有点奇怪,家里为什么冷冷清清的?平时妈妈总会笑脸相迎对我问寒问暖,妈妈呢?我走进卧室,见妈妈正躺在床上,样子比平时难看了很多。我走上前问:"妈妈,你怎么了?"妈妈有气无力地回答:"阳阳,我病了,今天你自己照顾自己。"我脑袋一片空白,妈妈病了,我该怎么办?这时我想起了我得病时的情形:口干舌苦,头晕发胀,浑身酸痛。妈妈现在一定也是这样。身为儿子的我,一定要为妈妈做些什么。

我摸摸妈妈的额头发现热得发烫,得找个温度计给妈妈量体温。我赶紧到处翻,一边着急,一边批评:"温度计,你这小家伙还不快滚出来,给我妈妈量体温!"这一顿批评还真灵,温度计出现在一个抽屉的小角落里。我回忆着妈妈为我量体温的样子,先甩一甩温度计,让里面的水银柱下降,再让妈妈夹在腋窝下面,过5分钟就可以量出体温了,我焦急地等待着。墙上的钟嘀嗒嘀嗒地走着,这一刻我觉得时间过得真慢啊,真想快点知道妈妈的体温!

妈妈仍然难受得用手捂着额头直叹气。妈妈现在肯定头很痛,可以给妈妈做按摩呀,我灵机一动,对妈妈说:"妈妈,您现在头一定很不舒服,我来为您做一下按摩。"于是我爬上床,站在床边,给妈妈捶捶捏捏,把以往曾经看过而记得的动作都用上了。这会儿,时间一下子打发了,5分钟过去了。我从妈妈腋窝掏出温度计,用妈妈以前教我的方法看体温,天啊,竟然有39摄氏度!正当我茫然不知所措时,妈妈对我说:"阳阳,体温一定很高吧,不过没关系,我已经吃过药了,相信等会儿会下降的。你刚才帮我做了一下按摩,现在我感觉好一些了。谢谢你,阳阳长大了,会体贴关心人了,妈妈非常高兴。"妈妈的一席话让我的担心放下了一点,我静静地守在她的身边,真希望她能早点好起来。

好爸爸是这样炼成的

这是阳阳在上三年级时写的一篇作文,并且这是一个真实的往事。那天发生的一切我仍历历在目:阳阳做完了作文里描述的事情之后,立马给我打电话说妈妈病了,我赶到家中匆匆与阳阳一起带着他的妈妈去了医院输液。在妻子输液的过程中,阳阳一刻不歇地给妈妈按摩、唱歌直到妈妈睡着。

"爸爸,妈妈为什么会生病?我觉得是因为妈妈太累了,她每天得给我们洗衣服、做饭还要上班。我觉得我们应该承担一些家务。以后家里的垃圾由我倒,我还要帮妈妈扫地、洗碗。爸爸你也要每天帮妈妈干活。"阳阳这一番话我记得很清楚,是在妻子醒来之后说给她听的。是的,我们的阳阳长大了,学会体谅大人了。

"妈妈,你休息吧!我来做。男生就应该照顾女生。"

"爸爸,节日快乐!这是我送给你的父亲节礼物。"

"我长大了要当爸爸妈妈的保护神,好好地照顾你们。就像你们现在照顾爷爷奶奶和姥爷姥姥一样。"从那以后,我们家里经常会有上述般的话语从阳阳嘴里冒出来。我也总会抓住机会赞扬阳阳他的懂事和乐于承担责任,告诉他让我们为此感到很幸福。这时候,阳阳总是很不好意思地说,爸爸妈妈承担了更多的责任,他作为家里的小男子汉,也应该做自己力所能及的事。就这样,阳阳在不知不觉间成长起来,真的让我感到很骄傲!

爸爸感悟

"爸爸,你快来看,小强他欺负我。他非要我还他的削笔刀,但是我怎么找也找不到,这可怎么办?呜呜……"

"你拿过他的削笔刀吗?是你弄丢的吗?"爸爸问。

"是的,我刚才还用过,但是现在记不起来放在哪里了。呜……"小华仍然在哭。

爸爸一:"是你弄丢的,就必须给找回来,哭不是解决问题的办法。走!爸爸和你一起去找吧!"爸爸拉着小华询问他刚才去过哪里并和他一起一个地方一个地方地寻找，找到削笔刀后还给小强并让小华向他道歉。之后，爸爸告诉孩子，爸爸因为他勇于承担错误而感到自豪！

爸爸二："不就一个削笔刀吗？没事，别哭了，爸爸给他买一个就行了！"于是，小华跑到小强面前高傲地说："我爸爸说了，赔你一个新的。可以了吧？"你想做哪一个爸爸？或许第二个爸爸会让孩子觉得你是无所不能的超人，但小心你的无所不包的细致保护却让孩子永远不知道这是自己的责任，一有事永远只会找爸爸妈妈，但我们都不是李刚。

正如苏联教育家马卡连柯说的："培养一种认真的责任心是解决许多问题的教育手段。"他还说："教师的威信首先建立在责任心上。"其实，爸爸的威信也是首先建立在责任心上的。对孩子有责任心，才能培养孩子的责任心，让孩子学会担当。

责任心是孩子成长过程中必不可少的品质。有责任心的孩子懂得为自己负责，为家庭负责，更懂得在学习中做好自己的分内事。现在很多家长仅仅关注孩子的学习成绩如何，身体是否健康，却不懂得去培养孩子负责任等一系列的品质，这些会阻碍孩子在未来的发展。

所谓责任心，就是孩子意识到自己扮演的社会角色并履行这些角色赋予的义务。孩子是家庭中的一员，他对这个家庭应承担责任；孩子是一个学生，学好知识是他的本职责任；孩子如果是一个班委，协助老师管理班级则是他应该完成的工作。总之，责任心会促使孩子自觉地完成自己的事情，养成负责任的态度和信念。

责任心对孩子的成长起着至关重要的作用。它是孩子健全人格的重要组成部分，是孩子发展自己能力的指南针。它促使孩子积极向上，因为要承担起某些责任，孩子不得不努力学习某些知识、某些技能。它是孩子成长过程中的营养剂，它能够让孩子更好更快地成长起来。培养孩子的责任心不是简单地对他讲讲应该怎么做，而是应该让孩子行动起来，比如动手承担家务或是学会照顾老人。关键的是，责任心的培养对

于人的综合素质的提升起着至关重要的作用。因为有责任心，孩子会更加奋发向上，更加完善自我。

只有有责任心的人才会对自己、对家人、对集体、对社会和对国家负责。只有有责任心的人才会想做一个有益于民族、有益于社会、有益于国家的人。孩子们有责任意识，但是不知道如何发展自己的责任心，所以，他们需要在家长的帮助下有责任心，做更好的负责任的人。那么，家长应该如何培养孩子的责任心呢？

1. 教会孩子对自己的行为负责

阳阳因为他妈妈是初中老师，所以上幼儿园那段时间使他养成了有事立马找妈妈的习惯。但是上小学之后，他不得不自己削铅笔，自己背书包出门，自己记住家庭作业。为此，在初入小学时，他经历了很多由于之前依赖性过强、自己不对自己负责造成的痛苦。

有一次我开车送阳阳去上学，到了学校门口，他坐在车里哭着怎么也不肯下来，央求我陪他进教室。经过询问之后我才知道，阳阳因为头一天晚上帮奶奶过生日时睡着了，结果一觉睡到了天亮没有写作业，怕老师会批评他，所以不敢进去。他想到他的班主任是我的学生，想着如果我进去帮他解释一下，老师就不会责怪他了。我听了阳阳的叙述之后对他说："爸爸相信你可以自己跟老师解释清楚。这是你自己的事情，你应该自己面对。"听完这些话，阳阳自己走进教室向老师说明了情况。

让孩子树立对自己的行为负责的观念很重要。因为只有这样，孩子才不会肆无忌惮，才会在做事情时考虑后果。同时，也让他们学会不依赖于家长的人际关系来占有一些资源，一切靠自己努力，自己对自己负责。

2. 让孩子勇于承担自己的过失

孩子由于年龄较小、生活阅历较浅，所以在做很多事情时难免会犯错。我们应该容忍孩子的过错，但是也一定要教会孩子为自己的过失埋单。生活中，不管孩子犯了什么样的错误，只要他有能力承担责任，我们就应该让孩子自己勇敢地面对并想办法补救。

很多家长会在孩子犯错之后选择自己出面帮助孩子解决，这会让孩子觉得自己可以任性而为，因为他会觉得永远有人帮助自己收拾烂摊子。有时候孩子闯的祸必须由家长出面才能解决时，我们应该带孩子一起去解决，让他看到爸爸妈妈为他做出的努力，并至少要求孩子对人家说"对不起"。

美国总统里根11岁时不小心打碎了邻居家的玻璃，邻居家索赔50美元。闯了大祸的里根向父亲认错后，父母让他对自己的过失负责，他为难地说："我没钱赔人家。"父亲从口袋里拿出50美元递给他说："这些钱先借你，一年后还我。"从此，里根每逢周末、假日便外出打工，经过半年的努力，他终于挣足了50美元并还给了父亲。里根总统在成功之后把这件事拿出来与大家分享，目的就在于告诉大家学会承担责任对一个孩子成长的意义。

3. 多给孩子一些承担责任的机会

日常生活中，我们应该多给孩子一些承担责任的机会，培养孩子的责任心。与其纸上谈兵地和孩子讲很多承担责任的重要性，不如给孩子一些实践的机会。让孩子负责家里某个卧室的卫生，让孩子照顾家里的一棵植物或是给姥姥按摩等，这样的生活小事都能够培养孩子的责任心。在阳阳10岁的时候，有一次他的妈妈要带他去看画展。出家门的时候，我叮嘱阳阳："儿子，妈妈今天有点不舒服，但是她坚持陪你去看画展。你已经是一个小男子汉了，一定要替爸爸照顾好妈妈，记得把妈妈带回家啊！"后来据妻子说，一路上，阳阳一直紧紧牵着她的手，还时不时地问她口渴不渴，要不要喝水，还全程帮妻子拎着包。妻子让他休息一会儿，他说今天把妈妈照顾好，把妈妈平安带回家是他的责任。

我们不要担心孩子做不了，孩子做不了大事但是可以做小事。家长不要总是认为孩子还很小，做不了，做不好，每一个小的地方，家长都不应放过，更不能怀着"大事化小，小事化了"的心理。对于孩子力所能及的事，创造条件有意识地锻炼孩子，让孩子学着负责任。只有多为孩子提供实践的机会，孩子才能逐渐提高自身的责任意识，孩子通过做事就会得到对"责任"的一种宝贵的心理体验，这样的心理体验多了，孩子的责任意识自然就会得到强化和提高。

4. 做有强烈责任心的父母，给孩子做好榜样

父母是孩子的第一任老师，且父母与孩子在一起的时间最多。宋代思想家张载曾说："勿谓小儿无记性，所历事皆能不忘。"父母对孩子的影响不仅是深刻的，而且是终身的。生活中，父母应该勇于承担责任，让孩子体验到父母亲强烈的责任感，激发孩子承担责任的好奇心并给孩子尽量多的责任感体验。

当我们带孩子出门的时候，看见地上有垃圾时应该捡起来丢到垃圾桶里，并告诉孩子维护环境是我们每一个人应尽的义务；平时在家要尊重老人，帮老人按摩，告诉孩子赡养和尊重老人是儿女应尽的责任；对工作兢兢业业，告诉孩子做好自己的本职工作是自己的责任，如此等等。相信时间长了，孩子在耳濡目染之下会主动地学着去承担起自己身上的责任。

总之，家长自身对家庭、对社会的责任心如何，对孩子来说是一面镜子，父母的责任心水平可以折射出孩子的责任心。一个对家庭、对社会毫无责任感的父母，不可能培养出有责任心的孩子。所以说，父母只有在生活中严于律己，给孩子做好表率，才能更好地去影响和教育孩子。

6 "宝贝，宝贝，我是你的大树。"**教孩子直面挫折，做最勇敢的我**

"阳阳，拉着奶奶的手，不然坏人把你拐走了怎么办？"
"阳阳，天黑了，回家了啊！快点，不然一会儿鬼来了！"
"阳阳，你再不吃饭，不听奶奶的话，大灰狼来抢你的饭吃了啊！"
——阳阳奶奶管束阳阳的"狠"招

有一段时间，阳阳的奶奶因为想他就搬来和我们住到了一起。那时，阳阳刚上幼儿园没多久。因为奶奶坚持，我和妻子也觉得他们奶孙俩好不容易相见，就每天都由阳阳的奶奶接送他上幼儿园，回家之后也经常让奶奶陪他出去散步、睡前给他讲故事等，有时候奶奶还陪着阳阳一起睡。将近一个月之后，阳阳的奶奶因为需要照顾我妹妹的孩子回了老家。于是，接送阳阳又成了我的差事。

"爸爸，我要牵着你的手走！"听到这我心里还美滋滋的，想到估计是我很久没接送他，他怀念这种感觉了。

"爸爸，你走慢点儿！待会儿坏人把我带走了怎么办？"听到这我终于明白了阳阳的担心。看见我疑惑的眼神，阳阳接着说："奶奶说了，说不准哪里就会有个大坏蛋，专门骗小朋友。还会把小朋友卖给别人，让他们再也见不到自己的爸爸妈妈了。"

"爸爸妈妈，你们能不能陪我去滑梯那儿玩一会儿，就一会儿，求求你们了！"知道他在小区内玩耍时我和他妈妈都不会跟随，阳阳开口乞求道。

"阳阳，你不是很久以前就敢自己一个人去滑滑梯了吗？"妻子忍不住抛出自己的疑问。"可是，天就要黑了，奶奶说天黑了鬼就出来了，鬼会吃人的。"阳阳的恐惧明显地摆在脸上。我联想到阳阳下午回家时和我说的，知道肯定是奶奶的一些话吓到他了。

我赶紧问他："阳阳，除了大坏蛋、鬼，你还害怕什么？"

"大灰狼！大灰狼会在小朋友不听大人的话时跑出来。爸爸，我以后一定听你和妈妈的话，你别让大灰狼来找我！"说完这些话，阳阳已近乎哽咽。很明显，对"大坏蛋""鬼"和"大灰狼"的恐惧让他无所适从。

"阳阳，坏人可能会有，但并不是随时会出现在我们的生活中，只要我们注意不要一个人跑到一些危险的地方或是在街上自己乱跑等，坏人就无机可乘，难以得逞。'鬼'根本不存在于这个世界上，大灰狼也不会跑到城市中，奶奶是为了让阳阳听话才故意那么说的。奶奶并不是要告诉阳阳这些可怕的东西，她就是想让阳阳当个好孩子。"

好爸爸是这样炼成的

"阳阳是一个男孩子,是顶天立地的男子汉。以后还要保护爸爸妈妈……"我花了整整一个晚上给阳阳答疑解惑,直到他眼睛里不再有恐惧并安然入睡之后,我和妻子悬在半空中的心才算放下来。

或许这真的只是阳阳成长过程中面临的小小挫折,但我认为无"怕"的人生境界值得我们追求。这首先就需要我们家长尤其是爸爸在孩子成长过程中做好示范,让孩子"遇强则强",不能让他在你的言行举止中看到那些令人害怕的东西。下面这些名人的父母在孩子惨遭挫折时的选择及做法值得我们共同学习。

巴雷尼小时候因病成了残疾,他妈妈的心就像刀绞一样,但她还是强忍住自己的悲痛。她想,孩子现在最需要的是鼓励和帮助,而不是妈妈的眼泪。他妈妈来到巴雷尼的病床前,拉着他的手说:"孩子,妈妈相信你是个有志气的人,希望你能用自己的双腿在人生的道路上勇敢地走下去!好巴雷尼,你能够答应妈妈吗?"他妈妈的话像铁锤一样撞击着巴雷尼的心扉,他"哇"的一声扑到他母亲怀里大哭起来。从那以后,他妈妈只要一有空,就帮巴雷尼练习走路,做体操,常常累得满头大汗。

有一次,妈妈得了重感冒,她想,做妈妈的不仅要言传,还要身教。尽管发着高烧,她还是下床按计划帮助巴雷尼练习走路。黄豆般的汗水从她脸上淌下来,她用干毛巾擦擦,咬紧牙,硬是帮巴雷尼完成了当天的锻炼计划。体育锻炼弥补了残疾给巴雷尼带来的不便。

妈妈的榜样更是深深地教育了巴雷尼,巴雷尼终于经受住了命运给他的严酷打击。他刻苦学习,学习成绩一直在班上名列前茅。最后,以优异的成绩考进了维也纳大学医学院。大学毕业后,巴雷尼致力耳科神经学的研究。最后终于登上了诺贝尔生理学和医学奖的领奖台。

科学家霍金小时候的学习能力似乎并不强,他很晚才学会阅读,上学后在班级里的成绩从来没有进过前10名,而且因为作业总是"很不整洁",老师们觉得他已经"无药可救"了,同学们也把他当成了嘲弄的对象。在霍金12岁时,他班上有两个男孩子用一袋糖果打赌,说他永远不能成才，同学们还带有讽刺意味地给他起了个外号叫"爱因斯坦"。谁知，20多年后，当年毫不出众的小男孩真的成了物理界一位大师级人物。原因究竟是什么呢？

原来，随着年龄渐长，小霍金对万事万物如何运行开始感兴趣起来，他经常把东西拆散以追根究底，但再把它们恢复组装回去时，他却束手无策了，不过，他的父母并没有因此而责罚他，他的父亲甚至给他担任起数学和物理学"教练"。

在十三四岁时，霍金发现自己对物理学方面的研究非常有兴趣，虽然中学物理学太容易、太浅显，显得特别枯燥，但他认为这是最基础的学科，有望解决人们从何处来和为何在这里的问题。从此，霍金开始了真正的科学探索。

现在的家庭独生子女较为普遍，在家里父母对其倍加宠爱，所以抗挫折能力偏差。时时刻刻都想着成功，只要失败了就会懊丧，甚至哭闹、发脾气，一讲他们的不足更是像捅了马蜂窝，要想挽回局面还得哄着他们。遇到困难不是迎难而上，而是胆怯、逃避，自己不努力就寻求别人的帮助，依赖思想特别严重。

我们不应该对孩子过分溺爱，应该让孩子在逆境中遭遇些挫折，得到些历练，让其在风浪中得以成长。我们在日常生活当中，应当注重培养孩子的抗挫折能力。比如：孩子遇到挫折时，我们不能简单地帮他们解决。而是在旁边给以鼓励的眼神，予以激励的语言，坚定其勇气和信心，引导他们自己去处理问题，走出困境，如果困难确实很大，我们可以引导孩子分析难点，引导他们如何求助，必要时我们给予协助，最后解决难题。但最终要让孩子明白，困难是他们自己打倒的。

我们做家长的只要给孩子一个轻松愉快的家庭氛围，经常给孩子以鼓励和支持，让孩子安全、健康地成长，孩子就会积极乐观地面对所有挫折和困难。只有我们家长以身作则，言传身教，孩子才会模仿、学习,内化为自己的行为习惯。真正让孩子知道:爸爸妈妈是他的大树,但他需要走出大树自己迎接风雨。真正让孩子自己知道:面对挫折我不怕!我要做最勇敢的我!

教育小贴士

在孩子的成长过程中,遇到挫折是在所难免的,父母在孩子遇到挫折的时候应该给予积极的引导,让孩子正确面对挫折,而不是将孩子严密地保护起来。

引导孩子走正确的人生道路非常重要,要想引导孩子走正确的人生道路,必须培养孩子全面发展,从小培养孩子们在挫折中成长的能力。

1. 教孩子学会独立战胜困难

孩子生活的主要场所是家庭,父母是孩子的第一任老师,父母的言谈举止、道德品行,对孩子成长具有重大影响。要想让孩子从小健康成长,家长就得对孩子进行一定的受挫能力的培养,不能迁就孩子、惯养孩子、溺爱孩子。家长要随时教育孩子遇到困难不要害怕,要有随时迎接困难的思想准备,学会动脑、用脑,解决身边的小事、小问题,用智慧去战胜困难。教育孩子克服困难,要有顽强的意志。要迎难而上,不能遇到困难就退却。

2. 教孩子学会面对自己

面对挫折,家长应教会孩子抱有正确的态度,把每次挫折变成一次锻炼自己、完善自己的机会。挫折不是拦路虎,而是垫脚石。经历生活中的一次次挫折,才能慢慢成熟,逐渐长大,在今后的学习、生活中正确对待挫折,增添勇气去战胜挫折。表扬是一种鼓舞,而不是一个蜜罐;批评也是一种鼓舞,而不是一种刺激。我们既不能因为得到表扬而沾沾自喜,进而忘乎所以,也不能因为受到批评而气馁,失去进取之心。

3. 教孩子学会面对父母

天下所有的父母都望子成龙、望女成凤。当家长看到孩子考得很差时，不懂得教育方法的父母就会生气地批评孩子，有的孩子不能接受父母的批评教育而产生抵触情绪，不服从家长，甚至于向家长示威。这样的孩子思想、行为就会处于危险的边沿。其实，作为家长应这样教育孩子：挫折和打击并不可怕，怕的是遇到挫折和打击而不知道怎么应对。我们要学会迎接挫折和打击，也要学会对付挫折和打击。只有那些敢于面对同学、面对教师、面对父母、面对社会、面对困难、面对人生坎坷的人，才是真正勇敢的人，最了不起的人，人们最敬佩的人——只有凭风浪起，才能稳坐钓鱼船。

4. 教孩子学会交流沟通

当家长发觉孩子遇到困难时，要主动与孩子沟通。同时，要教孩子学会沟通。良好的沟通有助于认识问题的本质，减少失误，减少摩擦，争取理解。父母是孩子的第一任教师，要使孩子愿意和自己沟通，否则父母就会失去对孩子教育的机会，影响孩子良好个性的形成。平时要抽时间跟孩子坐下聊聊，了解他们的内心世界。要建立起平等、民主的家庭气氛，多与孩子交换看法，沟通信息，交流情感。

部分心理学家称，成功＝20％智商＋80％（情商＋挫折商）。高AQ可以帮助孩子产生一流的成绩、生产力、创造力，可以帮助人们保持健康、活力和愉快的心情。

⑦ "反正你是我的爸爸。" **别让你的爱成为孩子的负担**

在阳阳上小学之前，我和他妈妈都坚持认为这是孩子最爱玩、最需要玩的时候，所以没有让他参加任何兴趣班或补习班。但到了小学，阳阳的班中几乎每一个孩子都参加了兴趣班，有些孩子钢琴过了六级，有些孩子舞蹈过了五级，几乎每一年的六一儿童节都能看到这些孩子的表演。但阳阳除了会熟练地组装拆卸各种智力玩具之外，可谓没有任何特长。阳阳的班主任是我的学生，他也不止一次语重心长地劝我应该让孩子发展一项业余爱好并有所特长，不然他很难保证以后的晚会还能让阳

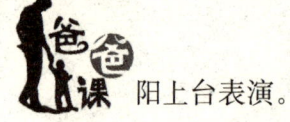

阳上台表演。

我和妻子商量之后决定征询阳阳自己的意见。阳阳听了我们的提议之后觉得应该很好玩，但他不知道自己喜欢什么，应该去学习什么。于是，我去当地青少年宫培训中心进行了咨询并给孩子报了一个体验班：阳阳可以在每一个培训班待一周，然后决定自己学什么。于是，三年级的阳阳开始了他放学之后还要再上学的培训生生涯。遗憾的是，两个月的体验班上完之后，阳阳还是不知道自己喜欢什么、想往哪方面发展。并且他明确表示还是想回到以前的生活，上培训班完全剥夺了他玩耍的权利与自由。

"您的孩子在萨克斯班表现特别不错，他胖胖的，我觉得他很适合学吹萨克斯。他在我们这儿学一段时间以后，肯定能上台进行很好的表演。"这是我准备让阳阳解脱时辅导班老师和我说的话。想到以后阳阳在每年的六一儿童节能帅气地站在舞台上吹萨克斯，我们肯定会以他为荣的。妻子和我决定让阳阳继续上培训班，专门学吹萨克斯。这之后，又因为阳阳在作文上得分不高，我们给他报了写作培训班；因为他算数反应不是很快，我们还给他报过珠心算培训班。总之，自阳阳屈服于我和他妈妈的权威参加萨克斯培训班以后，我们就总觉得培训班效果不错，于是又自作主张地给他报了如上所述的培训班。

一个学期以后，阳阳的耐心已经用完了，他开始坚决抗议我们剥夺他的自由。"爸爸妈妈，我知道你们爱我，想让我变得更好。我谢谢你们！可是爸爸你也说过我们活着就应该快快乐乐的，上补习班让我感到不快乐。并且，我的成绩的提升并不是因为上了补习班的缘故，而是我希望你们能不让我上补习班才更加努力学习换来的结果。我以后肯定好好听讲，努力学习。但是，放学之后我还是希望能有自己的时间来看我喜欢的书……"听到阳阳这些话，我和他妈妈才幡然醒悟，我们都为有一个愿意与我们表达真实感受的孩子而感到骄傲。于是，阳阳的课后时间又握在了他的手里。并且，他的成绩也一直不是我们所担心的那种状况。

看来，多听听孩子的心声，让他也参与规划自己的生活十分重要。不管你的孩子是用发牢骚还是哭泣的声音跟你诉说了他的不满意，都请你一定要探究他行为背后的意义，理解孩子的诉求，至少给孩子一个为自己代言的机会。否则，你或许会像下面这个故事里的父亲般差点追悔莫及。

某日中午，一位先生在回家吃饭时无意中抬头发现对面20多层的窗台上站着一个小男孩，孩子一手扶着墙，一手扒着窗台，不时向下看，他好像想回屋内，但是一时无法回去，这位先生立马报了警。这目击者一喊，围观的居民越来越多。楼下的人根据楼层点数后，发现孩子所在是23层的一户，热心的居民赶到男孩所在的23层，敲这户人家的门，结果无人开门。

几分钟后，交管巡防大队民警赶到现场。民警爬到楼梯间天窗边，与孩子对话，稳住孩子。另一民警立即与物业部门联系，找到孩子的父母，同时要求消防队员速来增援。两名消防队员小心走到窗户边，此时孩子很激动，一名队员不停安抚孩子的情绪。因为孩子怕挨父亲的打，待在空调外机上惊恐不已。另一名队员从窗户另一侧上前，趁小孩注意力分散时，双手紧紧拉住了孩子的双手，和第一名队员一起，把孩子拽进屋内。

蹲在空调外机上的孩子是张先生的孩子，今年上小学三年级。问起孩子跳窗的原因，张先生长叹不已。原来，放假后，邻居家的家长都给自己的孩子报了很多补习班，看着人家报了，怕自己孩子掉队，望子成龙的张先生和妻子也给儿子报了几个培训班。但孩子一直不愿意去上课，为此张先生狠狠地教训过儿子几回。孩子为了向父母"抗议"，还离家出走了几天。为了防止孩子再跑出去，张先生和妻子周六出去办事时，就把儿子反锁在屋里，才导致调皮的儿子这样爬上了窗台。

惊魂未定的张先生说："把小孩自己锁在家里确实不对，以前可能对他太严厉了，以后我会和他好好沟通的。"是呀，要不是邻居及时发现，警察全力救助，后果将不堪设想。到那时，可就真是追悔莫及了。

爸爸感悟

在中科院心理所读研究生期间,记得在研究方法课上学到访谈的研究方法时,我曾在老师的带领下做过一份关于"你是一个会倾听的人吗"的问卷,那份问卷后附有说明。说明里有一句话我至今记忆犹新:倾听是对别人最起码的尊重,倾听是交流的开始,更是使交流变得愉快的不可或缺的因素。作为家长,我们都希望能够与自己的孩子很好地沟通,但是在这之前你得学会倾听孩子的声音,关注并尊重孩子的意愿。

倾听孩子的声音其实是一种尊重孩子的态度,一种不把孩子看成你的依附体而是一个独立的个体的眼界。苏联教育家霍姆林斯基说过:"每个孩子都是一个世界——完全特殊的独一无二的世界。"孩子有自己的思想、自己的个性、自己独立的人格。我们学会倾听孩子的声音就是关注孩子思想的第一步,就是对孩子尊重的本质体现。

然而现实生活中,我们往往听到家长挂在嘴边的是:"小孩子家懂什么?一边去!"于是一个思考良久之后要发表自己对某一事物看法的孩子被无辜地打进"冷宫",且仅仅是因为他的年龄尚小。"孩子,你应该这样说,应该那样做。"这也是爸爸妈妈经常和孩子说的话。其实这正是中国创新教育被抹杀的开始,我们的孩子不需要自己判断对与错,做与不做,家长已经帮他们做出了貌似最正确的选择。但是,孩子的独立人格如何培养?孩子需要被尊重,倾听孩子的心声,尊重孩子的需求,正是培养孩子独立、创新等优秀品质的第一步。

倾听孩子的声音,父母就要站在孩子的角度想问题,用孩子的眼睛看世界。孩子的不谙世事和纯洁无瑕使他们看到的是和成人眼中不一样的世界。在孩子的眼睛里,世界上的一切都充满了趣味,都无限美好。家长不应该强硬地向孩子灌输所谓的现实世界的模样,而应该试着与孩子想到一起。

当孩子说要去找兔妈妈买萝卜时,我们不应该急着否定他这一想法,告诉他兔子不会种萝卜,而是应该用有意思的小游戏或是到田间观察等方式让孩子明白萝卜是谁辛辛苦苦种的。当孩子要帮洋娃娃洗澡时,当孩子说爸爸是大老虎时,当孩子一次次幼稚地发表他的看法的时候,请记得鼓励他说下去,并试着理解他的想法。倾听孩子的声音,用孩子的眼光观察世界,用孩子的心灵感知世界,才能理解孩子的喜、怒、哀、乐。

倾听孩子的声音,就要与孩子站在同样的高度看世界,平等地与孩子交流。阳阳的妈妈是初中老师,她所在的初中对老师有一些特别的要求:上班不穿高跟鞋;和孩子说话的时候必须耐心地听孩子把话说完;上课提问孩子时要一直面带微笑地看着孩子。之前让我感到很困惑,但是在阳阳上幼儿园之后我完全明白了这些规定背后的意义,那就是对孩子的尊重,不居高临下地看孩子。眼睛是心灵的窗户,我们在与孩子交流时用眼神来提示孩子继续说话或是制止孩子说不该说的话,这些都能够让孩子与家长之间的沟通更顺畅。

对孩子我们应该做到多一些建议,少一些命令;多一些鼓励,少一些指责;多一些示范,少一些包办;多一些商量,少一些呵斥;多一些倾听,少一些告知。在平等的对视之间,耐心的倾听之间,心与心默默地靠近,情与情真诚地交流。

除此之外,营造民主的家庭氛围也有利于孩子愿望的表达。家长放下大人的架子,与孩子民主协商家里的事情,给孩子发言的机会,考虑孩子的意见,让孩子觉得自己是重要的家庭成员。这有利于鼓励孩子做自己和敢于表达自己。

2. 不要高喊着"爱"的口号伤害孩子

爱其实应该是发生在两方之间的。我们爱对方,但是对方不需要或是不懂得我们的爱,这样的爱就不能真正发挥作用。父母爱孩子是天经地义的,但是却不是所有的父母天生就知道如何爱孩子。很多父母给予孩子的爱并不是孩子想要的,或者说爱孩子的方式让孩子无法接受,于是,这份爱变成父母自以为是的单方面的爱。因为自以为是,所以根本不知道孩子需不需要;因为自以为是,所以并不了解孩子需要如何被

爱；因为是自以为是的爱，弄不好会变成一种伤害。

那么为什么会产生这种自以为是的爱呢？因为家长和孩子之间缺乏沟通，不了解彼此的需要。很多时候，我们因为爱孩子想要他们变得更优秀，就为其报了诸多的培训班，确切地说是我们认为未来会用得到的技能培训班，于是与孩子产生了矛盾；有时候我们因为太爱孩子，因为恨铁不成钢就动手打孩子，希望惩罚能让他变得更好。反过来，有些孩子调皮捣蛋，其实真正的目的在于引起父母的注意，希望父母能够多关心自己。所以，要避免这种"自以为是的爱"的伤害，我们应该加强相互的沟通和深入了解，多一些警醒和反思，少一些自以为是。

"我们总以为是别人伤害了我们，其实是我们自己的期望伤害了自己。"所以，家长要避免这种"以爱之名的伤害"。对于如何避免，汪汪的博文《以爱之名的伤害》提出了很好的观点。第一，家长要适当降低对孩子的期望值，不要过分苛求孩子尤其是在孩子不擅长的领域。第二，家长应该多角度、积极看问题，要经常想象孩子优秀的一面，不要总拿孩子的缺点来和别人的优点比较。我们的孩子，他可能学习成绩不好，但他劳动踏实、会关心人、幽默风趣，这些也同样会为他走向社会加分！

教育小贴士

你想让你的孩子拥有一个什么样的未来？那么首先思考一下你对孩子的期待是什么。孩子需要被鼓励去勇攀高峰，而不是断然地否定让他失去信心甚至成为我们最不想看到他成为的那样的人。我们要用自己的话语和行动来表示对孩子的尊重和鼓励，让孩子朝着自己的目标前进。孩子是一张白纸，他成为什么样的人关键看我们的画笔，所以，让我们助力孩子塑造他期望中的自我。但现实生活中，我们往往因为太爱孩子而一味苛责，忘记了给孩子正确的爱。

当你看到孩子考卷上那不尽如人意的考分时，你脱口而出的是下面这些责怪的话语吗？

1."你怎么考得这么差?"

问这句话之前我们不妨想一想孩子考试成绩不理想的原因是什么。是他不努力还是一时粗心或是他根本没有听懂?弄清了原因之后再发问才能与孩子共同探讨。另外,我们也应该站在孩子的角度想想我们小时候是不是也粗心过,也有听不懂的知识,也有不听父母话的时候。这样我们就能容忍孩子的这些不如意,不因为过度的责怪让孩子离我们越来越远。

2."你们班有多少人考了100分?"

上小学时,阳阳的学习成绩一直不错,但是很多时候考试都拿不到100分。不是因为写错了一个字,就是因为算错了一道十分简单的题。妻子和我知道他是因为粗心,所以并不责怪他。但是我的邻居鳗鳗的奶奶却每次必问自己孙女这个问题,鳗鳗每次回答这个问题时总是满脸的不高兴。我想她一定觉得奶奶问她这个问题是在批评她为什么不考100分。我认为家长应该清醒地认识考试的意义。很多考试都不能代表什么,家长不应该过分看重。

3."你怎么比某某某还差?"

孩子最怕的就是父母拿自己和别人比。这样的比不仅会让孩子感到没面子,还会挑拨孩子与同学之间的关系,让孩子将同学当作对手来看待。"你喜欢某某某,那你让他做你的孩子好了。"我不止听过一个孩子对父母说类似的话。是呀,不管我们的孩子怎样,他始终是我们的孩子,我们应该学会接受孩子的一切并引导他向好的方向发展,而不是"长他人志气,灭自己威风"。

这些应该经常对孩子表达的爱,你说过哪怕一次吗?

1."宝贝,不管怎样,爸爸妈妈都爱你!"

我平时很喜欢看美剧,美剧与国产剧最大的不同就是情感表达的方式,美剧里家人或恋人之间那种爱随口而出的自然令我感到爱就应该这样大胆说出来。我们的含蓄文化使得很多人不善于表达爱,但是很多时候我们需要把爱意表达出来,让孩子知道自己拥有"爱"这一最大财

富。这句话可以在孩子即将参加重要的考试、比赛时告诉他,更应该在孩子遇到挫折感到无助时和他说。

与此同时,一个充满爱意的家庭环境的营造,对孩子的成长也起着至关重要的作用。爸爸妈妈对孩子的爱不仅要大方说出来,更要体现在日常生活的大小细节中。在孩子取得哪怕是小小的成就时,真诚地给孩子一个爱的拥抱;在孩子失意时,默默地站在旁边告诉他这一切都没有那么糟。每一天多一些微笑,多一个拥抱,少一些责怪,少一个白眼!总之,不要吝啬那句"我爱你",因为在马斯洛需求理论中这是孩子被爱和被尊重的需求,只有这一层次的需求被满足之后,孩子才可能实现自我,才可能迈向自己追寻的远方。

2."你做得比以前好多了!真棒啊!"

在孩子取得进步时,爸爸妈妈应该毫不吝啬地说出这句话。每一个孩子都有自己的优点和擅长的东西,父母要尽量去发现孩子值得赞赏的地方及时给予孩子正能量。哪怕是孩子这一次的学习成绩排名仅仅上升了一位,我们也要肯定他这个成绩。这样孩子才觉得自己的努力得到了认可,进而愿意付出更大的努力,追求更大的进步。

3."宝贝,我们三人一起来玩一个游戏好吗?"

家长总是很忙,他们白天要上班,下班回家之后要做饭,饭后要看电视剧,要备课,要搞科研,中途还要打开电脑淘宝。他们抽出了时间做上述的所有事情,却抽不出时间陪孩子玩一下,哪怕只是给孩子讲一个故事。其实,每一个孩子都期望与父母沟通,希望父母教给自己更多的东西。所以,家长们,请你们务必让孩子感觉到你们愿意陪伴他吧!

第二章
让孩子成为自己眼中最棒的自我

1 "我要到顶上呢!" 别用分数衡量一切

"这次考试没考好,不给你买过年穿的新衣裳。"在我小的时候,爸爸妈妈经常对我说这话。

"如果你这次语文数学都能考 100 分,暑假就带你去旅游;这次考得好就满足你的一个愿望;考好了爸爸妈妈送你个礼物……"如此种种以考好为前提得以满足的需求和诱惑,现在依然在很多家长的口中重复着。当然,适当的鼓励甚至奖励有利于孩子的进步,但过了,孩子就只会考试,其他一无是处了。这也就不难理解现实中、网络上高分低能现象的曝光层出不穷了。

阳阳上幼儿园的时候,根本就没有分数的概念,确切地说是不会因为分数的高低影响自己的情绪。这主要是因为我与他妈妈坚持用哪里做得好、哪里有待改进这样的方式来评价他的每一个作品,包括手工、画画等。即使偶尔老师在他的作品上打了分,我们也不会过度关注那个分值或是拿它与别人的进行对比。但是到了阳阳上小学之后,不到一个学期的时间,他就特别在意老师在自己作业本上、图画书上写下的那个分数。这时,可以说应试教育体制的弊端在阳阳身上显露无遗。

"老爸,我今天失败了。我的看图说话只得了 90 分,青青得了 95 分呢!"

"老爸,我今天的拼音默写得了 100 分。呵呵!全班只有我一个人满分啊!"这是一年级的阳阳在我接他回家时,经常迫不及待向我汇报的事。从他的语言中我们不难看出他一直在拿自己和别人对比,且在对比中分数成了唯一的衡量标准。我和妻子一开始觉得他开始关注分数说明他有上进心了,所以并未干预。

但到了第一学期期末考试时,他因为第一次参加这种被老师描述得十分重要的大考试,紧张过度,没有发挥得很好。尽管在我们看来阳阳语文数学都考了 95 分并不算低,并且在拿到考卷之后我让他把做错的题再解一遍之时,他很容易地就得到了正确答案。但他的老师在我们带阳阳去拿考卷时,对阳阳说的话明显让他很受伤:"阳阳,老师觉得你应该可以考两科 100 分呢,我们班有 3 个小朋友都考了双百。你这个分数在班上那是中下水平了。下次你得努力啊!"说完这些,老师还根据分数针对不同分数段的孩子布置了不同的假期作业,阳阳和另外那些发挥不佳的小朋友的作业量无疑是最大的。

这天回到家后,阳阳一句话也不说,只拿出老师刚刚布置的作业拼命写起来。看着他一副执着的样子,我想他肯定认为自己把这些作业写完,以后就能考高分了。但我们都知道那些知识点他都已经懂了,根本无须完成老师这些带有惩罚性质的作业。当然,阳阳完成了那些作业,同时也在我和他妈妈苦口婆心的劝说之下,想通了分数并不能代表一切这件事。并且因为意识到自己已经弄懂了该弄懂的知识,分数不高是由其他因素造成的,今后自己只要努力克服这些因素就能取得好的成绩之后,他变得生龙活虎起来。但我们这一切努力却在过年回老家时被完全摧毁了。

"阳阳,你这次考了多少分啊?我的宝贝大孙子这么聪明,肯定考 100 分了吧!"这是阳阳的奶奶见到阳阳之后说的第一句话。我知道,她每天在村子里与老年朋友们闲聊时,肯定免不了听到了别人的爷爷奶奶炫耀自己孙子孙女的考分。阳阳看了奶奶一眼之后,还是很有担当地说道:"奶奶,这次我因为紧张把本来会做的题都做错了,所以没有考满分,下次我肯定不紧张,努力考 100 分。"听着阳阳的话语,我和妻子的担心总算是放下了。

"阳阳，考试考多少分啊？你弟弟只有语文考了100分，数学没考好。你呢？"我妹妹一进家门就迫不及待地拿我外甥女与阳阳对比起来。

接下来的几天，无论我们是带着阳阳走亲戚还是会老友，总免不了会被问到这个问题。连我自己都被家长讨论孩子考试成绩的热情惊吓到了。阳阳在解释了很多次因为紧张发挥不佳却都没有人关注他的解释，反而在听到他说出95分就不再关注他之后，又重新建立起"分数最重要"这一认识。

是的，阳阳周围的老师、同学、家人、亲戚、朋友都在极力演绎给阳阳一个事实，那就是大家关注的是他考的分值。在阳阳去上大学之前，他曾经跟我说过这么一段话："老爸，谢谢你和老妈一直坚持不用分数作为评价我的唯一标准，是你们的坚持让我今天依然能够组装自己最爱的飞机、轮船；也是你们的坚持，我才会成为学校足球队队长，而没有为了追求高分丢失了自己。"或许阳阳把我和妻子对他考试分数的不过分关注当成了自己的幸运，那么我希望我们每一个做父母尤其是在孩子心中一言九鼎的爸爸能够带给自己的孩子这份幸运。

"我要到顶上呢。"《爸爸去哪儿》的经典语录。其实是所有孩子都有的争强好胜心理的体现。阳阳上初一后，当我和妻子看到他把QQ名从"阳阳"改为"小山羊吃大老虎"时，一直为他缺乏上进心而担心的心总算落了地。

其实，要检验孩子的学习情况有很多种手段，考试只是其中一种，而且形式比较单一，它只能检测孩子对书本知识的学习和掌握。通过考试呈现出的分数，并不能反映孩子的整体学习水平，更不能以此作为衡量孩子是否聪明的标准，也不能体现出孩子的品格和才能。

一般情况下，父母关心孩子的分数是由于这能反映孩子的学习情况，但是一些家长太过重视分数，给孩子施加考高分的压力，这样不仅会给孩子造成很大的心理负担，也会带来诸多不良后果。

首先，太过重视分数会让孩子对考试产生恐惧心理。有的孩子平时成绩很好，但父母施加的压力，导致孩子每次临近考试都会非常紧张，越紧张考得越不好。如果父母没有注意到这一问题，考试前一味地向孩子强调考个好分数，这会给孩子造成心理障碍，使其更加恐惧考试，影响孩子健康成长。

其次，太过重视分数会打击孩子幼小的心灵。小学生都是天真单纯的，内心都有一股乐观积极的力量。就算是成绩不好的孩子，心里也会希望自己能考第一。对于一些成绩好的孩子来说，也并不是每一次都能考出好成绩，因为考试前孩子会受到很多因素的影响和干扰。如果父母一味地追求高分，忽略了孩子的感受和心理压力，在孩子成绩不理想的时候不关心孩子，反而辱骂甚至打孩子，这便会让孩子感到委屈，更会让他们的自尊心受到伤害。长此以往，会使孩子自暴自弃，甚至厌学。

最后，太过重视分数会疏离亲子关系。特别对于低年级的孩子来说，如果父母一味地追求高分，会让孩子觉得父母不爱自己，而是喜欢自己的考试成绩。因为考得不好会被父母责骂，而考得好便会得到父母的表扬和奖励。这不仅不利于培养亲子间的感情，反而会造成亲子间感情的对立，疏离亲子关系。

当然，分数在某种程度上能反映出孩子对课本知识的掌握，以及如何运用课本知识解决问题的能力，所以也并不能一概反对家长重视分数。但是，学习成绩的好坏并不能决定孩子未来的发展方向，更不能代表他们将来一定成才或一事无成。

当今社会，很多人学历不高但是依然有所成就，不过这并不代表孩子可以不用学习，诚然文化知识是重要的，但是孩子的全面发展更重要。相比学习成绩，孩子的品德修养、性格养成以及应对问题的能力都更为重要，这些都是影响孩子人生的重要因素。因此，父母应该全面培养孩子，让孩子成为未来社会需要的人才。

教育小贴士

在生活中，老师和家长都无法避免讨论孩子的考试分数，但我们可以正确地评价孩子,而不是以分数衡量孩子。下面和大家分享几点心得体会。

1. 不盯分数,看学习效果

为人父母,在关注孩子的时候不应该只看重孩子的考试分数,更应该关注的是孩子平时的学习状态。分数并不是检验孩子学习成果的唯一标准,无论孩子考试成绩怎样,都应该以平和的心态对待。如果孩子考试成绩不错,可以多鼓励,但要提醒孩子戒骄戒躁;如果孩子考试成绩不理想,要引导孩子找出问题,帮助孩子进步。只有正确地关注孩子,以平常心对待孩子的考试分数,才能让孩子全面、健康地发展。

2. 承认孩子存在差异

其实,孩子在成长过程中会逐渐明白学习的重要性,也能感受到竞争的压力。但是由于每个孩子的学习能力、理解能力以及学习方法的不同,会使学习成绩有差异。因此,父母不能自认为孩子不懂学习的重要性,而应该多了解孩子的学习情况,帮助孩子找出学习中的不足,以平和的态度对待孩子,和孩子一起找到合适的学习方法,陪孩子一起健康地成长。

3. 孩子成绩不好时给予宽容和鼓励

大人都有不足之处,更何况是孩子。当孩子考试没有考好的时候,他们自己已经很难过了,父母就不应该再批评孩子,而是应该开导、鼓励孩子,帮助他们找出问题,鼓励孩子下次努力,让孩子有奋斗的目标。

当发现孩子厌学甚至成绩非常不理想的时候,父母也不应该生气,调整好自己的心态,以平和的态度给予孩子宽容和鼓励,让孩子重拾信心,并引导孩子发现自己的优势,只要孩子有信心,自然就会认真地去学习。为人父母应该给予孩子前进和奋斗的力量。

为人父母,引导孩子找到正确的学习方法,帮助孩子提高学习成绩,是应尽的义务和责任。这需要父母在孩子身上多花心思,投入更多的时间去教导孩子,关注孩子的成长,注重孩子成长过程中性格的发展、品德的培养,不应过于重视分数,应全面培养孩子,帮助孩子全面发展。父母在教育孩子的过程中，应发掘孩子的潜能，把孩子培养成未来社会所需要的人才。

❷ "老爸，你也是小屁孩吗？" **我们都曾经是小孩**

> 阿姨阿姨告诉你，在家我不当小皇帝。
> 起床自己会穿衣，刷牙洗脸天天数第一。
> 不说谎话不调皮，样样玩具我都珍惜，
> 我帮爸爸浇花，还帮妈妈扫地。
> 爷爷练剑我端茶，奶奶画画我拿笔。
> 都夸我是好孩子，在家我不当小皇帝，
> 在家我不当小皇帝，不当小皇帝。
>
> ——幼儿歌《在家不当小皇帝》

在上一章中我曾写到很多家长会以"爱孩子"的名义逼迫孩子做很多事情，导致孩子形成逆反心理，这样的爱让孩子伤不起。但在这里，我要和大家谈的是很多孩子在生活中因为是一家人关注的焦点而自恃过高，天天把"因为我最小，所以你应该……"这样的话挂在嘴边。久而久之，大人们也会被"洗脑"，认为孩子就只是个孩子，大家都应该让着他，宽容对待他的一言一行。殊不知，稍一不慎很可能让孩子找不到自我，以至于走出家门的社会交往领域中经受更多的挫折，甚至患上社交恐惧症等。

我妻子妹妹的孩子大宝有一段时间由姥姥带着住在我家。每天早上起床之后，阳阳都自己穿好衣服鞋袜，自己洗脸。比他小不了几岁的大宝却都得由姥姥哄着起床、穿衣，帮忙洗脸，甚至吃饭时还要姥姥边哄边喂。当我坚持让他自己做这些事情的时候，他总是满脸疑惑地说："我是小孩，当然要大人帮我做了。"他这样一说，阳阳也开始满脸疑惑地看着我们，他肯定在想大宝比自己小不了几岁，怎么还由大人为其服务。但幸运的是，在我们家一直没有人自愿成为阳阳的奴隶。即使在他更小时求助我们，我们也会给他说清楚这其实是他自己的责任。我们好心帮助了他，他应该学会感激。这些使阳阳从小就树立了个体观念，知道自己的事情自己做，不应该为别人增加负担。

我决心要帮妹妹的孩子改掉这个坏习惯。于是打电话了向妹妹了解大宝的情况："大宝在家里是一个'山大王'，大人什么事情都要听他的，不然就大发脾气。就连喝的牛奶稍微烫一些，都会吵着要奶奶向他道歉。可奇怪的是，一出了自家门，大宝就像变了一个人：怯生生，羞答答，动不动就朝奶奶求救'奶奶、奶奶'……奶奶带他去小区的花园玩，看到小伙伴们玩得开心的样子，他的眼睛里全是羡慕，可奶奶不管怎么说服，甚至动手拉都没用，大宝的双腿跟钉在地上似的……"听了妹妹这一连串的描述，我总算明白了大宝的情况。像大宝这样在家是一条"龙"、出门是一条"虫"的孩子在生活中不在少数。

我们的邻居时常夸奖自己的女儿小月很聪明，学习成绩优异，总是班上前几名，并且在各类书画、歌咏比赛中常获得一、二等奖，这些光环让小月成为我们小区里最优秀的孩子。然而美中不足的是，小月在班上人缘并不好。最根本的原因在于小月家庭条件优越，父亲在世界五百强企业里上班，母亲也是一个万人瞩目的明星，多才多艺的她成绩优秀，这导致她时常看不起班上的同学。同学们找小月问问题，她经常说问题简单，让同学自己去想；当小月买了新衣服或者同学衣着简单，她便嘲笑同学不会打扮，穿着朴素。小月就是这样一副高高在上的样子，这让同学们都比较疏远她，而且小月特别高傲，也很自我，自己做错事情了她也不承认，想方设法为自己找借口、找理由，不肯勇敢认错。像小月这样的孩子，便是属于典型的以自我为中心的孩子。

针对现在的学生群体，以自我为中心是比较普遍的一种现象，产生这种现象主要是因为在家里，父母长辈都把孩子捧在手心，孩子已经习惯处于中心地位，这就导致孩子认为小孩就是最大的，所有人都应该听自己的。由于缺乏良好的家庭教育，所以不管小孩是不敢表现自己还是自视甚高，都会造成孩子无法与人沟通、相处，最终难以适应社会。

"在家里爸爸听妈妈的，妈妈听爷爷奶奶的，而爷爷奶奶听我的。所以我是家里的老大！"像这样的顺口溜，孩子们时常挂在嘴边。

爸爸感悟

以自我为中心的孩子有一个共同点,那就是——在家是"龙",出门是"虫"。

为什么会这样?因为孩子在家里受尽宠爱,可以肆意妄为,并且目中无人。他们不仅知道父母长辈疼爱自己,不论做错什么都不会责骂,而且他们熟悉家庭环境,能找到依靠和安全感,所以他们在家里就变成了"龙"。

但是在公共场合,由于环境陌生,孩子没有依靠,缺乏安全感,同时他们不确定自己的行为是否正确,不确定做错事是否会受到惩罚,因此在陌生的环境里的孩子便畏首畏尾、战战兢兢。所以孩子在公共场合就成了"虫"。

到底是什么原因导致孩子"龙"变"虫"呢?由于家庭环境、家庭教育的不同,孩子的性格、脾气各异,因此导致孩子"龙"变"虫"的原因多种多样。这就需要父母多花心思在孩子身上,找出原因对症下药。

孩子在公共场合成了"虫",最主要还是因为对陌生环境的不适应和恐惧,所以父母应规范地教育孩子,统一家庭和社会行为的标准,以正常的社会行为规范要求孩子,让孩子适应社会环境和社会交往行为,以此帮助孩子树立信心,让孩子不再恐惧陌生环境。

针对这种情况,中国幼儿网《在家是霸道的小皇帝,出门就变成了懦弱的小老鼠》一文提出了很好的应对策略。

1. 在家也要用社会交往规则要求孩子,杜绝溺爱

长辈对孩子的溺爱是孩子"龙"变"虫"的主要原因。当孩子无底线耍赖还能得到谅解和宠爱时,他便认为自己可以为所欲为,因此不会再注重自己的行为是否正确。但当孩子意识到自己在社会环境中不能随心所欲的时候,他便会惧怕陌生环境,变得拘束胆小。因此父母应杜绝溺爱孩子。

☆对孩子说"不"是父母的责任

在任何情况下，面对合理或不合理的要求都有被拒绝的可能，父母应把这一思想灌输给孩子，同时，当孩子提出无理要求时，父母一定要对孩子说"不"，只有这样，孩子才会有"被拒绝也很正常"的意识。

☆为孩子创造多元的社交机会

由于家庭环境的限制，孩子无法真正了解社会交往行为的概念和含义，因此当孩子融入公共场合时就会变得胆怯。父母平时应鼓励孩子与他人到公园、广场等人多的地方玩耍，让孩子在社会环境中了解社会交往行为的标准，培养孩子的社会交往能力。还有一条不能忘记，在社会交往中，一定要提醒孩子多说"请"和"谢谢"。

2. 帮助孩子获得社交安全感和自信

☆交往范围由小到大

帮助孩子树立社会交往的信心不能操之过急，可以先带孩子在小区里与1~2个孩子玩耍，慢慢地再通过到一些早教机构学习，扩大社交范围，帮助孩子树立自信找到安全感。

☆先同低龄同伴交往

与大人或大孩子一起玩耍可能会让内向的孩子紧张，因此父母可以引导孩子先与低龄同伴玩耍，这样孩子比较容易获得安全感和自信，慢慢地再引导孩子与同龄、大龄同伴交往。

☆邀请其他孩子来家做客

孩子在家庭环境中是最放松、最自在的，因此也最容易获得安全感。由此家长可以鼓励孩子邀请同伴到家中做客，让孩子主动招呼客人，促进孩子与同伴间的沟通交流。

教育小贴士

随着时代的发展，现在很多家庭都只有一个孩子。因此长辈会溺爱和纵容，导致孩子娇生惯养，而优越的家庭条件更容易让孩子有优越感。针对长辈错误的教育方式及孩子的不良行为，必须及时改正或纠正，确保孩子的身心健康发展。

要改正教育方式，长辈必须端正态度，不过分溺爱孩子，不让孩子自视甚高，消除孩子"我是孩子我最大"的错误意识，如果有些孩子这种意识已经根深蒂固，而父母劝说无效，那么不妨试试《怎样防止小孩成为小皇帝》中提供的方法。

1. 当孩子无理取闹时，父母不要迁就孩子，不要哄着孩子，而应该采取冷落措施，父母可以做自己的事情不要理会孩子，或者收拾好房间里的易碎、易坏物品后，把孩子留在房间，让他自己继续无理取闹。

2. 在家教育孩子一定要目标一致，不能有人唱红脸，有人唱白脸，更不能互相指责，否则会强化孩子的不良行为，导致孩子认为总会有人保护自己，为所欲为，不怕责罚。

3. 对待无理取闹的孩子，父母不能心软，不能看到孩子哭得伤心就去哄孩子。其实细心的父母应该发现，如果孩子哭闹时没有人理他，那么孩子自己哭累了便会停下来，但是如果孩子发现有人在关注、关心着他，那么他便会一直哭闹、纠缠不休。

4. 当孩子不再哭闹、不再无理取闹的时候，父母可以心平气和地给孩子分析原因，讲一讲道理。让孩子明白无理取闹是不被人喜欢的，也可防止孩子产生错误的情感错觉，误认为父母不爱自己。对于无理取闹的孩子，父母只要按照以上的方法去引导，那么纠正孩子的坏习惯就指日可待了。

③ "我想成为超人！"与孩子一起呵护梦想

有一个男孩刚进入学校读书的时候，成绩总是不及格，可他偏偏对写作特别感兴趣，当作家一直是他的梦想。老师和同学都对他的梦想加以嘲讽，认为不可能实现。可他没有放弃，每天坚持练习写诗、写故事。后来，他果然写出了一部小说——《老人与海》，他就是海明威。

"我有一天长大了，希望做一个拾破烂的人。因为这种职业，不但可以呼吸新鲜空气，同时可以大街小巷地游走玩耍，一面工作一面游戏，自由快乐得如同天上的飞鸟。更重要的是，人们常常不知不觉地将许多还可以利用的好东西当作垃圾丢掉，拾破烂的人最愉快的时刻就是将这些蒙尘的好东西再度发掘出来……"

老师气得又扔板擦又拍桌子地对她大声吼叫着说："重写！"

别的同学都下课了，她只好重写。

"我有一天长大了，希望做一个夏天卖冰棒、冬天卖烤红薯的街头小贩。因为这种职业，不但可以呼吸新鲜空气，又可以大街小巷地游走玩耍，更重要的是，一面做生意，一面可以顺便看看沿街的垃圾箱里，有没有被人丢掉的好东西……"

这个从小就有着拾荒梦的孩子，就是多年后作品在全球的华人社会广为流传的传奇女作家——三毛。

那时的三毛正上小学，她的小学老师是一个十分认真而又严厉的女人。这位老师习惯骂人。但是，三毛因为作文写得好，常常被老师允许在全班朗读。一次，老师让学生们写一篇作文，要大家好好发挥，并且说："应该尽量写得有理想才好。"而后，老师让写好作文的三毛站起来念给大家听，结果就有了"我有一天长大了，希望做一个拾破烂的人"。

其结果是第二次作文交上去，老师画了个大红叉，当然又丢下来叫重写。结果她只好胡乱写着："我长大要做医生，拯救天下万民……"这下老师看了十分感动，批了个甲，并且说："这才是一个有理想、不辜负父母期望的志愿。"

像三毛这样的经历很多孩子并不陌生。家长或老师总会讥笑他们的不切实际。阳阳就曾经因为自己的梦想而多次遭到讥笑。阳阳上幼儿园时就特别喜欢看描述超人的影片。"我长大了要当超人！"这是阳阳整个幼儿园时期不变的梦想。我和妻子第一次听到他这个梦想时并未多加理睬。阳阳上小学三年级时，一天下午他回到家后就一直闷闷不乐，并找出他的所有超人的模型、图画册等一切与超人相关的玩具往垃圾桶里放。

第二章　让孩子成为自己眼中最棒的自我

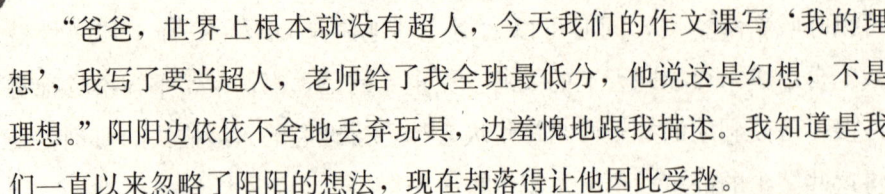

"爸爸，世界上根本就没有超人，今天我们的作文课写'我的理想'，我写了要当超人，老师给了我全班最低分，他说这是幻想，不是理想。"阳阳边依依不舍地丢弃玩具，边羞愧地跟我描述。我知道是我们一直以来忽略了阳阳的想法，现在却落得让他因此受挫。

"阳阳，那你能告诉爸爸你为什么想当超人吗？""因为超人有神力，并且他可以用这些神力来帮助有困难的人。如果我是超人，我也会利用神力来做好事。我要发明一种叫'起死回生丹'的药丸，生病的人只要吃一颗马上就充满活力，精神饱满；我要帮助警察叔叔抓小偷，我只要用我的神力就能立马发现小偷的行踪，并及时抓住他……"

那天下午，阳阳用将近一个小时的时间向我描述了很多他成为超人之后要做的事。至此，我才知道原来阳阳对自己的梦想有这么全面的认识。他所要做的是一个对社会有用、乐于助人并能够为他人贡献自己的一份力的人。无疑，他的梦想很伟大。之后，我和妻子都对阳阳这一理想表示了高度的赞赏，并鼓励他在现在的日常生活中就可以对自己力所能及的事伸出援手，不断积累"神力"，相信一直助人为乐的阳阳长大后会成为很多人的"超人"。

同阳阳一样，几乎每个孩子都有自己的梦想，梦想是孩子对自己未来的美好设计。孩子们在憧憬未来、谈论梦想的时候，总是心生向往，充满喜悦之情。但在生活中，父母总是把自己的主观意识强加给孩子，嘲笑孩子的梦想，认为那是遥不可及的事。曾有一个孩子告诉父母，他长大后要当军官，但是父母听了不但没有鼓励他，反而嘲笑他说："就你这点样子，又不出色，成绩也不好，怎么可能当上军官呢？"孩子听到父母这样说非常失落，而父母的嘲笑也深深伤害了孩子幼小的心灵。如果我们每一位父母都能鼓励孩子朝着自己的梦想前进，说不定那位被父母嘲笑的孩子就真的成为军官了。

梦想对于孩子来说充满了吸引力，在孩子成长的过程中也起到了激励作用。曾有儿童心理学家指出，孩子把自我形象理想化后，会转化为自己的梦想。在孩子成长过程中，鼓励孩子追寻梦想，让孩子充满勇气，那么就算孩子面对种种困难也会竭尽全力去克服，去实现自己的梦想。根据对凡高、爱因斯坦、居里夫人等有着卓越成就人物的研究表明，鼓励、引领他们前进的力量就是他们儿时的梦想。由此可见，梦想引领孩子走向成功，没有梦想的孩子未来是渺茫的。

无论孩子的梦想是什么，父母都应该给予他们鼓励和肯定，并给孩子追寻梦想的力量，让他们有勇气去实现自己的梦想。在孩子努力实现梦想的过程中，父母应该多帮助孩子，多关注孩子的思想动态和行为，例如：如果孩子崇拜某位画家、音乐家或者科学家，那么父母就应该和孩子一起了解偶像的成长经历和奋斗过程，让孩子明白，无论想成为什么样的人，都要付出巨大的努力，不怕艰难困苦，奋勇向前，让偶像成为引领孩子前进的明灯。父母还应该在孩子质疑自我、质疑梦想的时候给孩子鼓励，为孩子答疑解惑，让他们充满信心地去实现自己的梦想，只有这样，孩子的梦想才会真的实现。

梦想是人生最宝贵的财富，父母要鼓励孩子不能轻易放弃自己的梦想，因为只有有梦想的人，才会接近成功。父母不能忽视梦想给孩子带来的动力，不能忽视梦想对孩子的重要性，更不能忽视梦想能给孩子带来精神世界的支撑。

这个世界上，有的人碌碌无为，有的人却是充满力量的追梦者，父母一定要鼓励孩子成为勇敢的追梦者。因为对于追梦人而言，这个世界是不存在任何困难的，如果孩子无法实现最初的梦想，也要鼓励孩子不忘初衷。在孩子追梦的过程中，与梦想相关的一切事物都会让孩子变得更强大。如果某天你的孩子和你讲述他的梦想，请不要打断他，请不要嘲笑他，而要鼓励他勇敢地去追梦。

梦想会引领孩子走向成功，有梦想的孩子会拥有前进的动力，拥有

奋斗的目标。没有梦想的孩子，则是消极的，因为他们的精神世界是空乏的，无论对生活还是学习都会失去激情，他们机械地生存着，最终碌碌无为地度过一生。

孩子在成长的过程中慢慢地有了梦想，这个梦想的形成是符合孩子成长规律的，小学时期孩子的梦想如破土而出的萌芽，到中学时期梦想开始成长，高中时期梦想便长成参天大树。因此，在孩子梦想萌芽、成长的阶段，父母要多关注孩子，引导孩子树立值得追寻的梦想。

父母可以在日常生活中多引导孩子，多让孩子了解模范人物、名人事迹，让孩子树立正确的认知，引导孩子成为"理想中的人物"。除了日常生活中多关注孩子外，父母也应通过孩子写的作文等了解孩子的内心世界，多与老师交流沟通，及时了解孩子的动态及心理变化。

孩子愿意谈论自己的梦想是好事，这样父母可以对孩子多一些了解，当孩子谈论梦想的时候，父母万不可嘲笑孩子，应多鼓励，并且想尽办法引导孩子去实现梦想。

当孩子说以后想成为音乐家的时候，父母应引导孩子多听音乐，多了解音乐家的成长经历，为孩子提供接触音乐、学习音乐的平台，并多和孩子一起欣赏音乐，尽力去做一些可以实现这个梦想的事情，让孩子有足够的动力朝着梦想前进。不管孩子的梦想是什么样的，只要他有足够的勇气去追寻梦想，只要他愿意为梦想付出努力，那么父母都应大力支持。在孩子成长过程中，梦想是孩子心之所向的愿望，梦想更是支撑孩子前进的力量。

很多时候，父母总觉得孩子应该这样或那样做才是对的，孩子应该成为怎样的人才是成功的。因此很多父母不顾孩子的感受和意愿，执意为孩子规划人生，设计孩子应该走的路，强迫孩子做自己不喜欢的事。

父母这样的做法是愚昧的，真正爱孩子的父母，应该尊重孩子的选择，引导孩子树立正确的人生观、世界观、价值观，不能给孩子太多的压力。如果父母执意让孩子走自己认为对的路，那么孩子会因此变得消极。当孩子产生抵触心理的时候，就会失去前进的动力，从而轻易地放弃梦想。

记住,在生活中当孩子有了自己的理想时,父母应该告诉孩子:"你树立了理想,我们支持你,相信你通过自己的努力一定会实现的!""你想实现自己的理想就要从小事做起,这样你就会离自己的理想越来越近!"总之,当孩子讲述自己的梦想时,一定要给予大力支持,并无条件鼓励和相信孩子,帮助孩子一步一步实现梦想。

④ "我虽然不帅,但我很酷!"理智对待孩子的优缺点

对于阳阳所谓的个子我们并没有特意关注,可以说是任其自然发展。到了阳阳上小学五年级的时候,我们都意识到阳阳已经是班上数一数二的小个子了。因为个子小,阳阳总被同学们戏称为"小山羊"、"小个子",对于这样的绰号我和阳阳妈妈有些担心会伤了阳阳,但事实证明我们的担心是多余的。因为阳阳用自己的实力证明了他是一个聪明的小个子。

因为阳阳从小就一直跟着我锻炼身体,这使得他能够在运动会、游泳比赛等活动中一展身手。他曾多次获得学校男子100米、200米赛跑的冠军,还是学校游泳队的队员。这些都让他觉得他的小个子并没有成为他的负担。相反,对于同学们给的绰号他觉得这是一种亲密的表现。这令我们感到很是庆幸。

"阳阳,你是聪明的小个子。原来浓缩的都是精华啊!呵呵!"这是阳阳过生日时他的同桌送给阳阳的生日贺卡上写的话。阳阳当时就念了出来与我们分享。这就够了,因为我们知道阳阳是个快乐的小个子。

我任教的大学校园里,经常会发现一些女大学生在操场上贴出的寻男友启事,条件往往只有一个:帅。

姑且不论这件事情的是与非,从中我们不难发现今天人们的观念——上至老叟官员,下至小孩平民,如今中国人口中最常见的词汇是帅哥、美女,或者与帅、美相关的语言,以至于连作家也要是美女作家,作品

才好卖。整个时代似乎已成了色男、色女的时代。

然而，10多年前，相貌不敢恭维的赵传凭借着一首《我很丑，可是我很温柔》唱红了海峡两岸。

现代社会，许多长相平平的人都为自己的相貌而苦恼。我曾听过有一个孩子，生下来便身体瘦弱，嘴是歪的，脸上有许多斑点。孩子小的时候，还没有意识到自己的相貌，和其他孩子一样快乐地游戏、快乐地成长。念中学了，经常有人对孩子说"瞧你的样子""也不撒泡尿照照"这类的话。孩子开始留意起自己的相貌了，经常一站在镜子面前就是一两个小时，愁眉苦脸，痛苦不堪。

孩子还特别爱和那些身材高大、相貌英俊的同学比，越比越自卑，越比越痛苦。原本开朗活泼的孩子从此之后变得沉默寡言，不愿意见人，经常抱怨父母。有一次，因为相貌问题与父母发生了争执之后，还嚷嚷着要自杀。父母看到聪明伶俐的孩子变得如此痛苦，感到非常痛心。

据调查，有高达15.3%的孩子对自己的相貌、体形很不满意，加上42.33%比较不满意的孩子，将近六成的孩子为自己的相貌而担忧。普通人如此，名人也同样为自己的相貌而苦恼。

俄国著名作家托尔斯泰很小的时候，就因自己丑陋的相貌而感到苦恼。他认为，像他一样眼睛小、前额窄、嘴唇厚、鼻子像大蒜头一样难看的人，"活在世上也不会快乐"。

诺贝尔刚生下来时，相貌丑陋，身体也很虚弱。他的哥哥因为他长得丑陋，曾建议医生结束他的生命。诺贝尔也认为，像他一样外貌丑陋的人，别人是不会喜欢他的。

有一个画家将自己精心绘出的一幅画放在街头，在画作旁边摆了一支笔，并写道："请你把不好的地方圈起来。"结果，一天下来，整幅画被涂得面目全非。画家想，难道我的画真的一无是处吗？第二天，画家又将另一幅画以同样的方式展示在人们的面前，不同的是，那句"请你把不好的地方圈起来"改成了"请你把画得最好的地方圈起来"。结果，一天下来，整幅画又被笔墨圈满了。这件事给画家很大的启示：你用欣赏的目光去看世界，那么这个世界就是美丽的；如果你用指责的目光看世界，这个世界也就会变得无比丑陋。

看完这个故事，父母应该细细思考，在教育孩子的过程中，我们是不是也应该学会欣赏孩子的优点和缺点，以平和的心态看待孩子的"优缺点"才是。

首先，在心里放大孩子的优点。如果父母常把孩子的坏习惯挂在嘴边，经常批评孩子做错事，那父母真的要重新审视自己了，每个人都会犯错，何况是孩子。所以我们要学会放大孩子的优点，多夸奖、鼓励孩子，但切记不可盲目表扬，而要在孩子不断进步的过程中表扬孩子、鼓励孩子。父母应挖掘孩子身上的闪光点，并让孩子意识到自己的优点可以让自己变得更好。父母在教育孩子的过程中，应重视孩子的努力和付出，全力支持孩子，成为孩子最信任、最坚强的后盾，孩子这样才能带着父母的期许勇敢地向前走。

其次，在心里忽视孩子的缺点。无论孩子是好心办坏事，还是努力后却做了无用功，又或者孩子自以为自己很优秀却还有很多不足的时候，我们都应该肯定孩子的付出和努力，在心里默默地忽视孩子的缺点。

1. 在生活中，确实存在着"相貌效应"

在生活中不难发现，长得漂亮、俊俏的人，总是会得到很多优待。

当人们看到漂亮的姑娘、俊俏的小伙，便会觉得心情愉悦，愿意夸奖他们，愿意和他们亲近，而他们的父母看到这样的情况自然是很骄傲、很开心。但是如果孩子长相没什么特点，人们自然冷眼对待，不会再像看到漂亮孩子那般热情。

在现实生活中的成人世界里，这种"以貌取人"的现象更为突出。一个年轻漂亮的人，在人际交往、爱情、婚姻甚至事业上都更容易一帆风顺，好运不断。这就是"美貌效应"。相反，相貌一般或者丑陋的人会受到歧视，人生的际遇也会大打折扣。因此，有太多长相普通的人，到美容院整容，只为了使自己的容貌能让人喜欢，让自己能过得更舒心。心理学家罗莎·赖奇说，有些认为长得丑陋的人为了免受歧视，他们甚至退学、退职，而且永远足不出户。

"爱美之心人皆有之。"许多"丑人"把大量的金钱花费在美容院里，甚至采用整形手术改变自己的相貌。

2. 成功人士所凭借的并不是他的相貌，而是他的智慧

戴尔·卡耐基曾经说过："一种缺陷，如果生在一个庸人身上，他会把它看作是一个千载难逢的借口，竭力利用它来偷懒、求恕、懦弱。但如果生在一个有作为的人身上，他不仅会用种种方法来将它克服，还会利用它干出一番不平凡的事业来。"

托尔斯泰通过在写作中寻找乐趣，战胜了相貌丑陋的苦恼，成为一个伟大的作家。诺贝尔为了弥补自己的生理缺陷，把终身献给了人类事业。美国历史上唯一一个连任四届总统的人，是坐在轮椅上的罗斯福。

曾经有个女孩长得非常不讨人喜欢，同学们都叫她"丑丑"，因此她没有朋友，甚至受到排挤，她经常躲在角落里哭泣。后来她遇到一位老人，老人告诉了她一个秘诀，当她开始使用这个秘诀以后，同学们都不再叫她"丑丑"，而且都很喜欢她。老人的秘诀就是：时刻微笑，相信自己最美，用真诚、善良的心对待别人。

俗话说"相由心生"，我们要相信，依靠内心的力量是可以改变我们的容貌的。就算我们长得不是很漂亮，不是很帅，但是我们也要相信自己善良的内心会让我们的容貌变得更美。

2002年世界小姐选美大赛的结果出人意料，在众多佳丽中，冠军的花环最后戴在了一个相貌并不出众的土耳其小姐头上，而她能获得冠军的原因很简单，因为评委们觉得她的脸上一直洋溢着发自内心的微笑。

富兰克林曾经说过："懿行美德远胜于美貌。"根据心理学家调查发现，相貌普通的学生考入大学的比例明显高于相貌出众的学生，因为前者明确地意识到自己由于长相不出众，只有通过刻苦学习，才能弥补相貌造成的差距，这就是典型的"以才补貌"效应。

1. 别太在意孩子的美丑

《伊索寓言》里有一个故事：宙斯要给拥有最漂亮孩子的野兽发奖。一只猴子带着一只扁鼻无毛、相貌丑陋的小猴子前来参加评奖，众兽哄堂大笑。

她坚定地说："我不知道宙斯会不会把奖品发给我儿子。但至少有一点我十分清楚，在我的眼里，这只小猴子是最可爱、最漂亮、最活泼的。"

孩子是父母爱的结晶。孩子所有的一切都可能遗传自父母，而父爱母爱会让孩子相貌发生改变的。"相由心生"，如果父母给予孩子更多的爱与关心，不当着孩子的面点评孩子的长相，那么孩子就不会产生自卑心理，不会自暴自弃；但是如果孩子相貌出众，那家长要注意不能过度夸奖孩子，以免孩子滋生自傲心理。

在教育孩子的过程中，对待相貌普通的孩子，家长要多夸奖、多鼓励，让孩子能够充满自信；而对于相貌出众的孩子，家长则要多指出孩子的缺点与不足，引导孩子多向别人学习。

2. 承认缺陷，但不自怨自艾

欧洲有句谚语："不要为打翻的牛奶而哭泣。"人的相貌是与生俱来的，长相普通或不讨人喜欢可能会对生活造成一些影响，可是如果这就丧失信心，垂头丧气，那么它将带来更多的痛苦。最好的方法就是，正视并接纳自己的缺点，乐观积极地生活，不在意别人的眼光，这样才能活得轻松、自在、开心。

3. 理智对待长相

事物往往都是具有两面性的，在生活中过于注重相貌，会给我们的生活带来不良影响和后果,因为我们的相貌并不能决定人生的长度和宽度。在那些取得卓越成就的人当中,除了艺人对相貌要求比较高,其余成功人士相貌出众的并不见得很多。

同时,应该清楚地知道,人都有衰老的一天,我们的容貌不可能永远不变,但是,如果我们拥有强大的内心和丰富的精神世界,就会随着时间的流逝变得越来越有内涵,越来越迷人。

4. 扬长避短,追求心灵之美

俗话说:鸟美在羽毛,人美在心灵。无论任何时候,我们都应该认清自身的优势,善于发现、挖掘自身优点,并在生活中将自己的优点最大化,以善良之心待人,以真诚之心接物,以勇敢之心挑战困难。我们应正视自己的缺点,努力改正自己的不足之处,不断充实自己,让自己变得强大,让心灵变得更美。

⑤ "我不是伪娘,我要学习踢足球。" 与孩子分享性别优势

阳阳从小学四年级开始直到高中都是学校足球队的队员。你可能想象不到,阳阳曾经不止一次被别人评价为"有点娘"。在阳阳两岁多时,我因为到北京进修的原因,不得不离家一年。

一年后,我回来时阳阳将近4岁,我发现他喜欢闷在家里,说话细声细气,像个孱弱的小女孩。有时候,看见他妈妈穿裙子,他也哭着喊着要穿裙子。有时妻子和他奶奶拗不过他,只得让他穿裙子或是给他打扮一番(梳头、抹脸、擦唇膏)。这种状况着实把我吓了一跳。后来,我专门把周末空出来,带他去远足和野营,给他讲一些军营故事;和朋友踢球时,也把儿子带上"观战"。到他上小学时,由于经常锻炼,体格很棒,说话声音比以前洪亮了很多,还成了学校足球队的主力,很是有了那么股小小男子汉的味道。《中国青年报》的一篇《中性化倾向威胁中小学男生》引起了社会各界的高度关注,报道称目前中小学男生中软弱、没有担当的多了,而有抱负和理想的少了。其实,不只是男生中性化，女孩中性化也不是个别现象。

2009年2月3日，《石家庄日报》曾经发表一篇题为《给孩子一张明"性"片》的文章，文章中写道："李宇春又酷又潇洒，我们都非常崇拜她。"在上初中的小艾虽然是女生，可是却穿着宽大的T恤和牛仔裤，剪着短短的头发，经常和男孩子打成一片，一言一行中都没有女孩子的"影子"。小艾说自己已经很久没有穿过裙子了，头发一直都是短短的。而小艾的同班同学里，女生像小艾这样活脱脱的"假小子"的并不鲜见；相反，班里的一些男生则扭扭捏捏，缺少阳刚之气。如果一直这样下去，社会上就会出现越来越多的女汉子、伪娘。

现实生活中，孩子需要性别角色教育。所谓性别角色教育，是指不同性别的人应该与社会关于性别的"原型要求"相适应。虽然这是男女平等的时代，但这种男女平等，是在尊重自然性别特征前提下的平等发展，是塑造人格的平等，不是性别无差异的平等。无论是在学校还是在家里，孩子都应该多向异性学习，充分发挥自己的"性别优势"，克服自己性格中的不足与缺点，促进身心全面、健康地发展。这在心理学研究中叫作"双性化"发展，而不是"中性化"。有心理学家表示，"中性化"不一定是坏事，但"中性化"的前提是把男性和女性的优点结合在一起。

而在当今社会，家长及老师应更重视性别教育。鉴于目前社会的发展，为了能让女孩子适应社会，能更好地生存，家长把她们培养得过于"强势"，相反，一些男孩子则被长辈照顾得像温室里的花朵，娇惯而脆弱。其实，孩子出生时的性别不一定能指引他们成长，家长还是应该多从心理、生理各方面培养教育孩子，让孩子充分认识性别角色，接受良好的性别角色教育。在学校专门设有心理卫生教育课，当中涉及性教育，但是仅仅局限于性生理教育，关于性别角色教育则几乎没有涉及。因此无论是老师还是家长，都应该重视性别角色教育。如果按现在这种"阴盛阳衰"的局面发展下去，最终会导致社会性别结构不平衡，不利

于社会健康、有序的发展。

在孩子的成长过程中，对于自己的性别会经历懵懂、好奇的阶段，在这一过程中，父母的角色榜样就深深影响了孩子的性别意识。一些家庭中，父亲由于工作或其他原因不能常陪在孩子身边，甚至很少参与对孩子的教育和培养，而男孩是通过模仿父母或亲近的男性来完成自己对性别的认识和认同的，因此如果孩子从小身边都是女性，自然受到女性的影响较多，缺乏对男性的认识，他们自然会模仿女性，慢慢地男孩的性别认同定型后，即便能在学校接触到其他男性，他们因从小模仿女性而衍生的女性化行为也不会再改变。

如果家庭不和谐，父母关系不亲近，对孩子也影响非常大，孩子在这样的环境里很难形成正确的性别认同。如果孩子发现妈妈因为对爸爸有意见，不让自己和爸爸亲近；或者除了妈妈以外，家里其他成员也不重视爸爸，排挤爸爸，孩子便会对爸爸产生不好的印象，进而抗拒接近父亲。长期如此，孩子便会忽视爸爸的重要性，轻视爸爸在家庭中的价值。同样，这样的情况也会使女孩受到影响，如果女孩看到父母之间存在隔阂、争吵，她便会对母亲或父亲产生抗拒心理，由此影响女孩对性别的认同。

相亲相爱的家庭关系、和谐温馨的家庭氛围是父母能给予孩子最好的礼物。当孩子开始意识到自己的性别后，他会无意识地模仿父母，当孩子感到父母对彼此的喜爱，孩子就能感受到性别的吸引力，并且会模仿与自己性别相同的一方。如果是男孩，他会认为如果自己和爸爸一样，妈妈一定也会疼爱自己。因此在家庭中，女孩学习妈妈做家务、打扮，男孩学习爸爸看书、扮酷，就是这种心理导致的。所以一个家庭无论存在怎样的问题，在孩子面前，父母都应该展现出自己最好的一面，给孩子树立好的榜样，让孩子能正确地认识异性关系。

1. "双性化"教育，优势互补

举个例子，在学校里女生整体成绩比男生好，其中重要的一个原因是女生认真、细心，男生马虎、粗心，所以男生应该多向女生学习。这也是性别教育的一部分重要内容，在教育培养孩子的过程中，一定要摒弃绝对的性别定型，对男孩除了培养他们的阳刚之气外，还应多培养他们细心细致的品质；对女孩除了培养她们温柔细心外，还应培养她们勇敢坚强的品质，只有这样才不会限制孩子的全面发展，也只有这样，孩子才能适应社会。因此一些家庭实施"双性化"这种新理念时，一定要理解准确，衡量好"双性化"教育的度。

首先，父母要以身作则，注重自己的语言、行为对孩子的影响，及时改正自身的错误，以免影响孩子对性别的认识。例如：在数学、物理、化学等理科学习方面，父母及女孩都会认为女孩逻辑能力和思维能力不好，对理科学不好。如果有这样的心理，父母应该多鼓励孩子学习、研究，调动孩子的学习积极性，为孩子提供学习的机会和平台。当孩子意识到父母的支持和信任后，自然就能拿出信心去学习。这样，在培养孩子的过程中，父母也为培养孩子"双性化"人格奠定了基础。

其次，要帮助孩子树立正确的性别认识观念。在初中，很多孩子受到心理影响，对学习理科知识丧失兴趣，甚至产生抵抗心理。这个时候，父母应该多疏导孩子，端正孩子的学习态度，帮助孩子克服抵抗心理，为孩子加油打气，给孩子足够的信心；同时多为孩子提供一些补习、培训的机会，让孩子能够把理科知识学好。

在教育孩子的过程中，父母还应以正确的心态引导孩子与异性进行正常的沟通、交流，让男孩、女孩在沟通交流的过程中相互学习，发现异性的优点，取长补短。

在"双性化"教育中，父母一定要避免走极端，应保持顺其自然的平和心态。在鼓励孩子与异性相互学习的时候,不应强迫孩子,应该顺其自然。同时也要把握好度,不能让孩子失去自我地完全学习异性,这样会有适得其反的效果。

在对孩子进行"双性化"教育过程中,有两点特别值得父母注意:一是应该以孩子的性别角色为主,以孩子所独有的性格特征为主;二是在教育过程中,要引导孩子学习异性性格中优秀的东西,不能忘我。只有这样交叉学习,孩子才能在保持自身特点的同时,学习异性优秀的地方,避免本末倒置情况的发生。

孩子在成长过程中,是通过以父母为标榜来确认自己的性别的。在家庭当中,如果父母明确为孩子树立典型的男女性别榜样,男孩就会以父亲为榜样向父亲学习,而女孩则自然认同母亲而向其学习。

2. 给孩子正确的性别认同教育

首先,父母应为孩子营造和谐的双性别环境。无论如何,父母都不能当着孩子讨论性别的优劣势,也不该认为自己一人可以身兼两职,孩子需要从父亲和母亲身上感受到不同性别的影响。

其次,无论是在生活中还是其他情况下,父母都要给孩子营造相亲相爱的生活环境,相互支持,让孩子明白不同性别的魅力以及感受到两种性别互补的强大力量。

最后,无论是教育男孩还是女孩,都应该注重父母的角色。就目前幼儿性别教育的问题,让心理学家、教育学家相对担心的是男孩的女性化倾向。因此,如果家里有男孩,一定要鼓励男孩坚强勇敢,一旦孩子的父亲缺乏男子气概,母亲应多鼓励、赞扬丈夫,让丈夫为孩子树立男性好榜样。

3. 带动孩子情绪向积极方向发展

由于幼儿还没有自己的观念,因此情绪很容易受到旁人的影响。当幼儿好奇问到关于性问题的时候,父母应该积极乐观地引导幼儿,正确地对幼儿进行性教育。

4. 认识和满足幼儿的合理需要

父母应根据幼儿的特点、爱好等实际情况，在幼儿理解的情况下，进行简单的教育。

5. 正确对待幼儿的过分行为

无论幼儿的问题多么无厘头，家长都应该大方地向幼儿讲解，而不是扭扭捏捏用一些谎言欺骗幼儿，应该以幼儿能理解的方式回答幼儿的问题。

6. 尊重幼儿先天的气质类型差异

尊重幼儿先天的个性，在培养幼儿过程中应淡化幼儿的性别角色意识。因为在教育过程中，严格界定性别角色标准是不利于教育的。这限制了男性与女性的行为，会把幼儿引进误区，无论是男性化还是女性化，在同意程度上都是相对的两极。

人其实不该只是单独的"男性化"或"女性化"，而应该是"双性化"的，应该具备女性特征也该具备男性特征，应综合果断与优柔、坚强与脆弱、粗犷与细心等双性特点。如果家长按自我意识培养孩子，不尊重幼儿的个性，那么将会对幼儿的一生造成不良影响。

6 一起写下一撇一捺，牵着孩子的手，脚踏实地地走

在前面的篇幅里我们花了很多时间来讨论我们应该如何教孩子正确地认识自己的问题。但我们最终的目的还是让孩子建立对自己的正确认识，在认清自我的优势及劣势之后大胆地往前走。我们期望孩子不因为我们长期的嘉奖而自恃过高，也不因为我们的一味否定而否定自我，胆怯畏缩着不敢走自己的人生路。

如上文所提到的，阳阳在小学五年级的时候，已经坦然或者可以说是欣然接受了朋友们赐给他的绰号"小山羊"。他知道自己发育得晚，但他并不把这看成是自己的缺点。因为他克服了个子小这一特质可能带

给他的不便利，例如运动不如人等。与此同时，阳阳已经清楚地知道自己的喜好和特长，他爱好踢足球，对机械特别精通；他喜欢看书、跑步，尤其是游泳是他的特长。另外，在学习上，阳阳也明确指出自己的写作能力有待提高，几何图形的计算公式还须加强记忆等。这些对自我的评价是阳阳在我收到他的成绩通知单要填家长反馈意见时给我提出的思考。我欣然接受，因为他眼中的自己和我们所看到的他完全相符。

下面这篇在"第八届中国中学生作文大赛"上以"认清自我"为题的作文值得我们每个人看一看，更值得我们把它介绍给孩子读一读：

走在人生的道路上，我们面临着数不尽的岔口，如何做出更好的选择？答曰："认清自我。"

认清自我，就是了解、坚持自己的优点。每个人都有自己独特的优点。发现它们，朝你的优势选择与发展，也就是扬长避短。就像材料中的毕淑敏，她知道自己更擅长写作，于是毅然放弃外科医生这个"金饭碗"，专心于文学创作，事实证明她的选择是对的。原因就是她找到并坚持自己的优点。可是不少人不知道自己的优点，或是知道，却人云亦云，结果什么也没有做成。如果为了一时安逸放弃自己的优势，就容易与成功擦肩而过。

认清自我，就是知道自己最需要什么。毕淑敏之所以会放弃争取博士学位，是因为她知道自己最需要的不是"博士"的头衔，而是时间和写小说的感觉。与其花半年的时间背英文，写论文，最后换来一张文凭和思维模式的改变，不如去帮助那些心灵迷失了方向的人们。然而现如今，许多人认为有了这么一个称谓才能找到更好的工作，拿到更多的薪水，可是自己又没有本事，就塞红包，走后门，殊不知这并不是他们最需要的。没有人是完美的，只有知道自己最需要的，才会去努力地弥补与完善。

认清自我，就是找到自己极有兴趣探索和愿意去做的有价值的事情。古往今来，多少伟人为了自己的理想拼搏一生。墨子为了拯救宋国国民，十日十夜不停歇地赶往楚国，对他来说，最有价值的事情就是宣扬自己"非攻兼爱"的理念；对于霍金来说，他最有兴趣探索的事情就是发现整个宇宙的秘密，然后让所有人都知道；居里夫人对于科学的执着使她甘愿舍弃自己的青春与美貌……这样的人无论成功或是失败，都把自己的名字铭刻在历史当中，让后人永远记住他们。只有找到自己极有兴趣探索和愿意去做的有价值的事情，才会有明确的目标和奋斗的动力。

认清自我，不可好高骛远，亦不可妄自菲薄。发挥自己的优点，弥补自己的缺点，找到自己极有兴趣探索和愿意去做的有价值的事情。只有真正地认清了自我，才不会迷失在人生道路上那些无穷无尽的岔路中。

家长有责任让孩子认识自我，知道自己是谁。孩子也应该知道自己的梦想是什么，想要成为怎样的人。在家长的教育和引导下，让孩子明确自己的发展目标和前进方向，这样才不会迷失自我。

首先，孩子应该清楚地认识到自己的学生身份，同时也应该知道无论是在学习还是与同学相处的情况下，都会遇到很多困难，当碰到这些问题时孩子要勇敢地面对。因为不懂，所以才需要学习，家长要鼓励孩子，让孩子知道从不懂到懂就是一个学习、进步的过程。如果发现孩子由于学习不理想而自卑，家长应多鼓励孩子，帮助孩子找出问题的根本原因，引导孩子大胆地向老师和同学请教问题，善于学习，积极大胆的孩子才是勇敢者。在孩子的成长过程中，家长是最重要的引导者，家长要引导孩子摆正心态，正确对待各种困难和问题，要让孩子清楚，只有经历这一过程，自己才会长大。

其次，家长要让孩子明确一点，学习的目的是为了充实自己，让自己进步，而非打败任何人。随着社会的发展，每一个阶段的孩子都要承受很大的竞争压力，这无形中就给孩子造成了与同学竞争的影响，把同学当作对手的孩子不在少数。当发现同学成绩优秀或者在体育、音乐等方面超越自己的时候，有些孩子会表现出嫉妒和失落的情绪；当考试成绩出来之后，一些孩子伤心难过的原因竟然是因为自己排名在同学后面，心里觉得不服气。所有这些问题的根源，都在于孩子过于重视与同学之间的竞争，当良性竞争变成恶性竞争之后，这对孩子的心理会造成非常不好的影响，会阻碍孩子健康积极地成长，让孩子无法用心学习，只重视考试成绩。

任何一位家长都应该反省一个问题：在学习、生活中，是不是时常拿别人家的孩子和自家孩子进行比较？家长应该意识到，这无形中是在给孩子增加压力，对孩子也是一种打击。别人家的孩子优秀，我们可以引导孩子向他学习，而不是指责自己的孩子不如别人。人生的价值并不是超越了别人、比别人优秀才可以体现出来。家长要摆正自己的心态，引导孩子正确看待与同学之间的竞争，鼓励孩子认真学习，充实自己，让自己能够进步。如果孩子过于重视竞争，那将导致孩子以自我为中心，不愿与别人一起进步，这不仅会让孩子变得心胸狭隘，也会让孩子在与人相处或交往中受到限制，这些都不利于孩子健康、全面地发展。

最后，家长应该让孩子意识到，自己虽然不是最棒的，可却是独一无二的。无论孩子是不是最棒的，家长都应该鼓励孩子，支持孩子，因为孩子能在学习的过程中不断进步，不断超越自己，这已经非常值得肯定了。第一名只有一个，而争夺第一名的人却非常多，可这并不妨碍孩子的成长，因为在成长过程中，成绩不是评定孩子的唯一标准。"最棒的"这个概念并不单指学习方面最棒，它涉及的面非常广。所以家长不能期望孩子永远都是最棒的，因为在任何环境中，都会有更优秀的人存在，不能一味追求让孩子成为最棒的，这会让孩子感到身心疲惫。

随着时代的变迁，社会竞争越来越激烈，对于认真学习的孩子来说也不例外。家长应该引导孩子如何在激烈的竞争中找准自己的位置，如何树立信心应对激烈的竞争。家长更应该让孩子知道，无论他们的学习成绩怎样，无论他们是不是最棒的，他们在家长心里都是最特别的存在，是无可取代的。任何一个人都存在缺点，但家长更应该鼓励孩子发掘自己的优点与潜能，把这些优点最大化，展现自己身上的闪光点。这样，孩子才能收获自信，做最好的自己。

在孩子年幼的时候，家长可以和孩子玩一种提问游戏。但是家长不应该对提问设置正确答案，而是让孩子在思考问题的过程中得到成长，收获知识。虽然这种游戏没有正确答案，可是依然很受孩子欢迎。举个例子，我们可以设定一个模拟场景，然后提出问题，和孩子一起思考遇到这种情况时该怎样处理。例如：

"我有一个非常要好的朋友，他急需钱用，于是向我借10块钱，可是我只有5块钱，而且这5块钱对我来说非常重要。在这种情况下我应该怎么做？"孩子们或许会歪着头各自发表自己的意见。有的可能会说："我也很需要钱，我不能借给朋友。"有的则会说："朋友比我急需用钱，应该借给朋友。"还有的说："朋友比金钱重要，我应该想办法帮朋友凑10块钱。"最后，我们并没有必要说出自己的想法。

有的时候不管是家长的行为还是孩子的行为，都不能单一地判断是否是正确的或错误的，而应该根据当下的环境来判断。

家长可以经常带领孩子玩提问游戏，让孩子进入特定模拟环境，然后思考"如果是我，该怎样做"，当孩子学会思考，便会渐渐树立正确的认识。在日常生活中常与孩子玩此类游戏是个不错的选择，可以帮助孩子认清自我，加强孩子思考能力和应对问题的能力。

1. "我最喜欢的是什么？"

选择一个周末或者闲暇时刻，一家人聚在一起，由爸爸或者妈妈先开始，说出自己最喜欢的5种事物，比如：打篮球、看电影、晴朗的周末、钓鱼、和宝宝在一起。然后让孩子接着复述出来，如果孩子说对了，就把喜欢的事物加到6种，然后再让孩子复述。如果孩子又说对了，就继续往上加，直到孩子记不住。之后再交换，由孩子先说出自己

喜欢的5种事物,由家长来复述。

在玩这个游戏的时候,可以说出自己喜欢的各方面的事物,让家里的人能更多地了解自己,关注自己,让孩子学会关心他人的感受,了解父母的喜好,一起享受这幸福的时刻。

通过这个游戏,孩子会第一次正面地看到家庭的其他成员内心的真实情感:爸爸其实很喜欢吃鱼(可他总是把最好的鱼留给我),妈妈最怕睡觉的时候被打搅(可我总是在她睡午觉的时候弄出很大的声音)……孩子开始学习懂得关注别人了,他们喜欢什么、讨厌什么,他们的情感是如何的,而不仅仅只是懂得"我"怎样了。

玩过这个游戏之后,孩子会真正地开始关注自己的父母,会开始在意父母的感受,也会让孩子发现在生活中,父母为了照顾自己可以不做那些喜欢的事情。当孩子有了这种意识,就会更加注重父母的感受,关心父母,理解父母,不再以自我为中心。

这个游戏还有一个最大的好处,那就是孩子会开始意识到自己的所作所为对父母以及身边人的影响。父母应该明确告诉孩子,当我们开始关注别人、注重别人的感受时,我们也会得到同样的回馈,这种相互的联系带来的快乐远比只注重自己的感受重要快乐得多。

2. 好听?不好听?

还有一个游戏也非常有意思,选择孩子喜欢的童话故事,然后从故事里挑出10句话。接着父母可以根据语境选择用和蔼可亲的声音读,也可选择用抱怨、愤怒的声音读,在读的时候准备好录音机把它录下来。之后就可以把录好的声音播放给孩子听,告诉孩子听到和蔼可亲的声音就举手,如果孩子都答对了,那就可以让孩子试着用各种声音去录一遍,然后放出来听一听哪种声音自己最喜欢。

这个游戏告诉孩子:抱怨永远是不受欢迎的!

玩这个游戏的时候,当孩子听到自己平时喜欢的故事被愤怒地读出来的时候,他内心一定会受到震撼,孩子便会意识到,对待任何事情都不应该愤怒、抱怨,因为这些都是不被人们所喜欢的。每个人都应该用平和的心态对待一切事物，不管喜不喜欢，都应该报以微笑对待。

3. 我怎么没想到！

这个游戏在家里玩效果比较好，父母尽可能多地找一些日常生活用品，例如毛巾、垃圾桶、鞋子等，然后选择其中一样，让孩子充分发挥自己的想象力，说出这些东西除了平时的用途，还可以用来干什么，这个时候孩子便会天马行空地想出很多答案。例如毛巾，孩子觉得可以用来给洋娃娃当被子盖，可以折叠成小枕头，还可以用来裹在身上当小裙子。当孩子每说出一样，父母都应该鼓励孩子，孩子也可以动手试一试他的想法可不可行。孩子在游戏过程中便会从不同角度来思考，如果父母有好的想法，也可以说出来和孩子一起分享。

这个游戏告诉孩子：解决问题的方法有很多！

玩过这个游戏之后，孩子会慢慢发现同一样东西会有很多用途，而自己天马行空的想象为这些东西增加了很多用处，甚至有些是自己的奇思妙想，但是也成了可行的。父母在这个过程中需要让孩子知道，只要用心去思考，很多问题都是有很多解决方法的，孩子可以运用到实际生活中。

不同的游戏可以给孩子带来不同的冲击，也可给孩子带来不同的领悟，能帮助孩子提升对各种事物的认识。爱玩是孩子的天性，父母可以利用这一点寓教于乐，让孩子尽情地在游戏中收获知识，快乐地成长。孩子通过玩游戏可以发现自身不足的地方，便会主动去改正。孩子也会喜欢和父母一起玩游戏，会把父母当作自己的"玩伴"，而不是威严的长者。

B 篇

老爸，老爸，我们去哪里呀？

▶ 那些人，那些事，那些地方
▶ 在路上，爬，爬，爬

第三章

那些人，那些事，那些地方

① "宝贝，你是你的主人。"尊重孩子的隐私权

阳阳从上幼儿园开始就要求有自己的饭碗、自己的书架/书桌和自己的小床。考虑到一次性满足他这些愿望，我们就给了他自己一个房间。这个房间他一直住着，直到现在他上了大学很少回家依然保留着。

在阳阳上中学之前，他的房门从不锁，我们可以自由出入，不管是他在房间还是外出了。自从阳阳上了初一，他就开始在出门时锁好自己的房门并且在房门贴上一张写有"进入我的房间之前请敲门，经我允许方可进入"的纸条。阳阳的妈妈习惯了在他睡觉之前到他的房间道"晚安"，有时候忘记了敲门就进入他的房间，总会引来他的一阵抱怨甚至是振振有词的关于"隐私权"的辩驳。诸如此类的情况发生多次之后，对于此境遇，妻子感到很是疑惑和担忧，她想了很多方法试图了解阳阳的秘密，结果均以失败告终。我虽然表面上表现得波澜不惊，但其实内心也是异常紧张的，生怕阳阳是在"早恋"或是有什么心理困境。

这个问题后来在我以朋友的身份与阳阳的一次促膝长谈中得以解决。阳阳说他并没有什么需要隐瞒我们的事情，只是觉得自己这么大了，应该有自己的"空间"，希望我和他妈妈能够尊重他。当然，对于他这个要求我们并不觉得有何不妥，确实是我们没有考虑到他的需求。至此，我们更加注重阳阳的意见，尽量争取民主表决，一致通过。这个家庭民主会议制度直到现在依然是我们家所有大事、小事的处理原则。

根据艾索市场咨询与《现代教育报》《启蒙专刊》的联合调查显示,有47.5%的孩子希望有自己的独立空间,28.8%的孩子认为可以按自己的意愿布置,19.4%的孩子则希望有自己的秘密。数据表明,孩子都希望有独自的空间。分析其原因,孩子和大人一样有"隐私",孩子希望通过拥有自己的卧室来保护自己的"隐私"。

"一碗汤的距离"或许很多人都听说过。我们通常认为这个距离是婆媳之间或是晚辈与长辈之间相处的安全距离。很多父母与自己的父母之间亲密"有间",可是在处理自己与孩子的关系时却往往期望做到亲密无间。其实,父母与孩子之间做到亲密有间是很有必要的。在生活中,我们经常听到家长教育孩子不能乱翻爸爸妈妈或者是其他人的东西,但是家长自己却经常随便闯入孩子的房间,肆无忌惮地翻看孩子的东西。在孩子提出异议时则又以"妈妈是在帮你整理东西""爸爸帮你修理一下你的桌子"这样的借口来敷衍孩子。其实这时候我们所犯的错误不仅仅是侵犯了孩子的隐私,我们甚至于还在言传身教地告诉他如何牵强附会地找借口把自己的不合理行为做合理化解释。

生活中更有很多家长以"爱孩子"为借口,安排甚至监督孩子的一切。往往我们自己以为我们与孩子亲密无间,但这却仅仅是家长单方面的自我感觉良好,这也是很多十分武断的家长经常犯的错误。其实不管成人还是孩子,我们每一个社会人都是一个独立的个体,我们希望并且需要拥有自己的独立空间,我们都有自己需要保护的"隐私"。就心理学而言,这是每一个人的心理需求;就人类学而言,这也是人类社会呈现千百种不同状态的原因所在。所以,尊重孩子,尊重孩子的隐私应该是我们成年人的必修课。

我们或许曾经听过家中一向的"乖乖女"和"乖乖仔"突然之间与父母发生冲突,原因可能仅仅是家长在整理他的房间时弄丢了他心爱的飞机模型或是打开了她锁起来的日记本、抽屉。孩子认为自己不愿展露的一面被家长暗中窥视,所以义愤填膺。一些家长可能会在此时诚心诚意地向孩子道歉并保证绝不再犯,但也有一些家长却在此时气愤地与孩子争辩或认为孩子长大了就不听自己的话了。这样的处理方式只会让自己与孩子的关系越来越糟。

希望我们每一位家长都能注重与孩子保持一定的距离,尤其是父亲,应该做到及时改变孩子,杜绝母亲万事要插手的态度,做好距离把控。只有真正做到亲密有间,我们的家才能成为一个温暖的港湾,让孩子能放心停靠。

"小屁孩一个,有什么隐私?"生活中很多家长总是在孩子说了不能碰自己的东西或是进自己的房间时如是回答。我们总感觉隐私就是属于大人的特权,与孩子毫无关系。我国的很多家庭中呈现的都是这样的状态。但是保护孩子的隐私在国外家庭教育中却是极其受重视的。孩子有自己的隐私,成人甚至于整个社会都有义务尊重和保护孩子的隐私。以下是《孩子也有"隐私"》一文中提到的生活中我们应该注重保护好的孩子的"那些隐私"。

1. 不要随意在他人面前提及孩子生活中一些令孩子尴尬的毛病

"我的孩子特别笨,念到小学了有时候还尿床呢!""阳阳特搞笑……"诸如此类地说出孩子十分敏感的毛病甚至于缺陷,会让孩子觉得自己在同伴面前"很丢人"。所以我们作为家长,都不应该随意在孩子的老师或是朋友面前提及这些,更不能拿这些事情来嘲笑、挖苦、打击孩子。

2. 对于有某种心理疾患的孩子,我们更应该注意保护

孩子或许在幼年时曾经患过或是此时正在经历的诸如孤独症、抑郁症、多动症等与心理有关的疾患,这对于孩子来说就是他的敏感区。如果大人们经常挂在口上,不仅不利于疾病的康复,甚至会加重孩子的心理负担,让病情加重。而且即使疾病已痊愈,当着孩子的面常常提及那就等于是再一次触及孩子的伤痛,这对于孩子身心健康的损害会很大。

3. 不要把孩子那些微不足道的过失天天挂在嘴上

"昨天阳阳当着很多人的面摔了个狗啃便便。""上一年的跳绳比赛你是全班倒数第一名,今年呢?""你小时候特别烦,天天就知道哭!"诸如此类的玩笑和问话方式无时无刻不在折磨着孩子。家长们可能觉得这些过失很小,或是再次提起能够帮助孩子避免再犯,可是这对于孩子而言,却犹如在伤口上撒盐。这些"曾经的过失"会使某些孩子长期耿耿于怀,从而只要有人提起,他们便会有"被揭伤疤"之痛。

4. 不对旁人提及孩子被体罚的经历

孩子在成长的过程中,可能因为犯错而被父母或是老师打骂、罚站。我们认为这些已经过去了的事却是孩子"没齿不忘"的痛苦经历。这些经历带给他们的不仅仅是皮肉之苦,更多的是心灵上的伤害。孩子长大之后经历这些体罚的可能性或许会降低甚至不可能再发生,但是在他人面前提及孩子被打骂或罚站等类似的经历,这对于孩子来说,就是在一遍遍重温自己的"屈辱史",会让孩子处于痛苦、尴尬的境地。

5. 不宜谈及孩子的身体缺陷

对于一些有平足、色盲、矮小、过胖、过瘦、眼小、脸丑等生理上的缺陷的孩子,我们家长会注意不让外人讲,不让外人伤害他,但往往却忘了对他伤害最大的是我们自己。有时候我们的忧虑或者是不经意间的提及都会让孩子感到不愉快。还有一些父母会不停地描述孩子出生时的小猴子似的样子或是小时候异常肥胖等,让孩子为自己曾经的缺陷感到难堪。

6. 保护孩子独立自主的小天地

我们每一个人都希望拥有属于自己的地盘,在自己的小天地里做属于自己的事。孩子们也一样看重保护自己的隐私,如果我们经常未经孩子的同意就到孩子自己的地盘任意摆弄,破坏孩子的空间领域,孩子会觉得自己被侵犯和不受尊重,久而久之容易与父母产生矛盾。

7. 允许孩子拥有自己的"私房钱"

每逢过年孩子的压岁钱、孩子拜访亲戚时得到的见面礼,这些加起来都是孩子的私房钱。孩子不会理财，但是我们每每总能听到孩子说自己有多少钱放在爸爸妈妈那里。但是，其实很多家长早已把孩子的钱占为己有，到孩子需要时又敷衍了事。这些会让孩子感到自己的隐私没有得到大人的尊重和保护。

更值得注意的是，父母或是其他知情的亲戚朋友经常会以开玩笑、恶作剧或强迫命令等方式来将孩子的"隐私"公之于众，这给他们心理上造成的伤害会更大。很多时候，父母并不是刻意地提起孩子的隐私，甚至于父母都觉得这些根本就不是不能说的事。有时候家长以嘲笑的口吻说一个3岁的小男孩拥有了一个"女朋友"，这些可能会让他羞愧难当。同样地，强迫孩子在别人面前解开裤子，展示屁股上以前因顽皮而落下的一个伤疤也会使他无地自容。甚至于在医院我们也要注意保护孩子的隐私，向孩子讲清楚看病的需要以及医生职业的特殊性并征得孩子同意之后再让其接受检查，而不能毫不解释就逼孩子就范。

在我看来，保护孩子的隐私最重要的就是要注重保护孩子的自尊心。自尊心对孩子的成长发挥着举足轻重的作用。如果孩子的自尊心受到伤害，他们就更可能产生心理障碍，如自卑感和对抗心理等。所以父母必须时刻注意尊重和保护孩子的自尊心。在生活中，大人在孩子眼前的一言一行都须经过大脑"过滤"，切莫在信口开河之中无意间就"揭"了孩子的"隐私"，并由此而使得孩子自尊大失，进而可能对孩子的心理健康造成严重的负面影响。

② "我这样做是不是特丢份啊！"**友情的甜蜜共同体味**

阳阳的妈妈有三个闺密，她们每隔一段时间就会有聚会，这样的聚会有时候会带上阳阳和我或者单独带阳阳，有时候则只有妻子一人赴约，美其名曰放松心情，回归年轻。相应地，我也有很要好的朋友，我们经常一起打篮球、踢足球甚至到酒吧小聚，阳阳也不止一次参与了我和朋友的聚会。特别是他对足球的喜爱和技术的进步是离不开我的好友

第三章 那些人，那些事，那些地方

即我们学校足球教师的指导的。有时候，恰逢我与妻子都要出去与朋友小聚时，我们会让阳阳选择他愿意与谁同行。这样的选择持续几次之后，阳阳开始不乐意了，他要求自己一个人留在家，有时候则说自己也有要聚一聚的朋友。在问清楚阳阳要相聚的朋友和聚会时间、地点之后，我们从阳阳小学三年级开始就批准阳阳去与自己的朋友相聚。阳阳与朋友相聚的地点一般会定在我们家或是由我们带他到他的朋友家。这时候他总是特别开心，因为他决定了他的相处对象。

以下是夏一丹写的《组织小朋友聚会的注意事项》，相信努力做到这些，家长就会成为孩子交友道路上的有利影响因素，而不是阻碍物。

当我们邀请小朋友到家中来聚会的时候，作为家长，我们应该支持孩子，但需要制订以下规则，以促使孩子们更好地相处：

1. 首先，到底要不要邀请、邀请谁、邀请之后应该安排哪些活动，这些问题都需要家长首先征求孩子的意见。我们只能在孩子希望邀请时才帮助他安排这样的聚会，而不能完全替孩子做主。

2. 在孩子同意之后家长一定要制定一些规矩，且制定的活动规则要尽量细致：

（1）我们首先应该要求这个家的小主人——我们的孩子愿意把自己的玩具拿出来与人分享，并在分发玩具时告诉小朋友们，可以在家里玩但不能把玩具带走，而且彼此间不能争夺玩具。

（2）或许我们的孩子会因为我们平时总是能较大程度地关注和照顾他，所以在家中有客人不能很好地照顾他时家长要和他说清楚，并让他注意发挥自己的主人翁意识，学会关注及照顾客人。

（3）要让孩子具体负责某一项事物，如摆水果或是组织大家做游戏。

3. 在客人到了家中之后，家长要注意陪着孩子照顾客人，在孩子们的相处进入状态之后家长才能离开。

4. 整个过程中家长要有意识地注意留给孩子们自己相处的独立空间，但是在孩子们独立玩耍时家长也要注意关注孩子们的动态，保证安全并避免发生冲突。

5. 在孩子招呼客人的过程中,我们应该教会孩子彬彬有礼、互相谦让、热情好客,但是也要注意不要一味要求自己的孩子让步,甚至于牺牲自己的利益。时间长了,孩子会觉得招待客人是一件让人不愉快的事情,进而不愿意再邀请客人到家里。

6. 在孩子很小还不能决定如何组织大家一同玩耍时,我们可以请一位家长带着孩子们做一些小游戏,也可以给孩子们看一集电视或是一部影片之后让他们针对某一主题各抒己见。

7. 在向其他小朋友发出邀请时,应该注意问清楚每一个孩子的食物禁忌和习惯,尽量准备所有受邀孩子都愿意吃的食物。

我们不仅要注意让孩子学会做好小主人招待客人,让孩子学会做好小客人同样很重要。如何让自己的孩子在做客时表现得较好,以下几点做法可供家长参考。

1. 告诉孩子到了别人家里要遵守以下纪律:

(1) 在征得小朋友同意及允许之后才能玩小朋友的玩具。

(2) 不管你多么喜欢小朋友的玩具或是别人家里的任何东西都不能自行带走。

(3) 要有礼貌,不能哭闹或是大喊大叫,以免影响大人们聊天和邻居们的安宁。

(4) 不能因为玩得高兴就一直在别人家待着不走,要有时间观念。

2. 和孩子一起给主人家挑选小礼物并由孩子自己送给主人,也可以带上孩子的一两件玩具跟小朋友们共享。

3. 家长要指导孩子带上自己的水杯、拖鞋等物品,不给主人家造成不必要的麻烦;嘱咐孩子在玩的过程中注意擦汗、休息及喝水等。

4. 在离开朋友家之前,要督促孩子把玩具归位,把玩耍时产生的垃圾收走,不能把"战场"留给主人来收拾。这也就是在教给孩子学会换位思考和体谅他人。

还有以下几点是家长们应该尤其注意的。

1. 孩子们出了"战况",大人不应该干涉过多,不要斤斤计较,非得分出孩子们的是非,更不要在他人面前批评甚至惩罚孩子,不要逼迫孩子赔礼道歉。其实很多时候我们很难说哪个孩子错了或者对了,打打闹闹是孩子们之间的交往模式。但是,这绝不是说可以纵容和姑息孩子的错误,而是不武断下结论冤枉孩子和伤害孩子的自尊心。可以在朋友们散去后,再和孩子进行总结和盘点,对孩子表现不足之处进行提示与纠正。

2. 当许多孩子聚在一起时,家长们就会喜欢互相攀比或是把孩子的趣闻逸事或是丑事说出来,建议家长们不要当着孩子的面炫耀他的优点或是揭他的短,因为这会让孩子变得骄傲或是自尊心受挫。

3. 在孩子与小伙伴们交流时,孩子可能会任性而为或是一意孤行,这时我们应该注意把孩子带到一边进行沟通和开导,而不能当着大家的面对孩子吼叫或是打孩子,当然也不能不闻不问地让孩子随意乱来。

爸爸感悟

随着经济的发展和社会的进步,现在的孩子越来越多的都是从小生活在城市里。他们没有兄弟姐妹,不知道何为"粒粒皆辛苦",不知道如何与同龄人友好相处,更无法体会分享的乐趣。当然,这些"不能"都只是在家庭这一封闭环境中的不足。作为家长,我们不仅要注意纠正孩子在生活中养成的坏习惯,还要注意给孩子适当地引导,带孩子走出"家"这个小区域,学会在社会中与人友好相处。

1. 父母要给孩子一个幸福的家。家庭的温暖是一个人一辈子最需要的感觉,每一个孩子都希望自己的家庭和和美美,回到家就感受到满满的爱。所以,父母一定要注重彼此间关系和相处模式,营造一个完整、和谐的家庭氛围。生活中,夫妻之间免不了有一些小摩擦,这时候我们应该注意不在孩子的面前争吵,应该在孩子不在场时再理智地讨论;有时候不得不当着孩子的面处理一些矛盾时也应该应用机智的做法,让矛盾在欢笑中得以化解。而要做好这些,爸爸所扮演的角色就尤其举足轻重。总之只有当家长之间相互理解、包容、体谅，处理好家庭的大小事务，才能让我们的孩子有一个健康、和谐、幸福、完整的家！

2. 诚如我们平时所说的"和朋友交心"，父母要和孩子相处融洽，就应该学会与孩子成为朋友。父母要和孩子成为朋友，就不应该对孩子颐指气使，而要试着去理解孩子的所作所为；要和孩子成为朋友，就不应该以工作忙、没时间等借口忽略孩子，要抽空多与孩子相处（要多陪他玩耍、谈心。工作是永远做不完的，钱是永远赚不够的，孩子的美好童年却是一去不复返的的）；要和孩子成为朋友，不管他有多么调皮，我们都不要一味指责或者进行责罚，而应试着理智地引导他解释其行为并认识错误、积极改正。和孩子成为朋友对于家长的成长也是极其有利的。因为和孩子玩耍，试着理解孩子的想法，用孩子的眼睛来看世界，我们会永葆青春；因为孩子把你当朋友，他愿意与你分享他的心事，让你帮他拿主意，我们不需要再去猜测和怀疑甚至引起误会。和孩子做好朋友，那不仅仅是值得教给孩子的交友课，更是父母促进家庭幸福的必修课。

3. 如果让我们回答交朋友最重要的是什么，相信大多数人的回答都会如我一般："尊重"和"真诚"。我们都希望孩子学会交友，那么尊重他人就应该是我们教给孩子的交友必备品质之首。孩子在和小朋友们交友的过程中尊重他们，那么他也会体会到其他小朋友对他的尊重。同样，在家庭中，父母首先应该尊重孩子，言传身教，孩子也会尊重我们及家人。我们作为孩子的第一任老师，不能在孩子面前对自己的朋友当面一套背后一套，而是要学会尊重他人，与人真诚地相处。我们的一举一动孩子都看在眼里并有可能模仿。所以，我们一定要注意给孩子营造一个好环境。

4. 礼貌交友，注重培养孩子的交友礼节。朋友之间应该以礼相待，小孩也不例外！诚如前面所述，父母是孩子的第一任教师和孩子模仿的对象，所以我们为人父母就要做好表率，在生活中做一个有礼貌的人！交友礼节并不是一蹴而就的，它需要家长在日常生活中逐步教给孩子。

例如看到老师和长辈要问好、和同龄人相处要友好对待、表现出自己的礼貌；平常我们还可以给孩子讲一些礼仪故事，让孩子对交友礼仪感兴趣并愿意做这样的人。

5. 交朋友还需要诚实守信，这也是我们教给孩子的交友准则里必不可少的。让孩子在与朋友交流时要做到诚实待人、信守诺言，这就需要我们在生活中也对孩子做到这一点。生活中，我们不能随意给孩子承诺却不履行，当着孩子的面信口开河。我们都希望教会孩子诚实与守信，但是如果我们对自己的孩子都做不到这样的话，那么对孩子所做的一切就都是徒劳的。

6. 交朋友时，孩子还得对自己有信心，这样才有可能更好地与人相处。所以我们在日常生活中还需要在家里经常锻炼孩子的自信心。自信心的重要性不仅仅体现在交友上，还体现在生活中各种各样的事物上。所以，家长在日常生活中应该注意多给孩子一些赞扬，让他体会到自己的能力所在和做成事之后的成就感。比如说，我们自己在看书的时候，有不懂的字可以拿出来与孩子一起讨论，让他查字典帮助自己解决问题；也可以问他一些关于动画片里的动物、人物形象问题，增强他的自信心。当然，我们也不能否认小孩子会犯错，犯错时我们应该给予必要的批评指正，但也要注重不要挫伤孩子的自信心。

7. 鼓励孩子交朋友也是家长应该做的。当我们的孩子有了良好的家庭环境；当我们的孩子学会了如何尊重他人；当我们的孩子学会了怎样礼貌待人；当我们的孩子学会了如何诚实守信；当我们的孩子充满自信心的时候，我们就应该多鼓励他们去交朋友！鼓励他们多参加一些课外活动，让他主动跟自己想要认识的小朋友说话。

教育小贴士

1. 日常生活中，我们应该注重给孩子创造良好的交友环境

孩子较小，不知道什么环境、什么时候适合交朋友，所以生活中我们应该注重给孩子营造交友环境。首先，我们可以邀请孩子的朋友到家里做客,与孩子一起热情地招待客人,鼓励孩子学会与人分享。平时我们带孩子到公园或游乐场玩耍时,要鼓励孩子与陌生的小朋友交流、做朋友。在幼儿园或是学校中,我们应该注意鼓励孩子与班里的孩子友好相处并多帮助同伴,主动和班里的同学交朋友。

2. 家长要做好交友榜样,与旁人友好相处

家长是孩子的第一任教师,家长在日常生活中要做到与邻居、同事和朋友友好相处,用自己真诚的交流技巧来感染孩子。平时我们到朋友家做客时也可以带上孩子,让他看家长和朋友之间友好相处的模式,同时使孩子体会到和别人交往是件愉快的事。

3. 家长要注意教孩子乐于分享、不怕吃亏

现实生活中,很多家长自己就有"怕吃亏"的心理,总是在孩子面前对自己的朋友或是孩子的伙伴说三道四,向孩子传递交朋友要有利益收获的信息。

家长要教育孩子把图书、玩具等分享给其他小朋友玩。当自己的孩子有拔尖的表现时,应该启发诱导孩子多听听伙伴的意见;当自己的孩子和伙伴发生争吵时,不可偏袒自己的孩子,要进行调解;当自己的孩子对伙伴表现出宽厚、谅解时,应该予以肯定表扬。总之,要使自己的孩子懂得和同伴平等相处。

总之,现实生活中家长应该做好交友榜样并带孩子到不同的环境中交友,让孩子体验到交友的乐趣并学会如何和陌生人交友,学会与朋友友好相处。

③ **"我不想邀请明明帮我过生日。"学会与自己不喜欢的人友好相处**

每个人在生活中都会有自己喜欢或不喜欢的人,我们倾向于与喜欢的人友好相处,却尽量避免和自己不喜欢的人在一起。但现实是我们难以完全避免与自己不喜欢的人接触,这时我们能做的就是选择你的态度。恶语相向、一味逃避都将为你的美好生活抹黑,唯有放好心态、以宽容的心及一双发现美的眼睛来试着慢慢接受对方并建立你们之间的友好相处模式才能让你的生活更加美好。

以上那段话并不是呆板简单的说教，而是我在办公室与人相处多年后的经验总结。很庆幸的是，我在阳阳遇到要与自己不喜欢的人相处这一难题之前就有了上一段落所述的认识，避免了很多家长经常教孩子的"不喜欢他就算了，不要和他玩就行""他敢瞅你一眼，你就瞅他两眼"等应对方式。

现在孩子过生日都喜欢办生日 party，一些家长喜欢在外面宴请自己孩子的朋友，也有很多家庭像我们家一样会让孩子将自己的朋友请到家中做客。这样做一方面可以让孩子们吃我们自己准备的食物，相对而言卫生比较有保障；另一方面则是我最看重的，我认为这是一个观察自己孩子交友状况、组织协调能力以及"给孩子长脸"的好时机。孩子会邀请谁、不邀请谁，他邀请的人是否都愿意来，孩子办这个 party 的用意何在，他是急于收礼物还是在意小朋友们玩得是否开心等这些问题都值得我们细细观察及考量，以便正确引导孩子，且引导要能够做到适时、适度，不至于引起孩子反感。

阳阳小学二年级的生日会提出不想邀请我邻居的孩子明明，尽管明明和他同班，从小又一起长大。后来我和阳阳聊天之后知道，他觉得明明太过霸道，喜欢指挥大家干这干那的。但经过之前的了解，我知道明明生物知识很丰富，钢琴也弹得很好。于是我向阳阳提出希望他理解"人无完人，金无足赤"，要学会欣赏别人的优点。后来阳阳还高兴地与我分享了明明很多的其他优点，并欣然邀请明明来与他过生日。我到现在都记得阳阳在明明到我们家之后立马走过去拥抱他并喊着"哥们，我要向你学习"的样子。

相反，我的同事兰兰的孩子小英总是在爸爸妈妈接他放学时哭诉着说不愿意再到学校，因为学校里的每一个人她都不喜欢。当兰兰向我求助时，我得知小英从小被长辈过分疼爱，缺乏与同伴的互相帮助，不懂得要尊重他人和同学之间要互相谦让的道理，养成了事事先考虑自己的习惯。在学校里，小英不管遇到任何事情都会先考虑自己的喜好，不在意别人的感觉，自然也就引起小伙伴们的不满意，进而不愿意和她交朋友。我从小英回家向大人哭诉她在外的遭遇中可以看出，她对大人过分依赖，自主处理人际关系的能力较差。她渴望得到友情，但却不愿意参加集体活动，这是因为她害怕与他人相处，也不懂得如何与同伴亲密相处。像小英这样的孩子不管是在家里还是在学校中，都是"听话"的好孩子，不知道自己拿主意，只会听从父母和老师的安排，依赖性比较强。这就使他们在离开大人的庇护之后无所适从，不知道该如何处理人际关系。

由北京市教育局在青少年中开展的名为"你最喜欢的人是谁"的调查中发现，独生子女选择同班同学作为自己最好的朋友的人数占其总人数的百分比为 80.8%；之后选择妈妈、邻居伙伴、同校同学、爸爸、老师、远方笔友、其他成年人、目前没有最好的朋友选项的人数占其总人数的比例依次为 47.9%、43.1%、42.9%、42.0%、24.2%、14.7%、12.4%、3.8%。很显然，青少年交往的对象范围还比较狭窄，主要是同辈群体。中国青年政治学院的大学生在北京 13~15 岁的青少年中进行的一项调查也表明，孩子们将心里话告诉别人的首选对象是同性别的同龄伙伴。所以，孩子学会与同龄人，特别是与同班同学友好相处并交朋友是很普遍且十分有必要的。

根据马斯洛需求理论，被尊重和爱的需要是人类自身的需求。对于青少年而言，良好的伙伴关系有利于满足青少年的亲和需要，而亲和需要又是一种积极的人格特征，它对青少年的健康成长有着重要的意义。在同辈群体中能否处理好与伙伴的关系，成为一个受人欢迎的人，关系着孩子能否塑造健康人格。就目前的社会状况而言，独生子女较多，由于社会和家庭教育的失误，不少孩子表现出自私、自我中心、缺乏关心他人和与人合作的意识和能力，关爱他人和受别人欢迎的能力普遍不高。这会使孩子在社会化过程中产生不良心理。所以，引导孩子与自己喜欢或不喜欢的人都友好相处就显得尤为重要。

爸爸感悟

我们的孩子需要交朋友,但首先需要的是有人愿意与他交朋友,即他要变成一个受人欢迎的人。怎么样才能使孩子成为一个受欢迎的人呢?

首先,我们需要培养孩子的好品质。

有一个寓言故事是这样说的:猴子看人活得自由自在、逍遥快活,非常羡慕。见到阎王爷,就说很想做人。阎王爷答应了,就叫夜叉来给猴子拔毛。夜叉刚一动手,猴子就痛得大叫起来:"哎呀!痛死我了,不拔了!"阎王爷只好斥责猴子说:"你一毛不拔,还想做人?"

故事说明,人类有自己的游戏规则,做人是要"拔毛"的。因为社交活动本身要求成员之间应该互利互惠。在现实生活中,不管在哪个年龄段里,太过小气或斤斤计较,只顾自己却不考虑别人利益的人,都不会受人欢迎。

在现实生活中,我们总会说某人人缘好或是某人特别讨人厌,事实也证明现实生活中确实存在人缘型品质较好或是嫌弃型品质更突出这两种人格品质类型。在社交活动中,人缘型品质突出者拥有诸如热情、友善、宽容、懂得尊重别人、关心他人、热爱生活、有同情心等品质,比较受人欢迎;而嫌弃型品质较多的人狂妄自大、小气、盛气凌人、冷漠、自私、挑剔,这些品质则令人生厌。

人的品质在日常生活交往中往往被看成是最重要的,或许成人世界的交往中掺杂了很多东西,但孩子们不会考虑过多的得与失,更不会考虑地位、权力等,他们主要考虑的便是对方的人品如何。所以,孩子要想人缘好,较好的品质绝对少不了。

其次,我们要注重培养孩子的个性。

所谓的个性就是自己的孩子与众不同的东西。在这个处处提倡创新、人人张扬个性的时代,所谓的物以稀为贵得到了最大限度的体现。正是因为孩子有自己独有的吸引人的地方,他才具有了不可替代的价值。所谓的"人格魅力"正是这样的一种无可替代。我们或许都不愿意再回到计划经济时期那种千人一面的时代，我们需要的是做最好和最不一样的自己。但是家长一定要记住，让我们的孩子有个性，并不是要他清高、孤傲地独活，也不是让他高高在上地不与他人来往，而是首先能与他人友好相处。这正是所谓的"和而不同"的价值的最好体现。因为能够与人和平共处是人的重要品质，是保持社会和谐、取得人生成功的重要前提。追求个性不是一种不切实际的苛求，人格独立也不是一种自我封闭、故作姿态的"酷"。

或许很多家长会说，我们大人自己都不知道如何把握所谓的个性与合群之间的关系，对孩子而言那不是更难吗？我们都希望坚持自己的个性，但我们往往被评价为清高；当我们变得与众人皆能同乐时又会被认为是没有原则。那么如何才能够在个性与合群之间保持平衡呢？

我们要教给孩子的就是外圆内方的道理。所谓的圆并非要让孩子圆滑世故，而是教会孩子豁达、宽容的人生态度，教会孩子忍一时风平浪静，这是一种与人相处的至高境界。而这则是我们的立人之本，是我们做自己最重要的坚持。这就告诉我们要正直、要独立，要保有自我。"和而不同"中的"不同"所强调的就是一种在与人为善基础上的外圆内方。

既能做到跟周围的人和谐相处，又具有自己独特的个性和个人魅力，这样的人，绝对会是朋友圈里最受欢迎的。

第三，我们要注重拓宽孩子的知识面，培养孩子的兴趣爱好。

相信很多家长都陪孩子参加过"手拉手"或是"学习互助小组""兴趣小组"等这样的活动。在这些活动中，老师或是其他组织者的用意就在于让孩子们互相学习。我们都希望自己的孩子多与学习成绩好或是某方面有特长的孩子交往。同样，我们要做的就是把自己的孩子培养成为一个值得交往的对象。所以，从小教给孩子多种多样的知识，让孩子成为百科常识小博士是十分重要的。

第四，孩子有自己的兴趣爱好也十分重要。

兴趣是最好的老师，只有孩子感兴趣，他才会主动去钻研和学习，但切记家长不能逼迫孩子喜欢某种东西。我们都不愿意和那些无论对什

么事情都不感兴趣、永远一副懒懒散散的人交往,所以不要让我们的孩子变成这样的人。

家迪和阳阳小学初中都是同学,他在班里的人缘是最好的,这不仅仅因为他的学习成绩比较好并且乐于帮助他人,最重要的是他懂得比较多。他因为博闻强识、兴趣广泛而深受同学的喜爱。和爱好足球的同学交流时,他可以大谈C罗、梅西;谁要是喜欢看电影,他就与他商讨斯皮尔伯格、汤姆·汉克斯;对于热衷于电脑游戏的朋友,他会教人几招攻关秘技;还有一些迷恋武侠小说的同学也愿意与他交流,因为他也可以跟人聊聊金庸、古龙、梁羽生。像这样的小博士,就是我去接送阳阳时都愿意与他多交流一会儿呢!

当然,孩子的兴趣爱好必须是积极健康的。这也是我们作为家长必须把好的关。

教育小贴士

现在的孩子大多数都是独生子女,他们从小没有感受过兄弟姐妹的手足情。在家里,更是人人让着他,很少能体验到与人交往的困境。而校园生活正是弥补这一缺陷的最好载体。在校园里,他们要接触的是一个个个性鲜明的同龄人,他们需要彼此磨合。孩子在学校里能够较好地与人相处,有利于他的身心健康,也能让他乐于过学校生活。相反,如果孩子在学校里经常体验的都是与人相处的困境或是不愉快的相处关系,那么他就会抑郁、烦躁甚至厌学。所以,我们应该教给孩子一些与人友好相处的技巧。

1. 教孩子做一个有礼貌的好孩子

我们在孩子咿呀学语的时候,就应该教给他诸如"您好""谢谢"这样的礼貌用语。在带孩子出门时,我们应该多鼓励孩子有礼貌地与人沟通、交流,不管他是和大人还是小朋友交流。

2. 教孩子做一个懂得宽容、受人欢迎的人

现在的很多家长在听到孩子在学校受了委屈、被人欺负时的第一反应多半是气急败坏,甚至鼓励自己的孩子一味与别人针锋相对,却很少先问问孩子发生这样的事情的原因是什么再做判断。因为现在的家庭大多都是独生子女,所以家长为保护孩子不受伤害所想做、要做的会更多,这个并不难以理解。但是可以肯定的是,一个不懂得宽容、一味苛求别人按照自己路线走的人很难成为一个受欢迎的人。

所以,我建议孩子在与你诉说他在学校的不如意之事时,你应该问问他"为什么会与小朋友起争执",之后与他一起分析一下自己错在哪里,应该做出什么样的弥补和改善。生活中,我们也不妨多和自己的孩子探讨一下"怎么做能够让小朋友、老师们喜欢我""我做什么事情的时候会引起大家的反感"等问题,这有利于孩子认识自己的优缺点并及时完善自我。

与此同时,我们可以在生活中试着引导孩子换位思考,想一想别人的难处,别人做出不友善的举动是否事出有因。另外,当孩子的朋友有困难时我们可以引导孩子去开导自己的朋友,并力所能及地帮助自己的朋友,让大家信任他。这样我们就能让孩子在生活中做一个懂得宽容、受人欢迎的朋友。

3. 找机会让孩子独自做客或招待客人

让孩子独自做客或招待客人能够训练孩子多方面的技能。首先,他必须独自到亲戚或朋友家,这对于他独立能力的训练十分有利;其次,他到了别人家里或是招待别人时都得自己想办法与人沟通而不是爸爸妈妈引导其说什么就照说。尤其是独自招待客人时,他作为主人,不仅仅要与人打交道,还要顾及别人的感受和需求,这些会促使他不得不动脑筋与人沟通,慢慢地,他便也具备了与人交往的技能和待人接物的能力。尤其值得一提的是,如果是孩子的同龄人到家中做客更应该让孩子独自接待,这对他的发展是一个极好的时机。

4. 家长应该鼓励孩子多参加集体活动

想要在现代社会的激烈竞争中夺得一席之地,需要的不仅仅是一个人的单打独斗,更需要学会与人合作,与别人一起努力,争取所做之事

达到最好的效果。所以，家长应该带孩子多参加一些集体活动。这些集体活动包括鼓励孩子参加学校组织的活动，到青少年宫、兴趣活动培训班等与同龄人互处；参加社区或者是社会机构组织的献爱心、敬老等活动，这些活动对于孩子的交际能力、同情心的培养具有重要的意义。另外，这还有利于孩子形成独立面对的能力。因为孩子的交往技能是在实践中练就的，甚至于与其他孩子产生矛盾对于孩子来说也是必不可少的经历。如果家长总是不放心他出去与人交流、怕他被欺负，或者总为他出头，这对于孩子的成长是极其不利的。

5. 教孩子遇到问题应该先从自己身上找原因

家长不能在遇到事情时一味抱怨或是怪罪于他人，而应该检讨自己的行为并不断修正。在面对孩子的问题时同样如此。特别是当我们的孩子在朋友圈里不受欢迎时，我们更应该引导孩子积极改进。我们都知道，在一个交往圈里，如果有一个人讨厌你，那应该就是他的错；两个人同时讨厌你，那可能是别人的错；但是三个人或者大家都不喜欢你，那可以肯定地说就是你的错。就算不全是你的错，但至少你有需要改进的地方。

6. 教孩子与人相处时要大方

每一个人都不想成为葛朗台一般的守财奴，但现实生活中很多家长却总想着从别人那儿拿而不是给别人什么。诚然，一个小气的人是很难让人喜欢并与之相处的。

7. 宽容是好爸爸应该教给孩子的与人相处哲学

世界上没有十全十美的人，更何况我们每一个人的评价标准都不一样。所以，我们不妨教孩子站在别人的角度思考，所谓忍一时风平浪静、退一步海阔天空。一味地挑剔和指责只会引起别人的反感。宽容是一种理解、一种尊重、一种自信的表现和与人相处的生存哲学。

8. 教孩子学会为别人着想

与人相处时不能自私自利地只为自己考虑。目空一切、盛气凌人地与人相处会让人觉得你把自己放在高高在上的位置上，这样的人不仅自己活得很累，还会让身边的人害怕他、不敢表达自己的真实想法。为别人着想是一种美德，是一种与人相处的哲学，也是孩子拥有好人缘的前提。

9. 家长要注意培养孩子广泛的兴趣爱好

孩子的兴趣爱好广泛不仅有利于其身心健康，更能够帮他交到志同道合的好朋友。

10. 教孩子学会赞美别人

会赞美别人是一种良好的品质。心理学研究表明：赞美性言语对人的发展起着至关重要的作用。我们不乐意别人一味否定我们的孩子，同时我们也应该教会孩子发现别人的优点并真诚地赞美他，让别人因为我们而快乐。

11. 教孩子愿意为别人服务，不过分计较得与失

每一天都在斤斤计较自己付出了多少、得到了什么的人注定不会快乐，我们都不愿意跟一个成天抑郁寡欢的人做朋友。所以，教会孩子洒脱地与朋友互相帮助很重要。

4 "老爸，我肚子疼，要请假。"拒绝教师权威对孩子的伤害

或许是因为我和阳阳的妈妈都不擅长数学这一科目，所以给阳阳的指导不是很多、很到位，或是由于阳阳学习方法不正确的原因，阳阳进了中学以后开始在数学这一科目的学习上略显吃力。尤其是到了初二开始学习解析几何之后，阳阳的数学成绩更是几次不及格，对此他感到很担忧，同时也感到无可奈何。这些都不算是数学对他造成的大伤害，最大的伤害还是源于阳阳他们班数学老师对他的"特别优待"。

因为阳阳的数学老师是我的学生，所以他总是特别关注阳阳的情况。在几次课后单独辅导而阳阳的数学成绩仍不见有所起色之后，他在上课时经常点阳阳的名回答问题，尤其是给出课后练习题的答案，但遗憾的是，阳阳十有八九没有答案，即使有，正确的次数也是寥寥无几。

第三章 那些人，那些事，那些地方

"阳阳，你怎么就是不懂呢？你这样对得起你爸爸妈妈吗？他们多关心你啊！"或许是我这个学生实在替阳阳和我们感到焦急，抑或是阳阳的表现实在令他失望，这位老师当着全班同学的面将上面这句话脱口而出。阳阳当天回到家之后就一直对我和他妈妈说对不起，说他学不好数学，他是不是很笨？我听了他的"道歉"和自责之后十分担心，就和他聊天，于是才得知了上述情况。

"阳阳，你觉得老师讲的就一定是对的吗？爸爸妈妈知道你很努力，并且你的数学成绩一直在慢慢进步。其实，看到你努力在学，爸爸妈妈就满足了。如果你觉得合适的话，你就按照你自己的节奏前进就行了。爸爸妈妈支持你！"在我的一段话之后，阳阳紧皱了一天的眉头总算舒展了。之后尽管阳阳的数学成绩一直不是特别理想，但是他真的在不断进步，也一直处在努力状态，并且最重要的是他学习数学的心态不再紧张，不再害怕老师的关注。

阳阳所遇到的情况可以说是一种"柔性权威"，幸运的是他很快便从这一特别关注带来的困惑中解脱出来。但现实生活中，很多孩子还在经受着老师不同程度的言语甚至肢体的伤害。

在我写下这些话的前一天是全市各个小学开学报名的日子。不少孩子都在家长的带领下高高兴兴地前往学校报到。然而，我的邻居12岁的小姑娘丽丽却态度坚决地告诉父母，她不愿意上学，丽丽的父母为此焦急万分并来我们家求助。我马上去与丽丽交谈起来。我在丽丽的房间见到了满脸委屈的丽丽，在与她的交谈中，我发现她是一个很要强的孩子。丽丽告诉我，在上学期期中时，由于一次上课和同桌迟到了，加上没有完成课后作业，班主任王老师便在全班学生面前给她取了绰号。从那以后，老师上课提问也不叫名字而直接叫绰号了。"班上的很多同学也都嘲笑我。"丽丽流着眼泪哽咽地说。

丽丽的妈妈说丽丽今年上六年级，由于平时有完不成作业和逃课的现象，老师上学期给丽丽取了绰号。后来，班里许多同学在下课时或放学路上见了丽丽就叫她的绰号，孩子的心灵因此受到了伤害，所以对上学产生了抵触情绪。

我觉得这是一件关乎孩子自尊心的大事，就鼓励邻居给学校老师打电话。他们第一时间联系到了丽丽的班主任王老师，对于给丽丽取绰号的原因王老师称，由于丽丽一直不完成作业还有严重的逃课现象，他一时气愤便说了不该说的话，事后他认识到了言语不当，已经跟丽丽道过歉了。同时，王老师说，从小学二年级开始一直到六年级，丽丽的表现一直让老师们感到无奈，家庭教育也比较缺乏，上学期期末，丽丽的妈妈调换工作时把她带走说是要转学，可一个月后又重新回来要求参加考试。王老师认为这对丽丽的教育成长十分不利。

之后，我还联系了丽丽所在小学的校长，他表示，不管孩子表现如何，学校都要保护未成年人受教育的权利。对于老师给孩子取带有侮辱性的"绰号"一事，校长表示会批评当事老师，并请家长让孩子放心到学校上学。至此，丽丽的爸爸妈妈才总算放下心来，听说老师会道歉并且要求同学们不准再喊丽丽的"绰号"时，丽丽才总算放下心来回到了学校。

《6岁男童被老师当众打屁股表示永远不愿意再进校门》——这样的新闻标题，不管是在报纸上还是网络上都不少见。严重者，我们可以说教师剥夺了孩子的受教育权。为了孩子的自尊，为了孩子的自信心的建立，为了孩子的成长，让我们对教师权威带来的伤害大胆说"不"。

爸爸感悟

随着社会经济的发展和法律体系的逐步完善，人们的维权意识越来越强。所以，孩子在学校不管是被辱骂还是体罚之后家长多半都会站出来为孩子维权，尽量将这些事情带给孩子的伤害程度降到最低。但是不可否认的是，在教学活动中，很多老师还是会有意无意地伤害孩子的积极性甚至自尊心；在日常生活中，很多家长也常常口无遮拦甚至随意动手对孩子造成伤害。

俗话说："良言一句三冬暖，恶语伤人六月寒。"可见语言伤害的严重性。《广东教育》2005年教育督导专刊刊登的文章认为，如果我们因为孩子做错了事打了他的手，或许被打的时候孩子会感受到身体的疼痛，这样的痛感是短暂的，可以随着时间慢慢愈合。但是如果老师或是家长用侮辱性的言语伤害孩子的自尊心或是打击孩子的积极性，就会对孩子造成严重的心灵创伤，这样的伤害我们无法看见也无法估计其分量，但它却可能影响孩子的一生。"中国少年儿童平安行动"组委会进行的一项名为"你认为最急需解决的校园伤害"专项调查结果显示：81.45%的被访小学生认为校园"语言伤害"是最急需解决的问题。所以，家长或是老师作为孩子人生中的重要引路者，我们在与孩子交流特别是指正孩子的言语或行为时一定要把握好度，绝对不能因为逞一时口舌之快对孩子造成伤害甚至还不自知。

　　有一些家长或是老师口口声声地说"我从来不打孩子"，认为自己不动手打孩子就不会给孩子带来伤害，至于嘴上则不管怎么骂都行。还有一些老师不敢动手则是因为怕在孩子身上留下伤痕，孩子回到家被家长发现之后会来找自己的麻烦。所以在孩子有错时总是对孩子恶语相向。殊不知这样的惩罚对于孩子来说才是最大的惩罚，会对孩子造成极大的伤害。其实孩子越小，其心智发育就越不成熟，相应的心理承受能力就越低。孩子的心灵是最为敏感和脆弱的，他们在乎别人对他们的看法和评价，尤其是老师对自己的看法。因为在他们的心目中，老师具有某种权威性，老师说的话无疑是正确的，老师给了一分的否定，到了他们那里可能会变成五分甚至十分；家长同样是孩子最在乎的人，所说的话对孩子的影响同样具有这样的放大作用。相信很多人都有因为喜欢某位老师就学好了他所教授的这门课，因为讨厌某位老师而落下了某门功课的经历。

　　对孩子的语言伤害要想减少甚至彻底根除，老师和家长首先都要有一颗爱孩子的心。对孩子要善良、宽容，老师对孩子们则要有博爱之心，做到不偏不倚。孩子终究还是孩子，我们应该允许孩子犯错误，允许孩子暂时找不到方向，给孩子摆脱困境的机会。这就要求家长和老师在孩子犯错时能够给孩子正确的指正和鼓励，在孩子取得哪怕是再小的进步时都应该给孩子一个大大的拥抱和由衷的赞扬。

可以说，孩子们都渴望被肯定，一次小小的表扬很可能成为他们学习的动力，而一次嘲笑或责骂也很可能彻底摧毁他们的学习兴趣。可见，多关爱、多鼓励、多表扬才是正确的教育方式，才是彻底解决语言伤害的有效途径。

不管是对于家长还是老师，在孩子有错误的时候多站在孩子的角度想想，进行换位思考也是防止我们对孩子暴跳如雷、苛责孩子的有效途径。我们都曾经是孩子，某些错误是某一个年龄阶段的孩子所不可避免的，我们都曾经犯过错，我们或许在那时得到了原谅，那么让我们的孩子也有我们那时的那份幸运，我们或许在那时被责骂、被伤害，那么让我们不要把这份伤害复制到孩子身上。

蹲下来，和孩子们站在平等的位置上，多一分童真，多一点沟通，多一些理解。要知道，许多误会都是由于沟通出现了问题所致。特别是当老师发现自己因一时之气而语言过激有可能对学生造成伤害时，应及时找学生进行沟通、疏导，让学生体会老师的用心良苦及"恨铁不成钢"的心情，以消除隔阂。

当然，我们说不能让教师权威给孩子带来伤害并不是说老师不能够管孩子，在孩子犯错时不能够批评孩子。挨批评，应该是孩子成长道路上必不可少的一种荆棘。孩子做错了事情，就应该面对这一错误带来的后果承担相应的责任。但是在批评时，老师一定要考虑孩子的年龄特征、结合孩子的个性特点，用适合的方式对孩子进行适当地批评。我们要用孩子能够接受的方式帮助孩子成长，做到以理服人，而不是拿"因为我是老师我说的就是对的"这样的理由来伤害孩子的自尊心。现代家庭的孩子大多是独生子女，又是新时代的所谓新新人类，家长和老师更应该站在这个大时代背景下来思考如何对待孩子，既要帮助孩子改正错误，保护孩子的自尊心，又不能让孩子误会、反感。

《中华人民共和国未成年人保护法》第15条指出："学校、幼儿园的教职员应当尊重未成年人的人格尊严，不得对未成年学生和儿童实施体罚、变相体罚或者其他侮辱人格尊严的行为。"可见，尊重孩子的人格尊严已上升到法律高度，是任何人都要遵守的。作为对孩子影响最深的家长和教育工作者要牢记，你的每一句话都有可能改变一个孩子的一生，我们必须慎言慎行。

家长在与孩子相处的过程中应该注意自己的言语，避免对孩子造成言语伤害。教师则因为其工作性质更容易对学生恶语相向或是不经意间就伤了学生的心。以下由北京市朝阳区教委在全区中小学征集上来此类忌语和教师文明用语4000多条中，通过筛选得出的非常有代表性的40条教师忌语，值得每一位教师细细品读。我认为，这些忌语中某一些对于家长同样适用。所以拿来与大家分享，希望我这个既是教师又是爸爸的一些教育经验可以对大家有所启示：

1. 我要是你早不活了！
2. 你真笨！你真傻！
3. 看见你，我就烦！
4. 谁教你谁倒霉。
5. 回家让你妈带你查查，是不是弱智！
6. 你这孩子无药可救。
7. 坐下，你真笨！不知道干吗举手，总是耽误大家的时间！
8. 您的孩子没法教，领走吧！
9. 你是吃饱了混天黑，吃嘛嘛香，干嘛嘛不行，你真没救了！
10. 闭嘴！我不想听你说。
11. 讨厌，不要脸！
12. 你是最差的一个！
13. 你长眼睛干什么用的呀！
14. 你有病呀！

15. 低能。

16. 住嘴！不要再说了。

17. 一边待着去！

18. 我看你这辈子算是完了。

19. 简直是木头桩子多俩耳朵。

20. 你有没有良心？（阳阳的老师就拿这句说过他）

21. 现在的学生，一拨不如一拨。

22. 讲了多少遍了还不会，真是个榆木疙瘩！

23. 死鱼不张嘴。

24. 明天让家长写一份保证书，再犯错误，干脆别上学啦！

25. 老师就是老师，老师说什么都是对的，你不听就不成！不听你可以不来。

26. 再不改，就请你家长。

27. 看你长不长记性。

28. 不懂人话。

29. 真笨！不是学习的料。

30. 你给我出去！

31. 缺心少肺！

32. 你给我站起来！

33. 缺心眼儿。

34. 不争气的东西。

35. 你真傻，去检查一下智商。

36. 跟头猪似的，怎么那么懒呀？

37. 你简直就是个白痴！

38. 一边站着去，想通了再找我！

39. 你别在我们班里混，哪儿凉快哪儿待着去。

40. 谁再不给我好好学，就请你家长。

避免教师对孩子造成伤害，首先教师自身应该注重提升自己的专业技能，教师要学习一些必要的教育心理学知识并能够在日常教学活动中加以应用。其次，教师的责任心、爱心、同理心的养成十分重要；再次，家长在尊重教师这一点上应该成为孩子的典范，只有家长尊重教师，教师才会愿意与家长配合共同培育出健康、快乐的孩子。

日常生活中，家长要经常主动找孩子谈心，让孩子觉得家长是朋友，是倾诉的对象。千万不要把孩子心情不好、闷闷不乐当成是小事情，要及时引导孩子说出自己的心里话。如果有的家长真的认为学校存在伤害孩子的情况，而且跟老师沟通都不奏效，或是对教师的答复不满意，那么最好帮孩子转到其他学校上学，换一个新的环境，这或许更有利于孩子的成长。孩子都是很敏感的，对教师的看法尤其重视，多一句表扬，就多一分信心；孩子又是天真活泼甚至顽皮的，这都是天性。如果老师多投入一点心思，在学习阶段给孩子一个美好的记忆，长大后，他们一定会记住老师那灿烂的微笑和温情的话语。

⑤ "爷爷，我和你一起拾垃圾吧！" 警惕无意间抹杀了天使宝贝的善心

相信每一座城市或农村地区，乞讨者并不少见。由于当代社会的多元性，各种情况可谓纷繁复杂。伪装成残疾人、捏造病情等欺骗路人的乞讨手段也并不新奇。但实在是迫于无奈，为了生活不得不乞讨的人也不在少数。对于在街上碰到乞讨的人时该不该贡献自己的一点力量，很多人都在思索，大家思索的结果也不尽相同。我和阳阳的妈妈每次出门前总会习惯性地准备一些零钱，在路上看到乞讨者时就拿给他们。这个习惯从我们谈恋爱开始一直持续至今。记不得是从什么时候开始，那个投钱的人变成了阳阳。我们每次走在街上看到乞讨的人时，阳阳总会从我们手中接过钱拿去递给乞讨者。有时候我们不是一起外出而是他自己外出时，他也会从自己的零钱罐里找出一些零钱备着，对于他的这一行为我们也并未觉得有不妥。但我的一位同事却对此事很难理解："阳阳爸爸，今天我在街上看见你们家阳阳，他连续给了好几个乞丐1块钱，

那些乞丐一看就是装扮的，他上当了。我们家乐乐以前也给，现在就不会了，因为我已经告诫过他这些人大多数都是骗子，不要上当。你是不是应该教教阳阳啊？"

"那万一是真的呢？即使不是真的，是诈骗集团，可是这些人要不到钱回去之后会被打骂甚至更惨的。不只是阳阳，我们每次看到也会给。"这是我的回答。同事叹着气说我们是傻瓜三宝。当然，我并不否定同事的说法，只是我很难想象他的孩子乐乐会把他的爱心用到哪里，或许他的爱心会因为怕被骗而消失殆尽。

记不得是从什么时候开始，每天下午我们接完阳阳一起回家时，我们小区门口的垃圾房那儿都会有一位头发花白的老爷爷在捡废旧物品。有一次，我无意中经过时与他聊了一会儿天，了解他是孤寡老人，自己一个人住，平日里都是以捡垃圾、卖废品为生。后来我总是把家里可以回收的废旧物品存一段时间后就拿给他，有时候家里有什么好吃的也会给他拿一些。

"爸爸，以后给老爷爷送废品的事就让我来做吧！我在学校看见不要的废品也会带回来一并给那个老爷爷的。"这是阳阳在我们首次给老爷爷废品的一个月后和我说的话。之后他一直在照做，直到他去上高中必须住校时才把这个重任交给了我。看到这里，或许有人会说你怎么不直接给老爷爷一些钱？我想我要教给阳阳的是在保有别人自尊、别人愿意接受且在我们能力范围内的爱心我们应该奉献出来。我们的爱源于我们的善良，但千万不能让我们的善良变成了伤害。

前段时间，诸如小悦悦事件、送孕妇回家遇害等事件时有发生并引起了人们的激烈讨论。这些事件虽说是一个极端的小概率个案，却具有很强的感染效应和示范效应，让原本稀薄的社会信任再一次减少，一个温暖的社会不该让好心人寒心。及时有力地给予法律的惩罚，既是对逝去生命的告慰，也是对正义的回应。

公交车上也好，街头巷尾也罢，人们往往会给予孕妇关怀和帮助。然而，当孕妇本身作为弱者的符号成为诱骗"鱼饵"，善良的女孩便成为这起悲剧的受害者。这样的不良示范再次引起社会热议,人们不禁发问:"孕妇尚且如此,还有多少陌生人值得信任?假如你是家长,你还会教育孩子做好事吗?路见不平,该不该出手相帮?怎样才能在保证自己安全的前提下,帮助别人呢?"这是很多家长的担忧,该不该教孩子有爱?如何教?这些问题值得我们思考。

爸爸感悟

每一个孩子都是一个天使,他们出生时对这个社会一无所知。我们在他面前把世界描绘成什么颜色、什么景象,世界在孩子的眼中就是什么样子。或许很多人会说,世界是纷繁复杂的,世界又是变幻多端的,孩子到了这个世界上不得不失去很多他原本拥有的"善"来适应社会。但是,孩子怎样看待这个世界并在这个世界上生存,更多的在于我们向孩子展示了世界的哪一面以及我们如何解读世界。谁是帮助孩子解读世界的人?尤其是在孩子世界观形成的关键时期。无疑,是我们的家长和老师、同学、亲人。我们的孩子会变成什么样子,家长和老师的教育起着至关重要的作用。如果家长和老师用一颗爱他的心来宽容他、爱护他,那么他会觉得这个世界充满爱;如果家长和老师总是对其恶语相向,甚至把世界不美好的一面在孩子面前变本加厉地描述和表现出来,就会极大地影响孩子的世界观形成,影响孩子对是非的判断。总之,家长和老师要注意用正确的方式引导孩子,让孩子成为真正善良的天使。

爱心是一个人所有良好品质延伸出来的根。无论做什么事都需要有爱心的奉献。因为有爱心,所以能够感受到生活的乐趣;因为有爱心,所以能够创造和谐的人际关系;因为有爱心,所以能够享受到人生的真谛;因为有爱心,所以能感受到世界的美好和人类的伟大。我想在充满爱的环境下长大的孩子一定会是善良的天使,也一定能够担当起属于自己的责任。这样的孩子热爱世界、热爱生活;这样的孩子有自己的信仰,对未来总是感到信心满满;这样的孩子知道关心他人,懂得体谅家人和朋友。这样的品质不正是我们所希望孩子所具备的吗?所以,好爸爸应该教孩子要有爱。

我们总是抱怨孩子怎么这么"狠心",或是孩子为什么不懂得体谅大人,总希望爸爸妈妈对他有求必应。那是因为我们的孩子没有爱心。"今天的孩子最缺什么?"曾经有人做过这样一项调查。调查结果中"缺少爱心"无疑是大多数人共同的选择。相信这一结果对于很多人来说可谓当头棒喝,尤其是对于教育工作者和家长而言。我们应该检讨一下我们教给了孩子什么。我们更应该思考的是怎么做才能培养孩子的爱心。现在的孩子大多数都是独生子女,他们每一个人都是家里的小宝贝,家里4个甚至更多个大人围着他团团转,服务于他。这使他们习惯了被人爱着,被人宠着,被人呵护着。在生活中,他们需要的仅仅是享用别人付出的爱,而不需要付出自己的爱,哪怕是一句发自内心的感谢。我们给了孩子过多的得到爱心的机会,而没有给孩子机会付出自己的爱心。久而久之,他们会认为别人为自己付出是理所当然的事情。他们忘记了怎样去爱别人,关心别人,逐渐形成了自私自利的性格。

作为孩子的父母,作为孩子的第一任老师,我们的言行举止直接影响着孩子的思想,我们首先应该做的就是让孩子感受到爱心,"感人心者,莫先乎情。"让孩子感受爱心就应该为孩子创设一个充满爱的环境;在充满爱的环境中长大的孩子会在潜移默化中懂得要有爱心,知道如何关心别人。每次看到中央电视台一直在播放的一则公益广告我都会感动不已,我还曾经和阳阳讨论过这则广告:母亲为她身有残疾的奶奶洗脚,孩子无意中看到之后,也端来了洗脚水,要为妈妈洗脚。这件事情虽然很小,但对孩子造成的影响却不小,孩子的爱心就是在这一刻被唤醒的。爱心也可以传递。

第三章 那些人,那些事,那些地方

作为孩子的父母,教育孩子是我们不可推卸的责任。而我们要教给孩子的不仅仅是那些书本传授的科学知识,还应该包含为人处世的哲学和道理。在日常生活中,我们应该爱孩子,爱孩子不是只在孩子考试成绩好的时候爱他,还应该在日常生活中给他细水长流的爱。老师在教学中,应该平等地对待每一个孩子,不能偏爱那些家庭条件好或是学习成绩好的孩子，相反忽略那些很少说话或是学习成绩不佳的孩子。不管是"金凤凰"还是"丑小鸭"都要爱。尤其是对待那些各方面表现均不突出的孩子，他们做事的时候犯错的可能性更大，有时候犯错更有可能是他们引起老师或爸爸妈妈关注的小伎俩，所以，我们应该给予这些孩子更多的关注，让他们感受到老师和家长是重视他的，自己是家里和学校班级里不可缺少的一员。生活中，我们可以用讲故事的方式来帮助孩子认识爱心。用情景短剧这一形式来加深孩子对爱心的理解，体验爱心的重要和丢失爱心的危害。有时候我们一味责怪孩子没有爱心，很有可能是因为我们没有教给孩子爱心的样子，他们不明白怎么做才是有爱心，这会让他们不知道怎样表达才是有爱心。相信孩子们在理解了爱心之后会很乐意去做的。

"只要人人都献出一点爱，世界将变成美好的人间。"只要我们每一位老师和家长都把培养孩子的爱心当作自己的职责所在，相信我们的孩子会是一个个充满爱心的天使，这个世界也会越来越美好。

教育小贴士

1. 在生活中潜移默化培养孩子的爱心

孩子的爱心是慢慢培养起来的。在日常生活中，家长应该首先做好榜样，从点点滴滴的小事做起，比如尊敬长辈、同情弱者等。这些都是爱心的表现，对孩子良好的价值观、人生观的形成有重要的影响。我们爱孩子，不能只看重孩子的学习成绩，在孩子主动动手帮忙时告诉他学习才是他的事，这样的做法会抹杀孩子刚刚萌芽的爱心。我们总以为孩子有好的成绩就有好的将来，这样的想法必须被纠正。

2. 鼓励孩子保有爱心

阳阳每次出门都会带零钱去给乞讨的路人。尽管有时候我们知道很多乞讨者的可怜是假扮出来的，但是我们总觉得有一些乞讨者真的是被现实所迫。很多孩子都有过爱心被人利用、被人骗取钱财的经历。一些孩子今天把自己的零花钱给一个"残疾"的乞丐，可是第二天在街上看到他时却发现，这个"残疾"的乞丐竟能正常行走了，这肯定会让孩子觉得自己被骗，感到不舒服甚至失望，不敢再轻易付出自己的爱心。因此，家长可以带孩子看一些专门供孩子们学习的英雄人物网页或书籍，正面引导孩子，并坚持告诉孩子有爱心对这个社会的重要性，鼓励孩子一直保有爱心。

3. 磨砺教育有利于培养孩子的爱心

对于一些因为从小生活在富裕的家庭环境中无法理解生活的不思进取而缺乏爱心的孩子来说，他们很难体会到他人的贫困、不幸。在这种情况下，家长可以把孩子带到艰苦的农村或是培训班等让他接受磨炼教育，会是一个不错的选择。孩子在接受过磨炼教育后，他因为曾经得到了别人的帮助而会在学校里对他人的困难伸出援手，这会是他拥有爱心的第一步。当然，家长也要预防孩子的吃苦磨炼经历流于形式，最好能陪同体会。

4. 培养孩子的爱心需要让孩子走出家门

我们不能总是把孩子关在家里，这样是培养不出真正的爱心的。因为在家里，孩子享受很多"特权"和"优惠"，大人总是不知不觉地让着孩子。父母必须把孩子带出去，让孩子在社区里活动，让他自由地与同龄小朋友交往、玩耍。这样才能让他体会到自己对他人付出的必要性，体会到爱心这一品质有助于他与别人交往，进而更加乐于助人。

6 "我不住校，我要回家。" 不能改变世界就改变自己

阳阳两岁的时候，一个偶然的机会，我和他妈妈带着他住进了省城一个豪华宾馆里。白天，他兴奋地到处奔跑；到了晚上，却一个劲地哭闹着要回家。我又好气又好笑，对阳阳说："爸爸妈妈在哪里，哪里就是家！"家，对于阳阳来讲，到底意味着什么呢？

我多次提到阳阳的妈妈是一名初中老师，所以她特别喜欢装扮我们的家，尤其是阳阳的房间一直都是我们家里最干净、整洁和温馨的地

方。我们一直坚信这对阳阳的成长只有好处没有坏处。但到了阳阳上幼儿园中午要在学校睡午觉时,这样美好环境营造的不当之处就开始显现出来。阳阳一直不愿意在幼儿园睡觉,他说那么多人睡在一块儿空气不好,又说幼儿园的床不舒服,后来则说他不喜欢和别人睡一个房间。之后幼儿园的老师把他先放到自己休息的地方睡了将近一个星期的午觉,最后他觉得不好意思打扰老师了,才心不甘、情不愿地回到了班里与其他小朋友一块儿午睡。

关于阳阳对环境不适应的状况,我们想可能在幼儿园时是因为他还较小,之后应该不会再有类似的问题。但到了阳阳读高一时,住校的问题又成了我们的困扰。因为阳阳的中考成绩还算理想,我们就把他送到了城市另一头的学校去读高中,且学校要求住校。初中刚毕业的阳阳正处于青春叛逆期,再加上学校给他安排的宿舍是比较旧的一幢楼,属于很老的八人间学生宿舍。他在注册完成走进宿舍看到住宿条件不佳时,立马态度很坚决地说自己不愿意住校,如果非要住校宁愿不在这个学校念书。

看到阳阳态度如此坚决,考虑到第二天是周日,我们把阳阳带回了家。回到家之后,我和妻子与阳阳进行了交流,与他一起回忆了他为了能进这个学校努力考高分的不容易,之后又跟他一起探讨了住校的好处与不便,讨论结果我们一致认为我们家离学校太远,不住校会让全家每一个人都很累且学习效果不佳。之后,我和妻子又给阳阳重新置办了一些生活用品,把他在宿舍生活上的不便利尽量降到最低的程度。在我们做完这些之后,阳阳倒是劝我们不必太担心,说他会尽量在教室和图书馆多学习,宿舍就用来好好休息罢了。

尽管这件事最后处理得还算好,但是我也深刻感觉到阳阳对不同的生活环境尤其是条件艰苦的环境的适应能力并不强,需要更多的磨炼。

学会适应不同的环境,对于孩子的成长起着至关重要的作用。我们

都知道孩子不可能永远在一个固定的环境中生存,他不可能永远在家长的庇佑下长大。所以家长不能什么都去适应孩子,在这个竞争激烈的社会中,没有较强的适应能力,注定会落后甚至被淘汰。

孩子适应能力的培养与提高是在生活中一点一滴地积累起来的。在日常生活中,我们是对孩子的事情完全包办代替还是鼓励孩子自己做?孩子需要外出时我们是帮他做好一切准备还是让他自己计划和准备?家长和家中其他家庭成员的一言一行都在无意中影响着孩子的适应能力的形成。家长的教育方式、家长本身的性格、习惯等都会影响孩子生活习惯的养成。其实,培养孩子的适应能力,就是在培养孩子的综合素质,培养孩子各方面的能力。当孩子具备了相应的能力,自然也就不会再有不适应了。所以,父母不能过分疼爱孩子,要尽早培养孩子的适应能力。当孩子到了陌生的地方,才会快速融入其中,熟练地与人打交道。

孩子读中学或是大学离开家需要住校时,是孩子适应能力检测的第一步。作为家长应该帮助孩子主动适应住校生活,让孩子不害怕适应家庭以外的环境。对待孩子住校,我结合阳阳高中第一次住校时发生的事给大家几点建议。

第一,让孩子在住校时还能感受到家的温暖。我们在孩子刚开始住校时注意多跟孩子交流,经常给孩子打电话询问他住校时的情况。家长还要通过孩子、老师和同学充分了解孩子住校时的表现和生活情况,及时地帮孩子解决他在住校期间遇到的问题,让孩子感受到家庭的温暖并不因为他离开家住就离他远了。

第二,如果孩子因为家长工作忙或是家庭距离较远等客观原因不得不住校,家长也不能因为感觉对孩子亏欠就对孩子有求必应,纵容孩子的不愿意适应。当住校的孩子回家后,家长在为孩子补充必要的营养基础上,大可不必过分体贴孩子,要延续平时的家庭生活习惯正常地生活。

第三,孩子住校回家之后,家长不要只把注意力放在孩子的学习成绩上,或是针对孩子的生活开支大等问题一直逼问。还应该注意关心孩

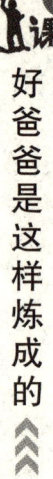

子在住校生活中遇到的点点滴滴的不如意，鼓励孩子将自己在学校里的点点滴滴与家长分享，与孩子进行心灵沟通，注意解决孩子的心理问题。

第四，应该让孩子养成在学校生活中独立处理自己生活中大小事务的能力。一定不要让孩子养成把自己所有的事务如洗衣服、洗袜子等都带回家的坏习惯。要求孩子在学校完成如洗内衣、洗袜子等能够自己完成的事情。孩子回家后，部分大件衣物也应该由他自己洗。

第五，家长应该注意控制孩子的花费，不要因为觉得孩子住校条件不佳就给孩子太多的钱，养成孩子大手大脚花钱的坏习惯。大多数寄宿制学校都会为学生办理用餐卡，家长在提供能够满足孩子正常生活的费用的前提下，根据自己孩子的实际情况，尽量少给孩子零花钱。

教育小贴士

物竞天择，适者生存。环境不会跟随我们的意愿而改变，我们能做的就是自己主动去适应环境。只有环境适应能力强的人才能在不同的环境中生存下去。变色龙懂得在不同的环境里改变自己的颜色来适应变换中的环境，我们的孩子同样需要学会适应。现在的孩子大多是天天被家人宠着、爱着，他们没有自己适应过环境，也没有协调能力和竞争能力，更谈不上具有适应能力。孩子们太过自我，在社会的优胜劣汰中，注定要被淘汰。所以，孩子进入了新的环境、遇到新的老师和同学应该学会适应。

1. 让孩子乐观主动地去适应

每学期新生开学第一天，我们总能发现两类家长：

一类家长把孩子送进教室，帮孩子找座位、擦桌椅、整理书包，替孩子向同桌邻座打招呼，请同学关心一下自己的孩子；又到老师面前，说自己的孩子胆小怕事请多关照。之后，老师上课了，还是放心不下，挤在窗外看着教室里面的孩子。结果，这些孩子适应能力比较差，往往开学都几周了，还是怯怯的眼神，有什么小事情就哭哭啼啼，比如铅笔断了,也要找妈妈削,不接受老师、同学的劝告和帮助。

还有一类家长把孩子送到教室门口就回去了。他们的孩子只好自己来适应新的环境:认准自己班的老师、教室、座位,记住厕所在哪儿,不会的事情就问老师。放学了,妈妈还没来接就主动去找老师借电话找妈妈,甚至找不是自己班的老师借。这类孩子的适应能力较强,由家中散漫生活快速转移到节奏稍微紧凑的学校学习生活,融入班级集体,学习成绩明显比那些适应慢的同学好。

我做一个课题时曾调查过那些放心回去的家长,他们说:"有什么好担心的?大人不担心,孩子心理自然不会紧张了。我们在开学之前就告诉孩子,'学校的老师天天教你学习很多很多的知识,有很多很多的同学和你做朋友、和你一起玩耍,不去学校的孩子学不到知识,是傻孩子。'孩子就很乐意去学校了。"怪不得,原来家长给孩子做了足够的"适应学校和老师、同学"的思想准备,孩子对学校的"适应能力"已经在入学前就具备了。相反,有的新生家长在孩子入学之前,为了提高老师的威信,无意之中这样教育孩子:"你不乖,老师不喜欢你!""你这么捣蛋,坐不住,将来老师怎么教你?""同学欺负你就告诉老师。"一系列先入为主的洗脑,使得孩子还没有到学校就已经害怕老师了,这只会加重他们适应环境的难度。

当孩子要到一个新的环境中适应他不熟悉的人和事的时候,我们应该告诉孩子这些陌生的人和事、新的环境并不可怕。我们除了适应这些困难,没有别的办法。即使有困难,也要鼓励孩子积极面对。我们可以在带孩子出去旅游时鼓励他与陌生人交流或是找人问路,教会孩子看地图、看路标、手机导航等。也可以让孩子仔细留意身边的人和事,让他快速适应新的环境。还要告诉孩子,适应新的环境肯定是有困难的,与其抱怨,不如努力适应。

2. 注重培养孩子的优秀人格,提高孩子的适应能力

适应能力的培养,就是吃苦能力的培养。到陌生的地方,如果物质条件比原来好尚可,反之就要受苦。即使物质财富丰厚,甚至父母亲人

可以资助，可是如何快速融入陌生地，必定要靠孩子自己与人打交道，建立起良好的人际关系。一个自私自利、拈轻怕重、没有义气、吝啬小气、从来不肯吃亏和付出的人，在社会、在家庭、在工作中，都是没办法立足的。家长在日常生活中注意让孩子养成吃苦耐劳的品质和良好的生活习惯，这有利于提高孩子的适应能力。孩子吃苦能力的提高就是适应能力变强的最好表现。一个能够吃苦的人不管到哪里都不会抱怨或是害怕，都能够适应新的环境和生活。

7 "爸爸，对不起，你打我吧！"尊重他人，保有自我

关于尊重他人、尊重自己的教育故事有很多，但因为父母没有给予很好的尊重他人及赢得他人尊重的教育而在人生道路上屡屡受挫甚至改写人生篇章的故事亦俯拾即是。

有个男孩叫小钢，幼年时纯真可爱、聪颖早慧。6岁那年，一场车祸使他的一条腿残废了。当小钢一瘸一拐满怀希望地进入小学时，迎接他的却是嘲笑和捉弄，伴随他的只有孤独和忧伤。小钢眼里流着泪，心里渗出血。一种强烈的愿望在他心中渐渐形成：只要谁看得起我，对我好，让我干什么都行！

14岁那年，小钢因治疗而失学在家，孤独和寂寞更加无情地包围着他，折磨着他。渴望交朋友、得到尊重的欲望时刻撞击着他受伤的心灵。小钢几乎要发疯。正在这时，一个小偷向他走来，给他带来了"友情和温暖"。从此，这个在孤独中长大，从未赢得同龄人尊重、视友情重于一切的小钢走上了盗窃的生涯。

这个让人心酸的故事仿佛在告诉我们，就精神世界而言，孩子们渴望得到尊重，得到承认，享有赞誉。

首先，让我们谈谈关于尊重他人的尊严。

《心灵鸡汤》里讲了这样一个故事：一个少年随着父亲排队买票，看马戏。排了老半天，至售票口，中间只隔着一个家庭。这一家有10

口人，8个孩子手牵手跟在父母身后。他们叽叽喳喳谈论着马戏场里的小丑、大象。今晚必定是这些孩子最快乐的时刻。他们的父亲查理神气地站在最前端。售票女郎问他要多少张票，并开出了价格。查理的嘴唇发抖了。显然钱不够，但他又怎能转身告诉那8个兴致勃勃的孩子，他没有足够的钱带他们看马戏？

少年的父亲目睹了这一切，他悄悄地把手伸进口袋，把一张20元的钞票拉出来，让它掉在地上，又蹲下来，拾起钞票，拍着查理的肩膀说："对不起，先生，这是从你的口袋里掉下来的！"

查理当然知道原因。他深深感激有人在他绝望、心碎时帮了忙，他用双手握住少年父亲的手，嘴唇颤抖着："谢谢，谢谢您！先生，这对我全家意义重大。"

父子俩就这样花掉了身上仅有的20元。那晚，他们并没有进去看马戏，也没有钱看马戏，却收获了极大的快乐。故事中，查理固然需要钱去买票，而他更需要得到尊重，他不能在8个孩子面前丢脸。"少年的父亲"深知这一点，以极其巧妙的方式帮查理解除了难堪，给对方留下了尊严。

人的需要是多方面的，在吃饱、穿暖和安全需要得到基本满足时，人们最迫切、最普遍的愿望是获得尊重和认可。哲人曾经说过：人类本质里最深远的驱策力就是——希望具有重要性；人类本质里最殷切的需要是——渴望被肯定。

衡量一个社会的文明程度以及公民素质的高低，尊重他人是一个重要的尺度。在一个社会里，处处尊重他人的权益和人格，人被看作一个独立的人，而不是等级中的人，不是某种关联的人际关系中的人，这个社会的观念便超越了世俗的偏见与平庸进入到崭新的世界。

中国的父母为孩子支出从不吝啬。孩子的物质要求，几乎是有求必应，而很少对他们进行关于爱和尊重的教育，以致我们很多孩子缺乏同情心。

其次，享受别人的痛苦是对自己尊严的最大侮辱。在学校里，有一个长得很丑的女孩,学校的人常常讥笑她,甚至给她取了一个绰号"丑八怪"。每当别人这么叫她时,她都气得要命,有时甚至大哭起来。

我相信,在任何学校、任何班级中都会发生类似的事情。那些讥笑女孩的人,是让女孩自卑、自弃的罪魁祸首。取笑别人是一种幸灾乐祸,一个爱取笑别人、捉弄别人的人才是最不美的。因为他不会理解别人、体会别人,不了解别人的心理感受,不懂爱惜别人甚至自己的尊严,还要享受自己给别人带来的痛苦。他们不懂得:享受别人的痛苦则是对自己尊严的最大侮辱。

世界上没有两片完全相同的叶子,更没有两个完全相同的人。一个人的魅力、价值就在于他的独特的个性。尊重他人,也就意味着尊重差异,容纳多样性,不把自己的观点、主张强加于人,不用权利和权威控制、支配他人,甚至使用武力迫使对方就范。

孩子们往往容易把那些与自己兴趣爱好不同、在某些问题上与自己的看法不同的人视为异端,不信任他们,在背后议论他们的缺点,把他们排除在自己的小团体之外,这使得其心胸变得越来越狭窄,也就很难协调好各种人际关系。家长要注意纠正这种认识上的偏激,指导孩子们从吸取的角度看他人,善于看到别人的长处和优点,从而彼此交流,取长补短。最后,尊重他人的教育是一项综合性持久的事业。

北京东城区教育局局长侯守峰一行到瑞典访问时,给他留下深刻印象的是人与人之间的尊重。有一天,他们在路上问路,一位瑞典人耐心指点,另一过路人一直等在旁边。等指点的人走后,他告诉他们:"我听到他告诉你们的路错了,但为了尊重他的好意,我等他走了再告诉你们正确的路。"

曾做过20多年班主任和校长的侯守峰那晚失眠了。他想:"我们为什么不能把我们的孩子培养成这样?尊重,可不可以成为传统道德与现代道德、现代教育的结合点?"

2000多年前,亚里士多德就曾教导他的门徒:你要别人怎么待你,就得先怎样待别人。中国的孔夫子也曾这样教育弟子:己欲达而达人,己欲立而立人。尊重别人和获得尊重是一个问题的两个方面，最根本的方面是主动地奉献、主动地付出。尊人者，人尊之。把尊重、理解、爱献给别人，把自己最渴望的献给对方，这既是情感法则之必然，也是道德要求使然。

国际21世纪教育委员会报告中指出：尊重他人的教育作为民主的必要条件，应被视为一项综合性的持久的事业。家长有责任教育孩子从小事中学会尊重他人。

尊重是一个人最重要的人格品质之一。尊重首先是尊重自己即自尊，一个懂得尊重自己的人才有可能尊重他人，才会有健康的人格。尊重里面很重要的一层含义是尊重他人，尊重他人的尊严和个性。只有首先尊重自己，我们才会尊重他人；也只有尊重他人，才能赢得别人的尊重，进而做到真正的尊重自己。

社会是由一个个个性不同、形形色色的人共同组成的。我们每一个人都是社会上的个体，需要彼此相处、相互磨合。教给孩子处理人际关系的方法和技巧，学会尊重自己和他人是每一个家长的义务。培养孩子尊重的品质可以怎么做呢？清风明月的文章《如何教会孩子尊重他人、尊重自己》给了我们很好的启示。

1. 父母要做孩子的榜样，潜移默化影响孩子

我们每一个人在身为我们自己孩子的父母的同时，也是自己父母的孩子。我们在日常生活中要培养孩子尊重长辈、爱护弱小的习惯，首先父母自己做得到。父母平时应该经常带孩子一起去探望爷爷奶奶，注意照顾老人，陪他们吃饭、聊天。父母过生日或是节假日的时候，也应该不失时机地给老人买些礼物并带着孩子一起为老人准备晚餐等。日常生活中因为工作等客观原因没有办法陪在老人身边时，应该和孩子一起经常打电话问候，让孩子感受到自己对家人的关心。平常带孩子出去坐公交车时，要和孩子一起主动给老人让座位，鼓励孩子上下公共汽车时让

行动不便的老人先上或者先下。总之，父母应该让孩子知道自己是如何孝敬老人、尊重父母的，潜移默化中孩子就能学会尊重老人。

2. 抓住机会与孩子交流，通过讲故事等形式让孩子学会做人

孩子特别是年纪比较小的幼儿喜欢通过讲故事等比较有趣的方式来学习道理。家长尤其是爸爸们平时工作较忙，不能时刻陪在孩子身边，可以利用睡前给孩子讲故事这样的方式来与孩子交流。问问孩子在学校里发生了什么事，与同学相处时发生了什么不愉快或是有什么有意思的事情。在交流时应该鼓励孩子多表达自己的想法，并教他注意尊重别人，在与同学有矛盾时要妥善处理。给孩子讲故事时可以讲一些名人尊老爱幼的小故事，并与孩子一起讨论故事主人公的行为妥当、得体之处，告诉孩子这些行为在生活中的可贵之处，让孩子跟着伟人、名人学做人，学会处理和同学之间的关系，融入到和谐的班级活动中去。

3. 利用电视、报刊等媒体或者生活中的事例，教育孩子学会自尊自爱自立自强

在和孩子一起看电视或是读报纸的时候，我们应该有选择性地和孩子看一些传播良好社会风气的节目和专栏。教育孩子自尊、自立、自强。要和孩子一起讨论他感兴趣的一些网络上诸如"郭美美事件"、"小悦悦事件"等有争议的事情，鼓励孩子发表自己的见解，对孩子表达中的不当之处做出纠正。

现在的孩子大部分都是独生子女，并且随着家庭经济收入水平的不断提高和父母爱子心切，很多父母都会无节制地给孩子较多的花费，这样不仅不利于孩子自立品质的养成，甚至会让孩子变得不可一世。家长应该从实际出发，让孩子从小养成自己动手丰衣足食的好习惯。注重让孩子从干家务、做简单的事情开始慢慢学会尊重自己的劳动成果，尊重他人的真诚付出，学会感恩。告诉孩子不该自己拿的东西不能拿，不该自己要的东西不能要。更要注意不能让孩子养成和别人攀比的坏习惯。应该告诉孩子只有靠自己的努力成为一个优秀的人，才能赢得别人的尊重。

 教育小贴士

1. 教孩子从"心理"上尊重别人

只有在心理上有尊重别人的想法,才可能做出尊重别人的行动。

2. 教孩子从"态度"上尊重别人

在交往过程中,你采取什么样的态度将体现出你对别人的尊重程度。比如注意倾听别人的谈话、谦虚待人、礼貌待人、实事求是地评论人或事,都是尊重别人的表现。

3. 教孩子从"礼仪"上尊重别人

礼仪不仅能体现一个人的修养和人品,还能表现出对他人的尊重,赢得别人的好感。出入公共场所而蓬头垢面、不修边幅,不仅有损自己的形象,也是对别人的不尊重。凑到对方耳边窃窃私语,也是对别人的不尊重。

4. 教孩子从"名字"上尊重别人

没有任何语言能比亲切地称呼人的名字更能打动人心,所以,给别人取绰号、滥用贬称是对别人的不尊重。

5. 教孩子从"时间"上尊重别人

如果孩子要参加一个同学聚会,就应当准时赴约;如果孩子要去上学,就应该准时到校,否则,会被视为对同学或老师的不尊重。

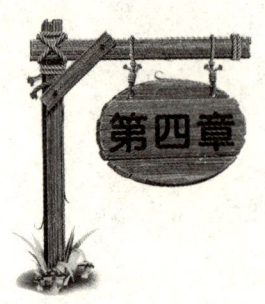

第四章

在路上，爬，爬，爬

❶ "爸爸，为什么沙漠里都是沙子？" **与孩子共学生活常识**

每个假期，我们一家三口都到或远或近的地方游玩。这对于我们自身和阳阳见识的增长起到了很大的作用。但在我们游玩的过程中我也注意到一个细节，那就是阳阳对于"你家在哪里"或是"你从哪里来"这样的问题都不知道该怎么回答了，而这正是他所认识的世界越来越大的缘故。

当我们仅仅是到离家不远的县城去度过周末时，阳阳会在别人问他从哪儿来时毫不犹豫地说出我们家的具体地址，包括在那条路哪一栋甚至哪一单元；当我们到省城去玩时，阳阳说我们家的具体地址总会让别人一脸困惑，这时候我会告诉他只要回答我们来自于哪个城市就行；当我们到外省去旅行时，车上总会有不少人喜欢和阳阳聊天。刚上幼儿园的阳阳总能把他们逗乐。这时当别人问阳阳家在哪儿的时候，他显然吸取了上次的"教训"，十分自信地说出了我们城市的名字，但很显然，很多人不认识他所说的地方，后来我替他回答了"云南"，看到提问者豁然开朗的表情，阳阳开始主动问我："爸爸，那我们家到底在哪里？除了我们家那里，是不是还有很多很多的地方都住着人？"

"世界很大很大，它包含很多国家，我们是中国人，我们的家在中国某某省某某市……"抓住这个机会我给阳阳普及了很多地理常识。相信以后就算是我们到国外游玩阳阳肯定也能说清楚自己来自于哪里了。

在生活中，我和妻子也总会在阳阳对某一东西兴趣盎然且十分想了解的时候，给他讲解很多常识性的知识。比如阳阳问"沙漠里为什么都是沙子"，我们就一起查阅资料，了解沙漠形成的原因；比如阳阳在香港看到黑人和白人之后自己思考几天未果求助于我时，我给他讲了关于人种及肤色等知识；在我们因为一场大雨被困在我办公室没法回家时，阳阳让我给他讲讲为什么会下雨等常识性的知识，我们都在生活中为阳阳进行了答疑解惑。不知道大家读到这里注意到没有，我们每次给阳阳讲这些知识，都是在他自己提出请求之后才讲的，而不是一味地灌输给他。所以，千万不要害怕孩子问"为什么"，或许因为他的提问你也会获得意想不到的进步。

发展心理学家说"婴儿是天生的科学家"，当刚出生的婴儿的眼睛一睁开的时候，就开始不停地在探索环境，他们开始猜测周围的一切事物，并给出可能的解释，然后开始检验这个解释的成立，慢慢地观察这些。所以当小婴儿常重复做同一动作，如把玩具车丢到地上，发出"当"的声音时，他们就会高兴地笑，因为他们知道他们假设的解释很可能是对的：硬的东西掉到地上会发出声音，软的毛毛狗被丢到地上就不会。而我们所生活的这个大世界、大环境，其实对于他们来说只是一个小小的实验室，假设我们的祖先没有这种能力的话，那么也不可能有人类智慧的出现。

有两位来自美国的研究人员共花费了6年的时间，找出全世界约3000名科学家的共同特点，研究结果显示：第一个共同特点是他们会把两个看起来不相干的概念连在一起；第二是他们对于不明白不清楚的事情会一直追问，一直问："假如……会怎么样？""为什么这样做而不那样做？"直到自己真的完全弄清楚了为止，并且他们会亲自体验任何事情的一切范围。最后，那两名研究人员得出最终的结论：不是智商，而是"一种打破砂锅问到底的好奇心"，这成为一个人能否成为科学家

的依据。

因此，想要让孩子恢复科学家的本性，作为他的启蒙者的我们一定要先除去"一个问题只能有一个答案"这个束缚，并且需要时刻培养孩子，让他具备敏锐的观察能力，再通过鼓励他阅读大量的书籍从而获得丰富多彩的背景知识，这样才能使他想到其他人想不到的东西，最后他就能看到别人看不到的东西了。所以科学思维的观察力、形成假设的能力和验证下结论的能力是循序渐进的，缺一不可。

值得注意的是，身为孩子启蒙者的父母在培养孩子时必须具备很好的耐心，不能显得不耐烦，当孩子问为什么时，能够细心地从他能了解的层面回答他。我们都知道孩子问的问题无奇不有，这使得接收到问题的我们感觉很力不从心，因为会觉得虽然身为父母却有时候连一些基本问题都回答不了。我们过去的父母会用"等你以后就知道了"来拒绝回答，或是骂孩子"正事不做，一天想些没用的"，这些都会扼杀孩子的好奇心。也许正是因为这么多不负责任的回答，使得很多孩子都与科学家失之交臂了。

小精灵网站曾经发过《鼓励孩子多问为什么》的一个帖子，帖子里讲到，比如孩子喜欢问：天空为什么是蓝色的？每次在听到有孩子问这个问题时，都能看到大人张口结舌答不出来。关于海水为什么是咸的，眼泪为什么是咸的，答案是因为我们的祖先是从水里慢慢进化而登上陆地的，我们的祖先曾经在海里生活了很长一段时间，所以我们身体中有大部分是水分，所有动植物的身体中也大部分是水分，人和动植物都会因为缺水而死，还可以顺便告诉孩子为什么要喝水。

而关于鲸为什么不是鱼，它不是在海中游水吗？它如果是哺乳类，为什么要住在海里？这时父母就可以说鲸体积那么大，若不是水有浮力，它在陆地上就几乎动不了了，我们看到搁浅的鲸都得动用起重机才能搬动它。鲸曾经上过陆地，后来又回到海里，所以身上有进化的大腿骨，它的鳍是退化的手，而且它不是像鱼一样用鳃呼吸，它和我们一样是用肺呼吸。

做父母的一定要记住在孩子想学的时候教他所需要的知识，这时孩子所学到的知识才是最忘不掉的东西，因为兴趣是学习最强大的动力。而孩子在幼小时，他面对这个大大的世界，他的好奇心最强，兴趣最强，因为他想更快地去了解这个世界，所以在孩子小时候给他正确的知识是很重要的事。

如果你想知道有没有抓住教育孩子的最佳时期，你就需要停下来问问自己是否成天把如何教育孩子挂在嘴边，而事实上却没有任何效果。在适当的时机告诉孩子某些道理，会如同禅悟一般，能够使得孩子很快明白那些道理，会让他印象深刻且茅塞顿开，教育效果自然比其他时刻要好很多，这在教育心理学上被称为教育契机。

那么什么时机是教育孩子的契机呢？清净乃空的《抓住9个教育孩子的时机》是很有针对性的。

时机一：当孩子获得小小的成功时

在学习和生活中，孩子总会取得一定成绩，如在一次考试中考得了好名次，被评为"三好学生"，或在某项活动中表现突出受到奖励等。这个时候，孩子的情绪都会比较高昂，自信心也会比平常强，家长要善于抓住这个时机，对孩子提出新的目标和要求，当然这是要建立在对孩子此次成绩的肯定和鼓励的基础上，这样不仅可以使得孩子胜不骄，而且可以引导孩子乘势而上，把一时的信心转化成更加持久的动力。

当然，孩子取得一定成绩往往会使得他产生骄傲自满的情绪。家长对此千万不能忽视，因为骄傲是成功的大敌。许多孩子的学习成绩之所以会经常大起大落，其原因就是骄傲自满。因此，家长在表扬孩子取得成绩的同时，还应该让孩子懂得"胜不骄败不馁"的道理。

时机二：当孩子有困惑时

孩子在日常的学习和生活中都会遇到困惑。在这些时候，他们往往特别渴望家长们能够给他正确的答案，并且理解他为什么会有这样的困惑，而此刻也正是家长教育孩子们的最佳时机。

当孩子对某件事物感到好奇和困惑的时候，家长应及时有耐心地解答，抓住孩子此时此刻渴望学习新知识的心理，这不失为教育的最佳策略。因为此刻，无论家长是摆事实还是讲道理，孩子都会很容易地接受并吸纳，这样自然可以取得较好的教育效果。

而特别值得注意的是，当孩子做了好事的时候，如帮妈妈打扫卫生、拾金不昧、关心同学、热爱班集体等，因为孩子做好事常常是无意识的，如果家长此时给予孩子及时的肯定和表扬，就把这种无意识引导到了有意识，能逐步使得他具备良好的品德。

时机三：做客时

也许很多家长会发现，带孩子到客人家或客人来家里做客时，孩子就容易"人来疯"，放任骄蛮，让大人很没面子，而很多这样的孩子平时却是非常听话的。这时，如果家长为了教育孩子而当着客人的面大声训斥孩子，孩子不但不听，甚至会故意大哭大闹，弄得大家都很尴尬。因此，正确的做法是，家长必须在做客前和做客中对孩子做一些得体且相应的指导，这样才会使孩子在别人面前变得听话、懂礼貌，并且在做客后或客人离开时，及时对孩子的表现做出评价。此时，无论是表扬还是惩罚，都将给孩子留下深刻的印象，会让孩子明白哪种表现是正确的。

时机四：当孩子犯错时

综观古今中外，我们可以发现这样一个现象：许许多多的名人或成功之士，在他们成功成名的背后往往有着一个经典的故事——他们在犯错时，他们的父母在当时的情景下处理这些事情的方式方法，对他们有着深刻的影响，甚至激励着他们一生。

无数事实证明：犯错的过程就是教育孩子的最佳时机，而孩子的成长过程就是一个不断犯错又不断改错的过程。因为只有在犯下错误的同时得到了一定的教训，孩子才更有可能深刻地去理解更多的人生道理。

因此，在教育孩子的过程中，孩子犯错并不奇怪和可怕，真正可怕的是孩子不敢面对自己的错误。家长必须去帮助孩子分析错误，引导孩子如何去正确地面对错误，最终达到改正错误的目的。

时机五：待客时

待客时是孩子学习待人接物礼仪的最佳时机，这在上文阳阳过生日办 party 那一章我曾经谈到，这里就不赘述了。

时机六：孩子对某些事物有浓厚兴趣的时候

在孩子的成长过程中，对周围事物会产生各种各样的兴趣。这时，家长需要在平时对孩子的行为要细心观察，要及时给予鼓励和支持孩子对某一事物的兴趣，抓住孩子兴趣的"入口点"，因材施教。这样说不定就会激发出孩子这一方面的智慧火花，引导孩子沿着自己的兴趣逐渐走向成功。

时机七：吃饭时

由于很多家长平时上班比较忙，感觉都抽不出时间来教育孩子，于是每天的三餐就成了这些家长教育孩子的好时机。所以，每天只要一到吃饭时间，孩子就变得愁眉苦脸、哭哭啼啼，因为他们知道家长又要开始问成绩、讲自己的过错。这样，原本开心的就餐时间就笼罩在一种不愉快的紧张气氛中。

一位儿童心理学家曾指出，这样不科学的"餐桌教育"不仅会给孩子造成由于产生心理阴影和情绪低落而导致的吃不进饭的营养不良，而且会使父母和孩子隔阂加深，完全不能达到教育孩子的结果。

其实，吃饭时，家长完全可以从另一方面来和孩子沟通交流。比如说，教孩子认一认餐桌上的美味佳肴，告诉孩子这些菜生的时候是什么样子，烧熟了后又是什么样子，并让孩子记住它们的名字。这样，一边吃东西一边学习，孩子会吃得更香。

餐桌虽小但意义重大。一个愉快、舒适的进餐环境是与孩子沟通的最好的桥梁，孩子有发表自己"不满"和"新闻"的机会，这样既有利于孩子语言表达能力的提高，又有利于父母了解孩子的内心世界，同时还有利于活跃进餐的心理气氛。

时机八：当老师来家访时

因为自己的在校表现会暴露出来，所以绝大多数孩子最怕老师上门家访，同时，孩子更怕家长将他在家的所作所为告知老师。因此，家长应懂得孩子的心理，在老师家访时，当着孩子的面尽可能地把孩子的长处告诉老师，同时以提出希望的口气间接地说出孩子的缺点以让老师了解。

时机九：生活中的每一个时刻

其实在我们的生活中，教育孩子的好时机有很多：当孩子受到挫折时，当孩子有崇拜的对象时，当孩子经历一些伤心的事情时，当孩子享受成功时……家长抓住这些时机，对孩子进行教育，每个孩子都会成长得很快。

家长需要用细心去发现时机、用耐心去等待时机、用宽容的心去创造时机……因为教育孩子必须讲究时机，并且只要时机得当、方法得当，每个孩子都会取得成功！

❷ "我要攒钱买诺亚方舟船票。" 共担风雨，为明天做准备

2012年的一部名为《2012》的电影及关于世界末日的传言满天飞。当时阳阳所在学校还组织观看了这部电影，并对电影做出评价及讨论。我不知道他们那天讨论的具体情况，包括这个背景我都是事后问了阳阳才知道的。但在他们的讨论结束之后阳阳立马打通了家里的电话："爸爸，如果真的有世界末日，你们放心。我会一直陪着你们的。再说了，我不是一直存着钱呢吗？那就是为乘诺亚方舟存的。呵呵（开玩笑的语气）!"可能是阳阳刚到外地上大学，也可能是这部电影中的情节确实让他体会到亲情的可贵，又或者阳阳真的在担心会有世界末日，因为他已经在想解决的办法了。但令我感到欣慰的是阳阳的坏情绪会因为他有某种意义上的未雨绸缪而被踢走。

我在这里说的或许并不是一件影响到生命安危的大事，但未雨绸缪,因为有所准备能使阳阳快速摆脱坏情绪令我感到某种程度的安心。当然,我在这里要说的也不是要给孩子存钱,而是一种让孩子有未雨绸缪的心态,明白事前做好准备有利于事情顺利解决的教育。

有人说,生活的奇妙之处就在于它的不可预知性。下一分钟,下一个小时,下一天,会发生什么意料之外的事,谁也没办法在前一天、前一分钟、前一秒给出答案。虽然生活是无法预知的,但仍有很多人乐意去猜想没有到来的事情,学生也不例外。学校里的生活也是瞬息万变的,新学期、新学年都可能有所改变。刚开学没有开始上课的学生经常说:"教我们的老师一定可能都是些中年的老师。"事实上,学生这些话语只不过是一般的猜测,并没有"未雨绸缪"的意味。现实生活中,未雨绸缪是指在事情发生前就做好准备,不能等到不测灾难来了的时候茫然失措,束手无策。灾难来临后的思考是为了克服灾难,就更没有预防的意味了。

"谁动了我的奶酪"是一句人们耳熟能详的话语,它来源于销量很大却并不起眼的名为《谁动了我的奶酪》的小册子。"麻雀虽小,五脏俱全",《谁动了我的奶酪》讲述了两只小老鼠和两个小矮人的生活故事,简单的语言透露出耐人寻味的道理。两只小老鼠和两个小矮人共同生活在一个迷宫里,它们生活的追求就是寻找奶酪。天遂人愿,它们在某一天找到了一块很大很新鲜的奶酪,于是它们就在奶酪旁边扎根安家。但是天有不测风云,有一天奶酪突然消失了,它们的美好生活受到了前所未有的挑战。面对生活的挑战,两只小老鼠拿起一直挂在脖子上不动的鞋子,重新开始寻找食物。值得庆幸的是,它们很快就找到了一块新的更好的奶酪;与两只小老鼠的行动相反,两个小矮人在失去奶酪以后茫然失措,沉浸在思考中难以自拔。思考了很久之后,其中一个小矮人选择了动身,很快也找到了属于他的食物,而一直沉浸在思考中的另一个小矮人仍旧对生活的挑战束手无策……

《谁动了我的奶酪》的故事告诉我们,机会总是青睐有准备的人,行动是赢得挑战的不二选择。准备、行动对童话故事里的小老鼠和小矮

人适用，对现实生活中的我们同样适用。现实生活中，我们没有办法像一些童话故事里的主人公一样拥有超能力，我们都无法预知未来，但我们却能尽全力做好充分准备，以最饱满的精神状态去应对生活中的意外事件，从而保障我们要完成的各项任务的质量。对学生而言，他们每一年都要升一个年级，每一年都要面对新的学习任务、新的教师或者新的同学，如果不能做好心理准备，就会成为失去"奶酪"却不会重新寻找食物的小矮人，他们新一学年的学习效果自然会受到影响。

事实上，"未雨绸缪"这个词语并不深奥，做起来也不难。"未雨绸缪"可以用在生活中的每一件事情上，不论我们站在什么角度，做什么事情，事先准备自然是个好习惯。对学生的学习而言，"未雨绸缪"就是课前看看书，预习上课内容。"未雨绸缪"的学习习惯会对学生的学习成绩产生很大的影响。所以，生活中教给孩子"未雨绸缪"并不是需要有什么惊天动地的大事时才能说明其重要性，"未雨绸缪"给我们的生活带来的便利一直在发生。

爸爸感悟

古人云："祸兮福之所倚，福兮祸之所伏。"危机之于生存，就好比"福祸"这两个矛盾方，同时存在，相互影响，甚至在一定条件下相互转化。正如戴尔电脑创始人迈克尔·戴尔所说："如果不感到害怕，那么，你很快就会被别人干掉。"换言之，如果没有危机意识，那么你很快就会在自我陶醉中被他人所取代。唐朝有位才华出众的宰相魏徵，他尽忠辅佐唐太宗李世民，为创造国泰民安的社会贡献了毕生精力。魏徵政治管理的核心就是"居安思危，善始克终"，他常常以隋朝灭亡的史实规劝唐太宗。魏徵"居安思危，戒奢以俭"的建议为唐朝的"贞观之治"奠定了基础。历史证明，增强忧患意识，做到居安思危，未雨绸缪，是国家安定、社会进步的一个重要的条件。个人与一个国家的成长是相似的，危机意识对于个人的成长发展而言同样重要。因此，正确处理危机与生存之间的关系成为人生课堂上的重要课题。"生于忧患，死于安乐"，这是自然界和历史发展的辩证法。海尔张瑞敏常说："永远战战兢兢，永远如履薄冰。"微软的比尔·盖茨也常常提醒自己："我们离破产永远只有18个月。""居安思危，思则有备，有备无患"是一种超前的忧患意识。居安思危者，则昌则盛；反之，则衰则亡。翻开历史长卷，这样的例子不胜枚举：夫差之于勾践、项羽之于刘邦……国家如此，孩子成长何尝不是这样？树立危机意识，并不意味着妄自菲薄。人们常说：尺有所短寸有所长，每个孩子都是上帝牵着手送到人世间的，每个人都有自己的长处和弱点。树立危机意识能够帮助人更清楚地认识自己，成人或是小孩都可以通过危机意识了解自己的弱点和弊病，从而完善自己，发展自己。当然，树立危机意识也不是让我们愁眉苦脸，不是让我们用泪水来代替欢笑，居安思危不等于杞人忧天。

"我们离破产永远只有18个月"的告诫使比尔·盖茨率领微软席卷全球；"永远战战兢兢，永远如履薄冰"的提醒使张瑞敏率领海尔走向世界。"居安思危，思则有备，有备无患"不仅对爸爸具有警示和指导意义，对于孩子亦然。能居安而思的孩子，必然能走在时代前列，能深刻地认识生活，并最终成为生活的强者。我想，只有这样，我们才能做好准备创造人生的辉煌。

教育小贴士

"书到用时方恨少"，平常若不充实学问，临时抱佛脚是来不及的；有人抱怨没有机会，当升迁机会来临时却又叹自己平时没有积累足够的学识与培养能力，不能抓住机会升迁。人们常说：如果世上有后悔药卖，不管多苦我都敢下咽。殊不知，当下才是最真实的存在。"洪水未到先筑堤，豺狼未来先磨刀"，做事应该未雨绸缪，居安思危，这样在机会和危险突然降临时，才不至于手忙脚乱。

竹子拔节，芝麻开花，乍看，上上下下都一样；其实不然，竹子每拔一小节，芝麻每开几朵花，都完成了一个"定局"，想返回去，再长一次，又怎么可能？每个人的儿童时期都是长身体、长见识的黄金阶段,黄金时期一旦错过,再多努力也只是枉然,时间是金钱换不来的。天下没有"后悔药",家长绝不能头脑一热,错过了孩子的最佳教育时机,或是为了赚几个小钱赔掉孩子的整个人生,世上最得不偿失的事莫过于此了。

❸ "我要,我要,我都要!" 教孩子学会选择,懂得放弃

之前谈到,我和阳阳的妈妈在逼迫阳阳练特长事件之后,就坚持不逼迫阳阳做任何他不愿意做的事,不让我们的爱到了他那里成为伤害。但到了阳阳上三年级以后,他听到班里的同学都在学习其他技能,并且都在过级,一下子就按捺不住了。有一段时间,好胜的阳阳因为自己较强的好奇心和好胜心,看到别人学什么就跟着学,总想着超过别人。但毕竟年纪小,精力有限,学的东西很多,学得也颇刻苦,但没有一样学得精通。

有一天,他在电视上看到盛中国拉小提琴协奏曲《梁祝》,便很认真地恳求我说:"爸,给我买一把小提琴吧,从明天开始,我要学习小提琴。"

要在过去,我是有求必应。但那一天我正好同妻子在谈论阳阳班里的同学,哪一个钢琴已考到六级,哪一个书法在省里得奖,哪一个唱歌上了电视……而阳阳却像"马尾串豆腐,一块也提不起"。因此,当他提出要买小提琴,我便第一次严肃地问他:"要买小提琴可以,但你必须告诉爸爸,你为何要学小提琴。"

阳阳自信地回答:"我要比电视上的那个叔叔拉得更好。"原来又是好胜!我突然意识到,为了阳阳的明天,也许我得教他一点新东西了。"那么你的书画班怎么办?你的足球班怎么办?你的作文竞赛怎么办?"我耐心地给他讲,"孩子,一个人的时间、精力和能力都是有限的,每个人都有自己的长处,也会有自己的缺陷。要做一个成功的男子汉,除了要有自信,还必须有勇气承认自己的不能。"

阳阳茫然地望着我，我知道，在他这个年龄，要他明白这个大道理是不容易的。

阳阳妈妈及时介入了："孩子，你说你爸爸有本事吗？""有！"阳阳自豪地嚷了一句。"爸爸有哪些本事？""文章写得好。"阳阳马上接口。"还有呢？""还有足球踢得好。"儿子迟疑了一下答道。"还有呢？"他妈妈不依不饶地追问。

"还有……"阳阳挠了挠头，"没了，爸爸有两样就不错了。"阳阳终于不知不觉地开窍了。"那你为什么样样都想超过别人呢？你只要把你现在学的学好就已经很了不起了，眉毛胡子一把抓，最后什么也抓不住。"

妻子说到这里，我趁热打铁："爸爸不是不想学更多的东西，爸爸也想做买卖，也想炒股票，爸爸还想做承包商，做大经理，赚更多的钱……可是爸爸知道，爸爸的能耐就是做一个好教师。要是爸爸下海，钱没赚到，人早已淹死了。""扑哧"一声，我的话把阳阳给逗笑了："爸爸，我知道了。"阳阳想了想："我最喜欢的还是踢足球。""既然你认定了足球，就要扎扎实实地坚持下去。"我鼓励道。

自此以后，阳阳虽然对其他活动仍保持浓厚的兴趣，但已把主要精力集中到了学习和足球上，而且一步步当上了学校篮球队的队长。我想这和我教他的新东西不无关系：那就是懂得选择，学会取舍。我曾经在超市看见一个女孩在挑东西，她的妈妈在旁边等着她，只能让她在一件她喜欢的玩具和一包她喜欢的零食中挑选其中一样，那个女孩站在那里犹豫徘徊。我看着她拿起零食去玩具那里看看，然后拿起玩具又去放下零食。但想了一想，放下玩具又去拿起了零食……犹疑不定中的她抬起小脸看了看旁边站着的妈妈。妈妈对她笑了笑，对她说："宝贝，妈妈等你，你慢慢挑。"最终，那个女孩还是拿起了玩具放下了零食。妈妈向她确认："决定了吗？不后悔吗？就买玩具？"小女孩坚定地说："就要玩具，因为吃的很快就会吃完。"说起来，女孩需要的零食也没多贵，但这位妈妈有自己的原则，我想那位妈妈一定对她的选择结果感到欣慰，她不满足孩子所有的物质欲望，人的物质欲望是无穷的，但人的挣钱能力却有限。我想她是希望孩子能明白，物质欲望难以实现会使得生活变得非常不快乐。写到这里，我不禁要赞叹这位妈妈，因为我们需要从小就培养孩子在物质欲望面前有所节制，有所取舍。

孩子对于自己已经拥有的东西不懂得珍惜，往往是因为这些东西来得太容易了。而且，想要的东西会越来越多。如果让孩子觉得只要有要求就一定会被满足，那么一旦有一样东西真的无法满足时，孩子很可能就会觉得不公平，无法理解，从而产生很多不良情绪，觉得周围的人都对他有所亏欠，这种习惯很难纠正。每位家长都爱自己的孩子，当然希望自己的孩子开心健康，正因为如此，教育自己的孩子在物质需求方面学会取舍，这是每位家长的责任和义务。

爸爸感悟

在孩子的成长过程中会面临许许多多的选择，有时候选择错了可能不会有什么问题，但有时候如果选错了，就可能是终身的遗憾，正如天空与海洋，大地与蓝天，水与火。只能选其一，这便是取舍。

舍得舍得，有舍就有得，不舍就不得，难舍就难得。"将欲取之，必先予之"，古人也曾经这样告诫我们。

非洲大陆上的斑马在岔路口选择了面对狮子的危险，从而开始了进化。事实证明，它果然如愿以偿地使得狮子的危险是可以预知的，而摆脱了舌蝇的干扰，所以它的数量也逐渐变多。斑马学会了取舍，它舍了对狮子的好处，取了对付舌蝇的好处——宁可被光明磊落的狮子杀死，也不被微不足道的小东西给征服。在《伊索寓言》中也有这样一则故事。一只山羊为了摆脱一只狮子，跑进了一座神庙。狮子让它出来，而山羊却说："我宁可被神食用，也不愿被你所杀。"在必死的境域里，它选择了被神食用也不愿被狮子食用。它也是会遵从自己内心取舍的榜样，只有自己的选择才是"正确"的。

古人云："生，我所欲也，义，亦我所欲也。二者不可得兼，舍生而取义者也。"生与义的取舍，是人生取舍的最高境界，古人早就为我们制定了准则，即"舍生取义"。古今中外循此准则而成就千古芳名者数不胜数。

"亦余心之所善兮，虽九死其犹未悔"，这是屈原舍生命而取高洁；"人生自古谁无死，留取丹心照汗青"，这是文天祥舍生命而取一片赤子之心……在危难面前，这些英雄正确而伟大的取舍成就了他们青史留名的荣耀。我们要告诉孩子，在人生这条漫长的路上会有许许多多的岔路口，必须学会正确的选择，才能走上正确的人生道路。

人不可能同时行走在两条大道，不可能同时踏入两条河流，人体的时空局限意味着人生总是需要不断地进行取舍。那么如何做出正确的取舍呢？

有一条很容易理解的通用标准。古人云："两利相权取其重，两弊相权取其轻。"在人生的诸多关口上，孩子只有学会了利弊的取舍，才能具备冷静分析的能力、理智选择的头脑。同时，也不会因为总是患得患失而遗失生活中另一些美好的时光。当然，爸爸妈妈们的示范作用对于如何让孩子理解和掌握取舍的原则和方法是非常重要的，如果爸爸妈妈们在生活中对事物不能做出正确的取舍，就可能潜移默化，融入孩子的心智，给他们带来消极的影响。而那样的行为，有时候会像阿凡提打油一样，把盛油的碗连续翻转两次，结果是碗内和碗底的油都不会剩下。

在日常生活中，要培养孩子掌握选择、判断和取舍的能力，就需要多给孩子选择的机会。孩子会感受到他们被尊重、被信任，很多时候是因为我们尽可能多地给了他们选择的机会，这还能带给他们自信和成就感，使他们感受到自己可以开始把握生活了。

而家长们在日常生活中，其实可以给孩子提供更多选择的机会，比如今天穿哪双鞋子，而在条件允许的情况下，还可以由他们安排自己的

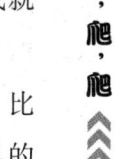

活动等。可以尽量按照孩子的安排来处理他们的生活，当然前提是在没有原则性冲突的情况下。同时，对于孩子来讲，已经开始认识自我，进入第一反抗期，运用这一自我意识的敏感期，允许他们作出自己的判断和选择，这就是建立他们自信和自理能力的良好开始。而且，选择性的问题常常可以使家长巧妙地避开处于反抗期的孩子以"不"来回答所有问题带来的难堪，而这样的回答也不会损害亲子关系，在这一阶段，对于开放性的问题（"……行不行？""咱们……吧？"等问题），家长很难得到满意的回答，孩子往往以"不"来作为标准答案。而"选择题"对于孩子来讲，一般会进行认真地思考和答复。

家长一定要有耐心，特别是在让孩子自己作出选择的时候，因为孩子的反应能力是和成年人不同的。孩子不能马上回答自己的发问，所以一定要给孩子反应和思考的时间，而耐心等待更会表示出尊重孩子的兴趣和选择。孩子学习思考的过程中很可能忘记自己在干什么了，这时候家长还需要适当地重复家长们提供的选项，这是因为：孩子的注意力还是短暂而间歇性的。另外，包含选择是完全能做到的，在明确地说明和处理一件事的同时，比如某件必须要做而孩子并不想做的事情，但是如果我们在它的处理过程中设置一些方式方法上的选择机会，孩子往往会较愉快地进行选择，从而完成这项他一开始并不愿意做的工作。总之，要想帮他们建立起良好的自信和自我负责的品质，必须从小给孩子选择的机会并承担由此而来的后果。

❹ "这条路，爬，爬，爬……"与孩子一块儿锻炼毅力

阳阳没有学会走路的时候，只要天气允许，我和妻子每天傍晚都会抱着他到宿舍前面的草坪上，放下去让他爬。小家伙爬功一流，在葱绿的草坪上充满了好奇和兴奋，我和妻子幸福地旁边鼓励着他爬，爬，爬！在一段时间，看阳阳在草坪上欢快地爬来爬去成了校园里的一道风景。

阳阳也和其他孩子一样，从小就有很多天马行空的想法，他说过要当孙悟空，要当黑猫警长，还要成为梅西一样的足球明星。但从小到大他一直挂在嘴边的那个梦想则是到美国去，去寻找迈克尔·杰克逊，至少要探寻他曾经的足迹。直到他现在上了大学，他依然在为这个梦想而努力，我们一直在为他争取机会到国外攻读硕士和博士学位，以便他实现这个梦想。

为了这个梦想的实现，阳阳放弃了很多自己的爱好而一直坚持学英语；他在中学那个最爱看漫画的年纪也坚持只买英文版的漫画；看外国电影时坚持听原音，即使在他英语很差根本没有办法听懂的时候。他努力去了解美国的历史文化，阅读了很多美国的名著。可以说，即使我在高校里任教，但有时我还是不得不向阳阳请教相关的知识。

当然，这样的坚持并不是天生的。阳阳也曾经在因为上辅导班错过最爱看的动画片时郁闷、纠结；也曾经在背英语单词到夜里还不能睡觉的时候说过要放弃。我总会在这时候与他聊天，让他重拾信心；有时我就直接放迈克尔·杰克逊的音乐，阳阳跟着狂舞一阵又会静下心来继续努力。

我知道，长大了的阳阳更加坚定了自己前进的方向，他的远方我或许无法到达，但在他通往远方的路途中我看到的是他的坚持和努力。这些都让我感觉到作为一位父亲的幸福。每一位父亲都是孩子眼中的英雄，有你的鼓励，有你坚持不懈为某事的身影作为榜样，你的孩子迈向远方的步伐就会更加坚定。

曾国藩曾在一封家书中写道："四弟六弟考试又不得志，颇难为怀，然大器晚成，堂上不必以此置虑。闻六弟将有梦熊之喜，幸甚。近叔父为婶母之病劳苦忧郁，有怀莫宣，今六弟一索得男，则叔父含饴弄孙，瓜瓞日蕃，其乐何如。"在这封家书中，曾国藩想要表达的第一层意思是，两个弟弟虽然考试没有考好，十分郁闷。但是从整个人生的角度来看，这次的挫折很可能会成为以后进步的动力。所以家人无须过于关注考试的结果。第二层意思是，六弟将要添一个儿子，这是多么开心的事情啊！再也没有什么事情能够比这件事情让人感到喜悦的了。

　　这段文字一方面表述了曾国藩对学习和人生的看法，一方面表现出来曾国藩高人一筹的心智。第一，一个人的一生，无论是学习还是做人，都是因为挫折而不断地奋进；因为挫折才能五彩缤纷，如果在年轻的时候，不经历挫折与磨炼是无法成就大事的。第二，曾国藩先说了一个小的坏事，而后说了一件大的好事。用小的坏事加上大的好事的方法向家人表述自己的想法，最终小的坏事也不是坏事了，大的好事也就更好了。曾国藩的最终目的是想要告诉家人，没有任何一个人的一生是平坦的，这条路上会遇到各种各样的挫折和苦难，只要怀着积极的心态和坚毅的品格，就能在磨炼中成长。因此不必拘泥于暂时的失意和挫败。

　　此外，曾国藩认为一个人要树立远大的理想，拥有持之以恒的意志，才能够成就一番事业。他说，"须有志有恒，乃有成就"，"正可困心横虑，大加卧薪尝胆之功，切不可因愤废学"。曾国藩着重强调了学习和做事应当具有恒心，抱着"卧薪尝胆"的心态对待所面临的困境和挫折。每一次克服困难都会成为前往成功的一步。没有持之以恒的毅力，半途而废的人只能是在"卧薪尝胆"之后就没有下文了。也就是说这"尝胆"是一段持之以恒的"苦"路，如果没有持之以恒的毅力，在半路上就"苦"死了，如果有这样的毅力，就能"苦"出成就，"苦"出一番事业。

　　因此，路虽苦，但是只要有恒心苦出来，再回头看这一段"苦"路就变成了"甜"路。曾国藩是这样告诉别人的，他本人也是这么一路走来的，无论面对任何逆境，他都能够持之以恒，"苦"出来自己的一条路，成为晚清的中兴之臣。他对恒心的感悟最为深刻，所以将自己的心得告知他人，以起警醒之效。

　　未来阳阳还会有很多道路的选择，不管他选择哪条路，只要是一条正道，我和妻子的共同想法就是鼓励他学会选择，如果选择了，这条路就是爬也要继续爬下去！坚持住！阳阳！加油！

现在社会中的人，都在追求成功，能被别人评价为一个成功人士，就会倍感荣耀。为什么说是社会中的人呢？因为这个社会用成功衡量每一个人，我们都处于之中，所以成功对我们每一个人而言，是很重要的，这包含着实现自我的价值，也包含着实现他人对自己的价值判断。

那么什么才算是成功？有一点是很明确的，有钱不等于成功。人的存在价值有财富价值、情感价值、精神价值、道德价值。很明显，只有财富价值不是人本身所具有的，也就是佛家所讲的无常的事物，所以有钱和没钱不是衡量成功的标准。一个人从自己的生活经验中所获得的品格和心灵感受，才是衡量一个人成功的标准。在品格当中最重要的就是恒心，坚持不懈地追求自己梦想的毅力。

毅力是什么？它是一个坚持、坚定并坚信自己一定会成功的过程。在这里，"毅力"是一个动词，是一个行进的过程。相信很多人都读过《老人与海》，一个捕鱼为生的老人，捕到大鱼便是这个老人的成就了。当他在风浪之中发现了一条巨大无比的马林鱼，在这种险恶的环境下，老人拼了全力也要捕到那条大鱼。虽然最后没能捕到那条鱼，但是老人的执着与毅力让我们着实钦佩。

老人为什么有这样的毅力呢？第一层，是因为大鱼的出现激发了老人捕鱼的渴望，因为能捕到这条大鱼是对自己的价值的肯定。第二层，老人在长期的捕鱼生涯中，品格里早就有了毅力的苗子。所以，建立持之以恒的品格，需要有两个条件：一个是激发内心渴望成功的事物的出现，这个事物很多时候是自己给自己的。一个是自我修养，在生活、工作、学习的进程当中要像修行一样建立自己的毅力，并一次次地坚强自己的毅力。

还记得中学时候阳阳站在大厅里，和众多的竞选者一起竞争学生会主席一职，我们都知道他不是成绩最优异的。但是"不想当将军的士兵不是好士兵"是他从小就知道的道理。他在演讲中这样说道："即使最

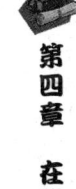

后我失败了,我也没有因此而失去信心。因为我知道我还不够优秀,我还要继续努力。"我知道他在那时就已经学会了乐观坚强,也明白了做事要有毅力的道理。

阳阳有这样的想法我很开心,但是我也很忧虑,想法和说话都是暂时的,只有毅力形成了品格才能永久地和人融合在一起。值得开心的是孩子有这样的想法了,这样就给了我们一个良好的教育机会。鼓励他这样的想法,肯定毅力的价值,讲述毅力对一个人的重要性。也许孩子一时还无法懂得,但是首先要在孩子的观念上告诉他毅力是很重要、很珍贵的东西。并且在今后的教育当中,我们要注意把孩子的成功归因于他的毅力,进一步肯定孩子的毅力价值,这样才有利于塑造孩子毅力和品格。

在培养孩子毅力和品格的过程当中,家长首先要做一个好榜样,除了以身作则之外,我们还要注意以下几点。

1. 从小培养孩子善始善终的做事态度

在孩子的学习和生活当中,在孩子还没有养成品格之前,家长应当严格要求孩子善始善终地完成一件事情或者学习任务。坚决地批评半途而废的行为,让孩子从小对毅力有一个正确的认识。在相当长的一段时期里(从出生到孩子的高中阶段,甚至是大学阶段),家长要从两个方面培养孩子善始善终的做事态度:一个是从认识上,知道善始善终做事态度的重要性及其价值;一个是从习惯上,家长的态度要明确,坚决支持有毅力的做事和学习,坚决反对半途而废的态度。

2. 培养孩子的责任感

首先要鼓励孩子主动承担一些事情,其次要告诉孩子这件事情由你来全权管理并承担其后果,最后无论孩子是否成功都要鼓励和奖励孩子负责任、善始善终的态度。如果孩子做得很好,家长应当明确地告诉孩子是因为孩子的态度或者具有的品格才顺利完成了事情。如果孩子做得不好,或者做错了,一定要让孩子自己承担事情所造成的后果,树立孩子的责任感,并告知孩子这件事做错了只是偶然,虽然做错了,但是只要有负责任的态度就是好孩子。

3. 让孩子明白自己现在做的事情在将来有什么意义,或者是为了什么,比如梦想、理想

在讲述《老人与海》的故事当中,我提到"是因为大鱼的出现,激发了老人捕鱼的渴望,因为能捕到这条大鱼是对自己的价值的肯定"。同样,孩子也需要这样一条"大鱼"来激发对实现梦想、理想或者是成功的渴望。也就是说,要给孩子一个实实在在的梦想、理想,来激发孩子追求梦想、理想的渴望。如果孩子没有办法给自己一条"大鱼",那么就请家长给孩子一条"大鱼"。此外,还应当让孩子明白当下所做的每一件事、每一次努力,都是梦想或者成功的一个组成部分。

4. 培养孩子的主动性

培养孩子的主动性,这很重要。因为孩子无法一生都依赖父母,需要他创造属于自己的人生,主动去承担一些事情,主动担负起责任,主动去养成优良的品格,这些都是很重要的。但是有一个问题,如果孩子没有主动性怎么办?这时只能用到权宜之策,家长要主动培养孩子这些素质,同时也要循序渐进地培养孩子的主动性。这就需要家长的耐心,因为主动性和性格有很大的关系,改变并不是一朝一夕的事情。

5. 有意识地建立孩子的朋友关系

"孟母三迁"的故事说明的就是生活环境的重要性,在孩子的性格和心理结构还未成熟之前,是很容易受到周围环境影响的。所以塑造一个良好的朋友关系是至关重要的。有一点要特别注意,不要限制孩子和哪个人交朋友。因为人是在变化中成长的,坏与好只是暂时的,坏的有可能变好也可能更坏,好的有可能变坏也可能更好。不要让孩子对人有片面的认识,但是在孩子成长的过程中避免一些"坏"的影响是必要的。要在孩子不知情的情况下塑造一个良好的交友环境。

6. 养成坚持锻炼身体的习惯

在习惯没有养成之前,家长需要陪同孩子一同锻炼身体,要渐渐地让孩子自主地坚持锻炼身体。一方面可以强健身体,一方面可以培养心性。因为人是身心合一的生物,在身体上的锻炼是可以磨炼意志和品格的。

7. 让孩子相信自己

这很重要,我们说过:"毅力是一个坚持、坚定并坚信自己一定会成功的过程。"如果孩子没有自信,不相信自己,那么毅力就无从树立。人类对自己的评价往往是从别人那里得到的,自信也是,一个人的自信往往源于别人对自己的肯定。所以,我们要从内心里觉得自己的孩子真棒,并且要表现出来,让孩子感受到你这种心情。

美国《成功学》的创始人希尔·拿破仑说:"自然经常是先给某些人重重的一击,让他们倒伏在地,看谁能爬起来再投入人生的战场,那些毅力强大的勇敢者就被选择为命运的主人。"

⑤ "有一种爱,叫手放开。"培养孩子的独立能力

孩子不会永远是孩子,总有一天家长会发现孩子有了自己的想法。有些事情孩子更愿意自己去做,不需要家长的帮助。如果孩子出现了这样的情况,家长应当是非常开心的,因为孩子懂得了独立。但是很多家长担心孩子会出现一些错误的想法、观念、行为,那么家长可以远远地观察着,留心孩子的行为,并多与孩子沟通,这种沟通将是相互的,家长可以告诉孩子自己的烦心事,孩子也会告诉家长。平等才能和谐,沟通才能促进孩子的健康成长。

去年阳阳考上了北方一所大学。我们全家都很欣慰,着实高兴了好几天。即将开学了,阳阳要去学校报到。为了如何送儿子去上大学一事,家里引发了不小的争论。阳阳的姥姥认为,阳阳是下一代人第一个大学生。何况又是第一次出远门,理应我们全家亲自出马将阳阳护送到学校。可阳阳却坚持要自己背着行囊去上大学。说实话,听到阳阳这个决定我感到很欣慰,也确信阳阳自己去上学绝对没问题。但是我和妻子

都未发话，我们想看阳阳如何说服自己的姥姥。经过几番激烈的舌战之后，姥姥终于拗不过阳阳。我们深知儿子的脾气，只要自己决定的事，是一定要去完成的。

为了尊重外孙的意愿，姥姥最终放弃让我们送阳阳到学校的念头。出发那天，阳阳自己背着行囊，去了火车站。我们仅把他送到当地汽车站。到了学校的第二天晚上，阳阳打电话回家，说一切入学手续都已办妥，房间是自己打扫的，床位是自己铺的。还说辅导员老师让他担任临时班长。听到阳阳顺利入学的消息，姥姥高兴得只说了一句话：原来阳阳长大了，成了真正的男子汉了！

孩子的独立代表着孩子的成长。在孩子刚刚有独立意识的时候就应当鼓励他，而家长不应当打着"爱"的名义，去掐掉孩子独立意识的苗子。独立是一个人在社会中生存的第一技能，所以家长应当注重培养孩子的独立意识和独立行为。

培养孩子的独立意识和独立行为，已经成为一种共识，成为一种很普遍的科学教育观念，无论是在国外还是在国内，无论是家庭教育还是学校教育。现在，我们来看看一些国外的家长是如何培养孩子的独立意识和行为的。

在美国，父母从孩子很小的时候，在生活的细节中用各种有效的方法，让孩子认识到劳动的价值。比如自己动手做一些事：修理家电、种植蔬菜、参加义务劳动等。即使是很有钱的父母，也十分注重培养孩子的独立能力。美国南部一些州立中学为培养学生适应社会的生存能力，还特别规定：学生必须不带分文，独立谋生一周才允许毕业。美国中学生的口号是："要花钱，自己挣！"无论是在家庭、学校里还是在社会中，美国的孩子都以独立自主为价值取向。他们觉得独立不是受苦，是自己应当去做的，并且他们从中获得了乐趣，实现了自己的价值。父母为他们的独立而高兴，学校为他们的独立而欣慰，社会为他们的独立而赞美。

日本教育孩子有句名言：除了空气和阳光是大自然的赐予，其余一切都要通过劳动才能获得。日本的学前教育是世界一流的，他们从小就树立孩子的独立意识，通过自己做饭、自己背书包、寒冬脱光衣服锻炼身体，即使感冒了也无所谓等方式，培养孩子自己的事情自己做的意识和能力，磨炼孩子的品格和意志。在日本，勤工俭学的学生非常多，或在商店卖东西，或在饭店做服务生，或做家教等等。这些现象都说明日本的教育是非常注重孩子的独立意识和行为的。

瑞士的父母认为孩子如果不能独立，就是没有能力，所以从孩子很小就培养他们自我服务的能力和自食其力的精神。譬如，十六七岁的姑娘，初中一毕业就会被送到一家有教养的人家，去当一年左右的佣人。上午劳动，下午上学。一方面是为了让孩子独立起来，培养孩子的劳动精神；另一方面，可以学习到不同的家庭文化和语言，因为瑞士是一个多语言的国家，家庭文化也不尽相同。如果一个孩子一直依靠父母的话，会被认为是无能的、可耻的。

德国一贯倡导培养孩子的责任感及独立意识。父母会尊重孩子的想法，给他们自己思考和行动的空间。他们认为孩子的人生需要孩子自己去创造，而不是按照父母的意愿和轨迹去生活。譬如，在孩子1周岁左右时，父母就鼓励他们自己捧着奶瓶喝牛奶。随着孩子年龄和能力的增长，父母会要求他们完成更难的事情。在德国的法律中也体现出来培养孩子独立意识和行为思想。德国法律规定，孩子到了14岁就要在家里承担一些义务，比如要替全家人擦皮鞋等。

中华民族的儿女传承了几千年的优良基因，其智力和能力都不亚于任何一个国家的孩子。只是在教育孩子的过程中，要讲究科学的方式和方法，注重培养孩子恒心的品格和独立意识与行为。

爸爸感悟

独立是一个人成长的必经阶段，是由幼稚走向成熟的重要过程。同时也是现代人所必备的基本素质，是人在社会中发展的基础，实现自我价值的开始。从人本主义的角度来讲，培养孩子的独立意识和行为，是为了提高孩子解决事情的能力,最终达到孩子生活自主、自理、自立的目的。

著名的儿童教育家蒙台梭利每次演讲的时候,总会说:"请帮助我,让我自己做。"中国的很多父母,以"爱"的名义为孩子背书包,开车送孩子上学,给孩子做这个做那个。就像蒙台梭利理解的那样,这样不是在帮助孩子,如果想要帮助孩子,请让孩子自己做。无论孩子在独立的过程中体会到了成功的快乐,还是体会到了失败的痛苦,这都不重要,重要的是他的生活经验丰富了,心灵感受饱满了。

总而言之,孩子的人生是他自己的,孩子不会永远是孩子。独立是孩子成为大人的必经阶段,为以后孩子的健康发展奠定良好的基础。而家长应当帮助孩子独立,帮他们树立独立的意识,督促他们独立的行为。帮助孩子成长的话,请让孩子按照自己的轨迹自由地成长吧!

教育小贴士

为人父母的,总是想把最好的给自己的孩子,这种父母对孩子的无私是源于父母本真的爱。但是我们要清楚的是,如果这种爱变成了溺爱,便会起到不好的作用。爱孩子和教育孩子是两件事情:一件是感性的,一件是理性的。教育需要根据孩子的成长规律,理性的教育会引导孩子向着健康的方向发展。

良好的习惯和品格是从小养成的,父母要从小培养孩子的独立意识和行为,这是至关重要的,不要妄想着一时的思想教育或者一件事就能改变孩子的习惯和性格。所以,培养孩子的独立能力,要从小做起,持之以恒。此外,父母要控制自己的爱不会成为一种溺爱,要求孩子"自己的事情自己做",勇于承担责任,独立思考,独立行为。

向大家推荐几个培养孩子自主能力的方法:

1. 尊重孩子的想法。
2. 不要替孩子做选择。
3. 保护孩子的好奇心。

4. 培养孩子的责任心。
5. 培养孩子的自信心。
6. 失败的时候应当鼓励其态度和品格。
7. 避免过多的说教。
8. 任何决定都与孩子商量。
9. 不要希望孩子像大人一样思考和行为。

6 "爷爷，你在家你要好好的。"家是永远的温暖港湾

"爸爸，我很讨厌杨小小的爸爸妈妈，他们害死小小了！"阳阳读小学六年级时，有一天回到家中时满脸愤恨地对我说了这句话。我知道杨小小，她是阳阳他们班的少先队中队长，还是班里的学习委员，是个有礼貌又优秀的小女孩。后来经过询问我了解到，小小的爸爸妈妈最近离了婚，两个大人竟然彼此推脱，都不愿意把小小带在身边。因为这样，小小今天已经办了转学手续，据说是要转到姥姥所在的农村小学上学，由姥姥照顾。

"爸爸，小小一句话也不说，我们和她说以后写信联系，她也不说话，看上去难过极了！"阳阳依旧在愤愤不平地说着。我听到这里心里的难过已经无法表达了，只好出门到外面去散步。我不知道后来小小怎么样了，因为她根本没有给阳阳他们任何一个同学写信，我想她定是因为这事觉得丢脸或是自卑，不愿意和大家说自己心里的苦。一个十二三岁的孩子，承受这样的痛苦实在让人难以想象。

人类出生之后所面临的第一个环境便是家庭，从家庭中我们感受到了父母的关爱，体会到了家的温暖，从而我们意识到家是我们的归属。那些亲子关系搞得很差劲的家庭，或者是父母离异等家庭里的孩子缺少关爱，没有安全感，他们对家的归属感就会降低。有可能会造成孩子的性格孤僻，沉迷网络，早恋，或者从不良朋友那里获取安慰。也就是说孩子无法从家庭里得到的情感方面的东西，就会通过其他方法寻求补

偿。这就很有可能使孩子产生自卑、孤僻、叛逆、自暴自弃等一系列心理问题。所以，家长对孩子的关爱，不单单是生活上给予，更多的是情感上的满足。

举个最简单的例子，以前阳阳给我申请了个QQ，还收养了个QQ小宠物，一开始我不懂该怎么养法，以为定时给它喂食、洗澡、上学、打工就行了，结果宠物却常常生病。我不知道是怎么回事就请教阳阳。后来阳阳告诉我，要经常跟它交流，如果不理它，它就病了。当时我还开玩笑说："怎么跟真的孩子一样难养活，除了身体的因素，还要关心它的心理需求。"

我们生育了孩子，养大了孩子，爱着他们护着他们，这仅仅是我们最基本的甚至是本能的责任。作为一个合格的父母，我们还必须为他们付出我们的劳动、我们的心思，为他们提供一个最适合成长的环境。真心希望每一个家长都能把家营造成孩子最安全、最温暖的港湾，让他们无论何时都能在这个港湾获得必需的补给。

对孩子来讲，父母离婚几乎就是对自己和家庭之间感情的毁灭性打击。孩子觉得自己生活在一个不健全的家庭里，每当别人说起家庭，孩子就会产生自卑心理，每当别人问起你父母还好吗，孩子便觉得无法回答。这种阴影所带来的伤害将是一生的。所以，那些感情即将走向破裂的父母，请平心静气地想一想是不是自己身上出现了什么问题，与自己的爱人之间是不是沟通太少了。感情的维系是需要我们用心去感受的，不是怨言，也不是推卸责任，更不是蛮不讲理。为了不让自己的孩子成为一个"多余的人"，请好好审视一下自己，再审视一下与爱人之间的感情。

有的孩子会成为家长情绪的发泄工具。父母因为自己的事情而烦躁不安，这个时候就会因为孩子的一件小事而大发雷霆。父母把自己不好的情绪转嫁到了孩子身上，这会造成孩子身体和心理上的不健康成长，甚至是伤害。有的父母过分溺爱孩子，一些离婚夫妇觉得在良心上对不起孩子，所以拼命地溺爱孩子，娇惯孩子，即使是有严重的缺点也是容忍着，有不良的习惯也是宠着，这样根本不是爱孩子，而是在害孩子。

另外有一些离异的父母，对待婚姻和事业都失去了信心，觉得自己生活的信念是要把孩子教育成才。于是，把自己的人生希望强加在孩子身上，对孩子的要求格外严格，希望其可以成为出类拔萃的人才。但是孩子在这种强大压力的环境下，很难健康地成长起来。

据对1000个离异家庭子女的统计，其中45%的孩子有自卑心理，40%的孩子性格孤僻、情感脆弱，25%的孩子情绪波动、起伏不定，24%的孩子心理早熟。在亲子关系比较好的家庭里，孩子在情感上是得到满足的，在家庭的关爱中体会到幸福的意义。而在婚姻破裂的家庭里，父母之间的关系不和谐，经常吵闹，根本无暇将孩子的问题放在心上。这样孩子会感觉到自己是一个多余的人，自我的存在感薄弱，进而产生自卑的感觉，不愿在别人面前提起和家庭相关的问题。

一位心理学家说："父母离婚会造成孩子人格扭曲。有的孩子得不到应有的关心爱护和教育，逐步陷入流氓集团，从而走上犯罪道路。"据有关专家统计，在父母离异的家庭，青少年犯罪率在40%左右。前不久，北京一居民家里发生了一起盗窃案，被盗现金10万元。公安部门仅用4天时间就将案犯抓获。破案后，辛苦了4天的干警竟没有一个人脸上露出胜利的笑容，因为4个案犯全是正在上中学的孩子，其中3个都生活在父母离异的家庭。

如果父母双方的感情真的无法维系，只能通过离婚来解决。那么在离婚之前不要在孩子面前争吵，不要影响孩子的正常学习和生活。一定要尊重孩子的情感和生活以及学习的需要，把伤害降到最低。能协议离婚的，自行解决；协议解决不了的，诉诸法律，由法律来解决问题，总之要好聚好散，文明分手。在离婚之后，更要保持文明相处关系，为孩子提供一个比较能接受的亲子关系。无论父母双方的关系多么糟糕，在孩子面前都应该表现出：父母是爱你的，你是父母的骄傲。让孩子感受到相对比较完整的父母之爱。特别是在节日的时候，一定要和孩子在一起，度过美好的节日，可以让孩子尽可能多地感受到家庭的温暖。还要鼓励孩子和其他人交往，并让孩子坦然地告诉对方自己的父母已经离婚了。即使是父母各自组织了新的家庭，也应当尊重孩子的感情。

俗话说："上梁不正，下梁歪"，"什么颜色的染缸，出什么颜色的布"。

父母是孩子的第一个老师，也是最重要的、影响最为深远的老师。在情感上家庭是孩子所依靠的港湾，在生活上家庭是孩子赖以生存的地方。家的归属感对孩子而言是至关重要的，是孩子情感和生活中必不可少的一部分。父母的言行、父母之间的关系直接影响到孩子的身心是否健康成长。因此，家长的榜样作用、夫妻之间的良好关系以及与孩子之间良好的亲子关系都是孩子受教育的重要环节。

处于幼儿时期的孩子，对知识和经验的吸收能力、外界的模仿能力是相当强的。这个时候父母的言行举止很容易被孩子学去。特别是家长的日常行为习惯，例如，家长喜欢打麻将，孩子从小就学会了打麻将；家长喜欢铺张浪费，孩子花钱就大手大脚；家长不孝敬父母，孩子长大了一定不会孝敬父母；家长做事马马虎虎，孩子就学会了草草了事；家长满口粗话，孩子就会毫不讲理。家长对孩子的影响是很直接的。

"有什么样的父母就会有什么样的孩子"这句话不仅仅是从基因的角度来讲的，更是从家长的言行和习惯影响来讲的。所以，家长如果想教育好自己的孩子，首先要从自身入手，让自己成为一个优秀的人，孩子会因你而自豪，同样也会成为优秀的人。

1. 父母要注意自己的言语

父母不能够在家里、公共场合、单位上，一张口就是假话、脏话、套话。不要以为孩子不懂你在做什么，即使孩子现在不懂，将来也一定会懂。而家长所做的这些，将会成为孩子"学习"的榜样。如果家长有此类习惯，而又希望教育好自己的孩子，那么就要注意自己的言语，避免这些不好的习惯成为孩子"学习"的对象。

2. 父母要注意自己的行为举止

如果家长要带孩子出去游玩，就要注意个人的行为，如不要随地丢弃垃圾、公交车上让座、不要随地吐痰等基本的社会公德行为。这样不单单有利于个人的修养，更有利于教育孩子成为一个有素养的人。

3. 父母要为孩子营造良好的家庭环境

父母之间的关系要搞好，父母之间首先要想到对方的好处，进而沟通其中的问题或者自己和对方的缺点。为了塑造良好的家庭环境，就要先搞好夫妻间的关系，特别是不能在孩子面前说对方的坏话，或者是对方长辈的坏话。在这样的基础上才能更好地建立父母与孩子之间的亲子关系。孩子是很高兴看到父母之间有良好关系的，这可以增强孩子对家的归属感和幸福感。父母和孩子之间的亲子关系维系好了，可以促进孩子的健康发展，因为只有在这样的基础上父母才能和孩子很好地沟通，才能掌握孩子的身心发展状况。

C 篇

老爸，老爸，我们在哪里呀？

▶ 牵着孩子学走路

▶ 一生陪你看日出

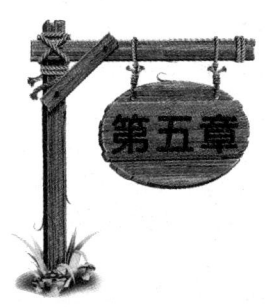

第五章

牵着孩子学走路

① 孩子在这头,老爸在那头:**要独立更要安全**

清晨,当一轮红日破云而出,众多送孩子上学的父母们已奔波在川流不息的马路上。待到黄昏落日时分,最为热闹的地方还是各个小学校门口。汽车、自行车交织在一起,无数攒动的人头,一张张焦急、翘望的面孔,形成了一道独特的风景,无论严寒、酷暑,日复一日地重复展现在人们面前。

我们经常说"可怜天下父母心"。看看中国家长对孩子的关爱便已知父母的辛苦。家长们几乎众口一词地认为,如今的社会比较复杂,坏人比较多,在放学路上孩子不安全,只有亲自接送心里才踏实。城市里的家长都接送孩子,但接送孩子需要坚持到几时?有的家庭距离学校只有咫尺之遥,家长也要晨送晚接。其实,疼爱与溺爱就如同学校到家中的距离一样,也在一线之间。

在父母眼里,孩子永远是孩子,家长要牵着他的手走。但在父母的手掌里,孩子何时能长大呢?曾看过这样一则新闻:成都市青龙场红花堰的张利忠6岁的孩子张玉在出门玩耍的时候遇到了一个陌生人。陌生人对张玉说认识他的父母,并且拿出糖来给他吃,张玉吃了陌生人的糖后就跟着走了,从此之后再也没有回来。

孩子的姑妈和爷爷都从老家来到成都帮助寻找孩子。3年过去了,张利忠和他的妻子为了寻找孩子,花去了家中所有积蓄。由于长期没有

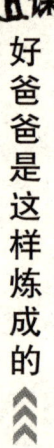

上班,连工作都失去了,且四处举债。一个原本其乐融融的家庭如今只剩下了长吁短叹。

时至今日,当蓬头垢面的张利忠夫妇谈起孩子时,仍会叹气地说道:"主要是孩子的嘴太馋了。"其实,张玉不会和陌生人打交道才是重要原因。从记者的采访中我们了解到,张玉很聪明,非常懂事听话,会背许多古诗,还会写父母的名字,但却记不住家中的电话。

以前,我们的家中没有电话,坏人却总是跑不了多远。今天,有了电话,坏人的花样也多了起来。以前,我们的妈妈告诉我们,不要随便接受陌生人的礼物,主要是因为无功不受禄。今天,陌生人的礼物里可能隐藏着危险。以前,我们的妈妈告诉我们,要帮助陌生人,主要是因为要做一个善良的人。今天,帮助陌生人却可能是引狼入室。

我们需要孩子保有天真无邪,但我们也要告诉他们不要被那些"和蔼可亲"的陌生面孔欺骗。我们走到大街上,会看到一张接一张的寻人启事;我们翻开报纸,儿童遗失的噩耗接踵而至;我们打开电脑,互联网上儿童的悲剧漫天飞舞。不仅在中国,大洋彼岸的美国前总统布什也曾于白宫玫瑰园宣布:"我们为那些受到无可挽回损失的家庭而悲伤,国家要与威胁儿童安全的行为斗争。"

对于许多中国家庭来讲,孩子只有一个,是家中全部的希望和依托,孩子的安全和成长是家庭中的头等大事。但我们却不断听说有人冒充家长同事、朋友将孩子骗上车,进行敲诈;有人给孩子好吃好玩的,然后将其拐卖至边疆;有孩子失踪几天后,幸运地被找回,却发现一只眼睛的角膜没了等。

阳阳6岁时有一个非常火的电视剧《不要和陌生人说话》,让许多家长看到了这样一层意思,就是教育孩子在面对陌生人的时候不要一味恐慌,而要学习自我保护技巧,时刻保持冷静。

据调查,如今92%的城市孩子和90%的农村孩子知道不要陌生人的糖果。那么,其余的孩子呢?如果陌生人不是拿着糖果而是拿着玩具或者开着车呢?如果陌生人说他认识自己的父母,是自己的父母让他来接的呢？如果陌生人说自己的父母生病了，要带自己到医院呢？如果陌生人自称是工作人员或者假扮警察呢？

在孩子的心目中，陌生人都是面目狰狞的可怕面孔，其实，想侵犯孩子的陌生人一般都会装出一副和蔼可亲的面孔。"坏人"这两个字是不会写到脸上的，成人有时候也会被一些看起来亲切体面的人所欺骗，更何况天真无邪的孩子呢？

面对陌生人，也有许多孩子机智冷静而脱离了危险。我们需要培养的就是这样的孩子。《北京娱乐信报》10年前就有如下新闻标题"美7岁女孩自救逃脱绑架成为《时代》杂志新闻人物"。讲的是一个名叫埃里卡的7岁女孩在遭到歹徒的绑架之后，沉着冷静，凭借过人的勇气成功地从绑匪手中逃脱，从而成为《时代》杂志上的新闻人物。

香港一个名叫张梓豪的9岁男孩，在回家的路上看到了形迹可疑的陌生人，他虽然有些害怕，但仍机警地给母亲和999打电话，最终协助警方擒获了窃贼。在山东，一个名叫李明的9岁的孩子放学后在校门口等爸爸妈妈接他回家，一对陌生男女走上前来说他们是李明父母的同事，由于李明的父母很忙，所以让他俩来接李明。机智的李明扭头就向同学多的操场跑去，从而避免了一场灾难。

据《北京晚报》报道，许多家长到青少年法律与心理咨询中心咨询，当他们说起与孩子的沟通困惑时都不约而同问了同一个问题：孩子们为什么只愿意和陌生人说话。说如今的孩子不愿和父母交谈，更喜欢上网和陌生人说心里话。看来，培养孩子的独立性与顾及孩子的安危还真成了一个悖论。

但时代变了，人与人的空间缩小了，危险也越来越多了。想侵犯孩子的陌生人一般都会装出一副和蔼可亲的面孔。家长既要培养孩子的独立性又要提防陌生人的危险，但不放手只能培养出低能孩子。作为家长，不担心孩子的安危，孩子与陌生人打交道的危险是存在的，担心孩子的安危，孩子也有被陌生人欺骗的可能，家长要担忧，总是有充足的理由，孩子却又不愿和家长沟通。

爸爸课
好爸爸是这样炼成的

随着智能手机的日新月异，我们越来越无法阻止孩子沉迷于网络的步伐。曾经我们可以选择不买电脑、不让孩子上网吧来阻止孩子沉迷于虚拟世界，但是在智能手机成为人手之必备通信工具的时候，它负载的多种功能让我们无从下手、没有机会"管"住孩子了。

阳阳在上初中的时候，为了方便联系他，我们给他买了手机。在手机买好之后，阳阳立马说出了QQ、飞信等一系列交流软件的名称要求手机店员给他安装。我当时想阳阳有了QQ之后，我和他妈妈多了一个和他沟通的渠道也挺好的，所以并不反对。

第二天我到了单位办公室立马申请了QQ并请求阳阳加我，遗憾的是，我的申请被拒绝。当我问阳阳为什么不加我时，他推托说我们之间直接打电话讲就好了，不需要通过网络交流。基于尊重他的决定的考虑，我也并没有再多做些什么。但是，阳阳经常几天不给我们打一个电话，有时候我们打给他，他也很少说自己在学校的情况。后来我通过问他在学校关系很好的一个朋友，才知道阳阳现在每天都与网友交流自己的学习、生活，甚至是自己的小心思，阳阳的好朋友说他们每个人都是这样的，因为和陌生人会比较好意思说出自己的真实想法。

想到阳阳通过网络可能会把自己很多信息透露给我们并不熟识的人，我在阳阳回家的时候和他进行了交流。当我开门见山地说出与陌生人深入交流的危险的时候，阳阳笑了。他说："老爸，我只是觉得有时候和陌生人倾诉会比较好，我不想把我所有的苦恼都告诉你们，省得你们担心！我并不会随意透露我的信息，我们只是互诉苦恼、彼此安慰，体验一下来自陌生人的温暖。"我知道阳阳从小因为我们培养他的独立性而比较有自己的看法，听到他这样说我略微安心了些，但很长一段时间我都暗暗观察着他，生怕他被骗或是有危险。

阳阳很小时我们就很注重培养他的独立意识，但太过独立的他却给我们带来了对于他安全的担忧。有时候我会禁不住思考这两个考虑之间是不是悖论关系？当然不是。因为我们希望孩子有独立意识，更希望孩子平平安安。所以问题的关键还在于我们如何处理这二者的关系，如何与孩子更好地沟通，让独立的孩子不与我们越走越远，让父母成为他可以倾诉的朋友。

在我写到这一个章节时，正是又一年的暑假。我们小区很多邻居家的孩子都在家，阳阳为了避暑也难得在家待了一段时间。这段时间因为我和阳阳的良好沟通，我们的父子关系、朋友情谊甚至是兄弟情都得到了极大的加深。所以，我想在这里和大家分享的是：假期是你和孩子沟通、了解孩子的最好机会，让你的爱给孩子更多的温暖的时候，别再让他在网络那头的陌生人那里寻求安慰。

假期里孩子因为远离朋友，无法倾诉自己内心的很多想法，因而需要父母更多的关注。假期是一个父母与孩子交朋友、培养孩子与父母亲密感情的大好机会。"这么热的天，你不要跟我烦，到你自己的房间吹空调吧"，当孩子拿出极大的勇气，准备与妈妈好好谈谈的时候，千万别用"忙"让孩子碰壁。假期里，高温里的凉快环境固然重要，父母与孩子之间心与心的沟通却更可贵。父母尽可能留出点时间与孩子"对话"，让他的暑期生活同样精彩，而不是成为被"困"在"笼"里的"金丝雀"。假期里，父母与孩子的畅快沟通依赖于父母对沟通误区的了解，如此才能避免"沟"而不"通"的尴尬场面。

1. 沟通的"质"不在于假期时间长短

亲子沟通，历来是家庭教育中的一个难点。孩子在家里，并不等于就会增加与父母的对话与交流，也就意味着亲子之间的沟通效果不在于假期时间长短。一些学校的调研数据表明，当孩子有心事或者有生活上、学习上的困难需要帮助时，第一时间咨询父母的不占多数。在孩子心目中，同学、朋友才是他们倾诉对象的首选，父母并不是他们所认为的最好的沟通者。

一些教育心理学专家表示，家长认为假期孩子在家里是最安全的。殊不知，孩子的健康包含身与心两个层面。假期里，孩子身体的健康容易保障，但孩子足不出户地闷在家里容易产生不安和烦躁情绪，表现出不耐烦、脾气急躁等。缺少了学校里同学、朋友的聆听，孩子的心理问题产生不少，心理的健康状态堪忧。对这种暑期"情绪感冒"，忙于工作的家长要有所察觉，应采取加强与孩子交流或转换生活环境等办法，调节孩子的心理，疏导急躁情绪。

2. 孤独感让孩子更依赖父母

假期过半，学生感觉如何？一个曾期望在假期好好同父母"处一处"的初二男生说起假期的"境况"，言语之间透露着感伤："大人一回家就烧饭、洗衣服，没有时间同我交谈，我也想不出用什么话来打开这僵局。"有一个初中毕业生考上了重点中学，父母眉眼之间全是笑意，他也因而获得了"暑期开禁"的奖励：可以每天看电视，外加50元零花钱。不过，前提是：不能外出。尽管学生暑期的"境遇"各有不同，但无不透露着"乏味"。"我的母亲熟知我喜欢吃哪一道菜，喜欢穿哪一种衣服，但却不知道我在暑期里需要什么，她不知道什么事会使我哭，什么事又会使我笑。""好孩子"袒露出来的心思更让人感到揪心。

假期里，无法与父母沟通交流的情境为什么会让孩子感到"不安"呢？与在学校相比，孩子暑期里的活动范围狭窄了很多，与同学、朋友见面的机会不多。因而，假期孩子对父母关爱的心理需求处于"上升期"，他们的心理依附转移到父母身上。父母代替孩子的同学、朋友，成为其假期里的倾诉对象，与父母多说说话也就成为孩子极为正常的一种心理需求。

另外，假期里孩子白天更倾向只有自己的"个体生活"，与电视、漫画书为伍，内心没有"宣泄对象"。当夜幕降临、华灯初上的时候，孩子在心理上会很渴望与父母交流，希望父母能留一点亲子时间给自己，以排解白天肆意增长的孤独和寂寞。

3. 与孩子谈心不是例行公事

"如果家长以为假期让孩子吃好、睡好就行了，那是误解；如果家长在假期以种种借口对孩子的沟通心理需求不闻不问，甚至随意打发，那是失职。"假期正是家长了解子女、亲近子女、指导子女的极好机会，也是两代人沟通的"天然时空"。家长的理解误区和不闻不问，不仅会使孩子感受不到家庭固有的温馨感，还会使孩子的家庭向心力减弱，使孩子听到"假期"两个字就产生沮丧感。家长的不当做法无形之中将孩子亲近家庭的心拒之门外，影响着两代人之间融洽家庭氛围的构建，甚至造成孩子心理上的不良"条件反射"，产生抵触假期的不良情绪。

事实上，假期家长与孩子的对话内容可以涉及很多，从学习到生活，从人际关系到家庭活动，家长与孩子可以无话不谈。如果家长关心孩子在学校的学习生活，也可以根据孩子所处的学习阶段，选择相适应的话题与孩子沟通、交流。此外，假期里家长与孩子之间的"对话"，不能是例行公事似的简单带过。相反，家长应该抓住实施教育的最好时机，从内心里严肃对待亲子对话。

假期里，学会与孩子对话是家长的"必修课"，应当予以重视。当孩子开口时，请家长"接住"这内涵深邃的"话题"。

教育小贴士

1. 与孩子建立良性互动的关系

家长要与孩子建立一种平等坦诚的交流关系，倾听孩子的感受，了解孩子生活、交友的状况，让孩子相信父母。当发生事情时，能及时告诉父母协助处理。

2. 让孩子结伴而行

孩子上学、放学、去同学家或者外出游玩时尽量结伴而行，切勿单独行动。

3. 不接受陌生人的礼物

陌生人会用糖果、玩具等孩子们喜欢的东西进行诱惑，为了安全，要告诫孩子不可以随便接受陌生人的礼物。英国小学生守则有10条，第5和第6条分别是：不喝陌生人的饮料，不吃陌生人的糖果；不与陌生人说话。

4. 不搭陌生人的车

不要搭乘陌生人的车子。当驾车陌生人问路时,要与其保持距离,不可贴近车身。

5. 避免单独去人少的地方

尤其要避免单独去校园的死角、工地、偏僻的公园、空屋子、顶楼以及昏暗的地下道等地方,危险的陌生人往往藏身那里。

6. 教孩子勇敢地说"不"

当陌生人威逼孩子的时候,要让孩子知道,不能事事都屈从于成人的权威,要勇于说"不"。同样的英国小学生10条守则第8、9、10条分别是:遇到危险可以自己先跑;不保守坏人的秘密;坏人可以骗。

7. 大声呼喊

孩子身单力薄,不能直接对抗体格强壮的成年陌生人,但可以通过大声呼救引起周围人的注意。

8. 记住家中的电话号码

让孩子知道家中的住址、家长的姓名,并能知道家长的电话及一些常用的急救电话,比如110等。别忘了,孩子还要会打电话。

9. 冷静机智,从容应付

当孩子被陌生人强行带走后,要冷静地与他合作,等取得信任后,再运用机智逃离。

在这里,我们一起看一下中美英日四个国家的小学生守则。每个国家有每个国家的历史文化,我们不作价值性的判断,这些守则对我们进入到下一阶段的阅读都有帮助。

先看我们最熟悉的中国小学生守则,共10条:

1. 热爱祖国,热爱人民,热爱中国共产党。

2. 遵守法律法规,增强法律意识。遵守校规校纪,遵守社会公德。

3. 热爱科学,努力学习,勤思好问,乐于探究,积极参加社会实践和有益的活动。

4. 珍爱生命,注意安全,锻炼身体,讲究卫生。

5. 自尊自爱，自信自强，生活习惯文明健康。

6. 积极参加劳动，勤俭朴素，自己能做的事自己做。

7. 孝敬父母，尊敬师长，礼貌待人。

8. 热爱集体，团结同学，互相帮助，关心他人。

9. 诚实守信，言行一致，知错就改，有责任心。

10. 热爱大自然，爱护自然环境。

再看英国小学生守则，也是10条：

1. 平安成长比成功更重要。

2. 背心、裤衩覆盖的地方不许别人摸。

3. 生命第一，财产第二。

4. 小秘密要告诉妈妈。

5. 不喝陌生人的饮料，不吃陌生人的糖果。

6. 不与陌生人说话。

7. 遇到危险可以打破玻璃，破坏家具。

8. 遇到危险可以自己先跑。

9. 不保守坏人的秘密。

10. 坏人可以骗。

日本小学生守则，7条：

1. 不迟到；进校后不随便外出。

2. 听到集合信号时，迅速在指定场所列队；进教室开门窗要轻；在走廊和楼梯上保持安静，靠右行。

3. 上课铃一响即坐好，静等老师来；听课时姿势端正，不讲闲话，勤奋学习。

4. 遇迟到、早退、因故未到等情况，必须向老师申明理由，有事事先请假。

5. 严格遵守规定的放学时间，延长留校时间要经老师许可。

6. 上学放学时走规定的路线，靠右行，不要绕道和买零食。

7. 遇地震、火灾等紧急情况时不惊慌，按老师指示迅速行动。

最后看美国的，12条：

1. 称呼老师职位或尊姓。
2. 按时或稍提前到课堂。
3. 提问时举手。
4. 可以在你的座位上与老师讲话。
5. 缺席时必须补上所缺的课业。向老师或同学请教。
6. 如果因紧急事情离开学校，事先告诉你的老师并索取耽误的功课。
7. 所有作业必须是你自己完成的。
8. 考试不许作弊。
9. 如果你听课有困难，可以约见老师寻求帮助，老师会高兴地帮你。
10. 任何缺勤或迟到，需要出示家长的请假条。
11. 唯一可以允许的缺勤理由是个人生病、家人亡故或宗教节日。其他原因待在家里不上课都是违规。
12. 当老师提问且没有指定某一学生回答时，知道答案的都应该举手回答。

❷ 柔弱小鬼，勇气大侠：教孩子从容应对、以智取胜

很多家长都陪孩子看过那部很出名的名为《小鬼当家》的电影，如果你没有陪孩子看过，那么我建议你一定要陪孩子好好看看。因为我在陪阳阳看这部电影时可谓收获颇丰。剧中小偷的恶劣行径让我和阳阳都咬牙切齿，但是男主角小鬼的聪明才智以及力克小偷的情节总能让我们拍手称快。每当那两个小偷卷土重来时，我总会适时地问阳阳，如果是他会怎么办，这时候的阳阳会在认真思索过后给我一个可行的方案，然后我们再一起看剧中小鬼的应对方式，并将其与阳阳的策略做个对比。

"爸爸，我发现这两个小偷可笨了，胆子还特别小。"电影看完了，

阳阳高兴地给出了自己的评论。

"那你觉得剧中的小鬼为什么能够战胜小偷呢？他这么小，肯定打不过小偷啊！"我赶紧适时引导，与阳阳一起探讨。

"当然是因为他聪明啊！那两个小偷连他长啥样都看不到就在他设计的圈套里被伏击了。呵呵！用聪明的头脑消灭小偷！"阳阳呼喊着到楼上找鳗鳗分享他的经验去了。我想这一课我已经教给他，并且他学会了。

在现实生活中，孩子们由于身单力薄，很容易成为小偷下手的对象。就算是大人，对于小偷的侵袭也是防不胜防。为了防备无孔不入的小偷，人们不得不想尽各种方法。澳大利亚著名的网球明星罗斯曾经拍卖他于1952年戴维斯杯网球赛获得的冠军奖杯。那时的世界冠军奖杯的含金量极其高。入选国际网坛名人堂的罗斯在辉煌的网球生涯中曾多次夺取冠军，家中的奖杯无数。以前，他把奖杯放在银行的保险柜里，世人无缘识其真面目。后来，他把奖杯带回家中，为了防备小偷造访，就随便放在一堆不起眼的破盒子里。但他的家实在太显眼了，梁上君子经常光顾。无奈之下，罗斯只好作出了上述这个令人啼笑皆非的决定。

关于遇见小偷的经历，湖南省衡阳市南岳区南岳镇中学初中一年级学生谭冬平曾经在日记中写道："有一次，我与妈妈坐车回家，一个小偷把手伸进一个男青年的口袋，钱包被人偷走。一名妇女看见后，马上提醒那位男青年：'你的钱包。'本来，那男青年可理直气壮地逮住小偷，可他却一点都不在乎：'我钱包里只有2元钱。'小偷见状更肆无忌惮，抓住妇女就打，满车的人却麻木不仁。这时我感到很难过，我为大人们难过，他们人那么高，又那么多，怎么不把小偷捉到警察那儿去？我也为自己难过，我为什么这么小，要不我就挣脱妈妈，去给那小偷点厉害看看，打得他把钱包还给那人！"

孩子们因为身体单薄，小偷经常把手伸过来。所以，教孩子智斗小偷就显得尤为重要。有一个家长怕孩子丢失钥匙，用一根线把钥匙拴起来，挂在孩子脖子上。孩子每天放学，边走边跳，脖子上的钥匙叮当作响。一名男子看到了这种情况就跟踪孩子，知道了孩子家的住址。随后几次踩点，摸清了孩子家里的情况。有一天，孩子在某游戏机室玩得如痴如醉，这名男子佯装看他打游戏，朝他身边靠了过去。男子的一只手扶着游戏机屏幕，另一只手用小剪刀把孩子脖子里的钥匙线剪断，孩子玩得兴起，根本没有知觉。男子顺利地把钥匙拿到了手，迅速采取行动。大意的孩子走出游戏机室才发现钥匙丢了，回到家时，家中已经被洗劫一空了。

还有的家庭经济条件比较好，为了满足孩子的虚荣心，家长给孩子挂金戴银。这样的孩子很容易成为窃贼下手的对象。只要我们加强警惕，就可以识破小偷的伎俩，保护好自己的财物。我们没有办法让偷窃灭绝，但可以加强警惕，让小偷无从下手。

《伊索寓言》里有这样一个故事：一条狗溜进肉店里，趁屠夫不注意，偷了一个猪心就跑。屠夫回过头来，看见狗正在逃，便说："喂，你这畜生，你记清楚，今后不论你跑到哪里，我都会留心提防着，你偷跑了我一个猪心，却把另一个心给了我。"吃一堑，长一智。屠夫从此多了心眼，再也没有让狗得逞过。

正常人在路上，注意力都比较集中，小偷的眼睛却时常不停地转动，寻找下手的目标和时机。小偷喜欢无目的地到处移动，喜欢往人多的地方挤，眼睛朝乘客的衣袋处看，好趁拥挤下手扒窃。如此行为都是小偷的特征。如果看见小偷下手，千万不要害怕。俗话说"做贼心虚"，小偷偷东西时的心理压力也很大。因此，只要你大声喊叫"有小偷""我的钱包被偷了"，小偷马上就会紧张起来。正如一个故事中讲的一样：猎狗看见狮子便追赶上去。当狮子回过头来大声吼叫时，他却掉头向后逃跑。狐狸看见了，说："胆小鬼！一声吼都紧张了，你还敢去追狮子？"小偷就如同猎狗一样，当他们面对正义的力量时，会被吓得落荒而逃。

孩子长大了，可以单独在家照顾自己了，这让家长很欣慰。假期一

到，家长的心却不平静了。家长为孩子拥有休息、充电的时间而喜，却也为孩子的安全和学习而忧，可谓喜忧参半。

据了解，几乎每个假期都有不法歹徒诱骗独自在家的儿童。一些不法之徒往往利用未成年人戒备不足、警惕性差、容易哄骗的特点，骗取孩子信任后实施犯罪，比如入室抢劫等。所以家长一定要对孩子加强防范危险的教育，告诉孩子：独自在家时，千万不要给陌生人开门。在遇到纠缠不清的人时，要及时拨打110报警。

1. "老爸不回来，门儿不能开。"

"小兔子乖乖，把门儿开开"，就像童话故事里的大灰狼一样，不法之徒通常会用以下方式诱骗独自在家的孩子开门："我是你爸爸（或妈妈）的同事，你的家人出事故了，让我来接你"；"我是你爸爸（或妈妈）的同事，你的家人给你买好吃的了，让我给你带回来"；"我是你的亲戚，从某地赶来看你"；"我是看煤气表（水表）的"等。

不法之徒的诱骗理由多种多样，千奇百怪。家长应告诉孩子遇有陌生人敲门时，尽量不要答话，更不要透露自己是一个人在家。如果遇到陌生人纠缠不清的情况，可以用"爸爸正在睡觉"或是"大人到楼下买菜"等来暗示、吓退陌生人。即便真的是孩子认识的邻居、同事或是远房亲戚，也要让孩子提高警惕，让孩子开门前先打电话大声通知家长，并尽量让门外人听到。

2. 不速之客请走开

统计数据显示，全国每年发生的绑架案件中，有七成以撕票告终。每到假期，夫妻双方都有工作的家庭不得不把孩子一个人留在家里。在单位工作的同时，孩子的安危也牵动着父母的心。因而，父母一定要教会孩子防范不速之客，谨防悲剧的发生。

首先，要让孩子在父母离开家后锁好防盗门，关好窗子，防止不法之徒破门而入或从窗户潜入室内；其次，有人来访时，让孩子隔着门窗与其对话，不能轻易打开防盗门；再次，如果有自称是修煤气管道、修水表、修电表、修电话的人前来敲门，要先给爸爸、妈妈或小区物业管理人员电话询问情况，问清之后才决定是否开门；最后，如果发现窃贼已经进屋，让孩子千万不要惊慌，尽快躲藏起来或伺机逃走，不要让孩

子与其搏斗，以免受伤，得不偿失。

虽然假期生活中孩子宅在家里的时间居多，但孩子也有自己的社交活动。因而，孩子独自外出参与社交活动时的安全教育不可或缺。家长要告诉孩子，如果独自外出时遇见不认识的人前来搭话，要提高戒备，不能接受陌生人给予的食物或饮料，不能跟随陌生人去陌生的地方；如果发现有陌生人尾随或是不停纠缠，应迅速走向人多的地方，或是寻求街头民警的帮助；如果遇到问路的陌生人，可以告诉他大概的方向，但不能应其要求带其前往。

1. 上学放学钥匙随身带时，不要挂在脖子上，否则就等于告诉别人家中无人。

2. 教育孩子自己回家开门时，注意有无生人在旁，如有可疑人跟踪，可佯装叫门或找同学，待无人时再开门。

3. 生人叫门不要打开防盗门，若是坏人，可报警或呼叫邻居

4. 不要给孩子佩戴过于贵重的物品

贵重的物品过于显眼，小偷往往因此而对小孩下手。尤其是女孩子，佩戴贵重物品可能惹祸上身。

5. 警惕陌生人

如果陌生人离你太近，他可能别有用心。孩子一个人在家中时，注意不要让不明身份的人入内。

6. 结伴而行

上下学、游玩的时候要与同学结伴而行。

7. 养成随手关门的习惯

进出家门，要随手关门，如果离开房屋，要检查房门是否锁好。

8. 坐公车时，不要拥挤

尤其是不要挤在车门口，要尽量往空处钻。

9. 遇到小偷不要害怕、不要慌张

发现小偷行窃时，不要紧张。如果在户外，要大声喊叫。家中来了

小偷，千万不要贸然冲进去大喊大叫，要不动声色地赶紧给家人、警察打电话。

 名人名言

失去钱财，失去一点东西；失去名誉，失去许多东西；失去勇气，一切东西都失去了。

——歌德

③ "我不要你这样的坏朋友！"不让孩子被校园帮派伤害

校园已不再是一方纯净之土，校园帮会已开始浮出水面，帮派入侵学校不仅使校园蒙上一层阴影，还造成了许多社会问题，孩子们因为各种各样的因素屈服于帮会。

《南方都市报》曾报道，深圳一名正在读初一的学生小勇（化名），因为交不起校园保护费，被帮派"老大"痛打一顿，躺在病床上昏迷了22天。小勇在学校里曾先后被威胁加入了三个帮派，先后交纳了近千元的保护费。后来因为没向妈妈要到钱，被暴打一顿。他的父母为了让他不再受到干扰，让他转到北京读书。一年后，小勇又转回了深圳的一所中学，本以为可以开始新的生活，谁知又被学校内的帮派勒索保护费。他没交，结果换来一阵雨点般的拳打脚踢，在医院里整整昏迷了22天。

在海南，出现的首例青少年帮派叫"龙虎帮"。以"恶虎""猛龙"和"帮爷"三人为首的"龙虎帮"为非作歹，经常在学校里成群结队地打打杀杀，学生们闻之丧胆。在深圳，"深圳帮"的陈某在芳村大道旁某出租屋内，遭到"阳光派"的两名同学殴打，致使头颈胸多处软组织挫伤。在广东，陆丰的校园帮会四处逞凶，高明的校园帮会明目张胆，潮阳的校园帮会暗中活动……

相较于被校园帮会所伤害，一些孩子可能会被帮派的某些"特权"所吸引而加入校园帮派，成为其中的一员。孩子们原本是善良单纯的，加入帮派有许多心理社会因素。到了青春期，孩子们非常渴望剪断和父

母心理上的脐带，成为一个独立的个体，得到同伴的认同和归属感。校园帮派哥们义气为重，交往广泛，刚好满足了孩子这种心理。

一些孩子学习成绩差，在学校和家中经常受到大人们的训斥，学业压力和灯红酒绿世界的诱惑，使孩子们产生了厌学心理，选择了加入帮会的道路。如今校园内的民谣生动地反映了孩子们的心态。"读书苦，读书累，不如加入黑社会，有吃有喝有地位，晚上还有人暖被。"

在帮会里，孩子们处处高消费，出入前呼后拥，感觉到自己受到了重视，周围的同学不敢再欺负他，走起路来挺着胸，连说话的声音都比别人高。小勇回忆起在帮会里的日子，就感觉到那时他很"威风"，周围的同学对他很有"礼貌"。

在一些支离破碎的家庭中，孩子对家庭失去信任，对社会有一种悲观和仇恨心理，在帮会中他们找到了归属感。一些家庭对孩子家人溺爱纵容，与孩子的交流不够，对孩子的思想状况和情绪波动不知晓也不过问，等孩子出了问题，已为时晚矣。在社会上，一些原有的价值观已经动摇，重视物质生活、不劳而获、投机取巧的道德观也对孩子产生了影响。传媒的影响也是不可忽略的。如今的一些媒体，对犯罪事件过于渲染，无形中给了爱模仿的孩子们以暗示。在电视和电影中，对不良帮派进行美化，打打杀杀的血腥场面让孩子们无动于衷，反面的主人公让孩子们产生景仰和崇拜心理。

校园帮会，产生的危害是巨大的，帮会与暴力须臾不可分。校园帮会在孩子们加入时，一般都要求新成员立誓遵守帮规，不得脱离帮会，如违反将受到严厉惩罚。如果要脱离帮会，往往受到暴力制裁。一些孩子加入帮会只是想找一个靠山，希望能按时交纳保护费求一个平安，顺顺利利把书念完，结果进去容易出来难。为了满足帮会"大佬"花天酒地的奢靡生活以及购买行凶武器，帮会中的成员各自划分势力范围，向中小学生收取保护费。许多中小学生抱着"花点小钱，图个安全"的想法，无形中也助长了帮派势力的气焰。许多家长不得不长期接送孩子。

孩子们原本是心地善良的，即便是参加帮会也不至于丧心病狂、罪大恶极。但社会上对校园帮会给予了太多的指责和批评，并没有采取实质性的挽救措施，使校园帮会逐步走向深渊。许多孩子在银铛入狱之后感到了后悔，体会到自由与阳光前程的重要。正如陈果在狱中写的打油诗一样：果哥我出事/一步不回头/左边亲右边友/向左走不看狗/猪朋狗友算什么/还是浪子回头好。

　　学生拉帮结派可能只是偶然事件，但却不能不说是个非常危险的信号。人的欲望是无限的，当一个层次的需要得到满足，更高一层次的需要就会来。如果听任学生拉帮结派的事件自由发展，一旦学生走出学校、走上社会，校园帮派的规模会瞬间膨胀，滋事体大，对社会造成的危害势必更大。因而，学校的当务之急是扼制校园恶势力的增长，将尚在"雏形"的校园帮派扼杀在"摇篮"之中，这对于学生的身心健康发展而言意义重大。

　　大众传媒少播放一些暴力影视镜头，未成年人就能少一些效仿对象；学校里少一些放任自流，学生就能少一些为所欲为。作为家长也要积极参与、承担责任。据了解，很多校园帮派的学生都来自于离异家庭，他们在日常生活中得不到来自父母的关爱。父母与孩子缺乏沟通，对孩子的学校生活不关心、不上心，这是导致学生逃避家庭、走上不法道路的一个重要原因。还有的孩子是出于好奇，有的是出于无奈，有的却是因为不希望受到伤害而去寻求保护。

　　古语有云："养不教，父之过。"虽然孩子的过错责任不全在家长，但父母对孩子成长的引导作用仍需要引起父母的重视。否则，当孩子深陷泥潭不能自拔的时候，父母悔之晚矣！家长要给予孩子更多的关爱，从孩子的身心健康方面着手，让孩子体会到家庭的温暖。还应多关注一些预防校园暴力事件的教育讲座，给孩子提供实实在在的指导和帮助。

1. 采用民主的家庭教育方式教育孩子

　　家长的管教方式是孩子对帮会态度的主要原因。家长管教过严，孩子不敢接近家长,会产生情绪困扰,一旦爆发,后果严重。家长过于娇纵溺爱孩子,会让孩子走入歧途。因此,营造一个和睦、美满的家庭氛围,增加孩子对家庭的向心力,是让孩子远离帮会的根本途径。

2. 注意了解孩子的交友情况

家长应设法多了解孩子的交友情况,帮助孩子选择有好的影响的朋友,鼓励孩子扩大社交范围,在与不同孩子交往的过程中加以比较。切忌限制孩子交友,即便是孩子有不良行为的伙伴也不要武断地让孩子与其断交,这样只会增强孩子的反抗心理。要善于引导孩子,使他逐渐疏远坏朋友。

3. 鼓励孩子讲出自己的感受

当孩子受到校园帮会的威胁时,与孩子一起交流一下感受,不要让孩子把愤怒和恐惧藏在心中。教会孩子形成对是非的分辨能力,能正确对待各种价值观和电影、电视等传媒的不良影响。

4. 让孩子多参加学生社团活动

鼓励孩子多参加一些健康有益的学生社团活动,与同一社团的同学经常来往,培养对社团活动的兴趣。

5. 平时注重与其他同学结伴而行

当孩子上下学的时候,尽量选择人多路宽的道路,并与邻近同学结伴而行,不给学生帮会以可乘之机。

6. 善于保护自己

如果遇到帮会威胁,要机智地同他们周旋,寻找脱身之策。事后,要及时向家长、学校、警方报告,求得他们的帮助。

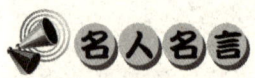

宁可要人们各自决定自己的命运,也不要让自己的命运掌握在别人之手。

——胡克

4 "要钱还是要命!"和孩子一起学习十大抢劫应对法

炎热的暑假过去了,孩子们又背着书包回到了学校里。阳阳同学小华的爸爸也多了一份"工作"——每天提前下班接正在读初中的孩子。在阳阳班里,小华看起来人高马大,文质彬彬,很有教养。就是这样一个孩子,在过去的一年里,却经常被比他矮小的孩子抢劫。

第一次被抢劫,是在学校的厕所里。几个外班的学生把他堵了起来,用明晃晃的刀子威胁他拿出 10 元钱来。小华乖乖地掏了出来。后来,他隔三岔五地就被抢劫一次。刚开始还仅仅是几块钱,到后来被抢的金额越来越大。有一次,小华实在拿不出钱了,抢劫的学生就强行把他身上的名牌上衣剥去。

在学校里被抢,小华很害怕,也觉得很丢人,一直都没有告诉家长,也不敢告诉老师。他的家境比较富裕,父母给的零花钱也多,许多时候他想拿出钱来息事宁人,没想到抢劫者贪得无厌,一次又一次地抢劫他。直到开学时,小华的学费被抢了个精光,走投无路之下,他才告诉了家人。从此之后,小华的爸爸就每天接送他上下学。

像小华的爸爸一样接送孩子的家长并不少见。为了孩子,许多家长不得不暂时丢开手头的工作,"兼职"孩子的警卫员和司机。在一些学校,校园抢劫愈演愈烈,已经成为让家长头疼的一件事情。我所在的城市曾经做过一次调查,有七成的中小学生诉说自己身边存在着"校园抢劫"现象,一成半的孩子曾经被抢劫过。

孩子们遭到抢劫后,如果家长和学校没有妥善处理,会使孩子长期处于恐惧心理之下,内心压抑,学习主动性降低。我有一个表哥,读书时学习成绩相当不错,很有希望考上大学。高二时一次被抢劫的经历,改变了他的人生。那天下午放学后,他到学校附近的一个河堤上读书。两个比他大一两岁的青年堵住了他,用自制的猎枪抵着他的头,叫道:"别动,快把钱拿出来,别等我动手打你。"他刚迟疑一下,就被一阵拳打脚踢。两个青年其实是刚被学校开除的坏学生,他们把我表哥按翻在地,里里外外搜了个精光,拿着我表哥一个月的生活费扬长而去。

从此之后,表哥再也无心学习,总想着报复那两个歹徒。可自己是从几十里外的农村来到县城读书的农家娃,势单力薄,只能把屈辱的泪水咽到肚里。时间一长,表哥开始精神恍惚,开朗的他逐渐远离群体,不爱与人交往。在沉重的心理负担下,学习成绩逐渐下降。高考落榜后,就回到家里务农。今年他应该有四十五六岁了,但连对象也没有处上。

被抢劫的孩子人身安全得不到保证,会对社会的公正性产生怀疑,价值观和行为标准出现混乱。更有甚者在被抢劫后,出于要求保护和报复的心理,也走上了犯罪道路。校园抢劫者大多是学校里的不良学生或者辍学及流失的学生,他们原本不是十恶不赦的暴徒,在逼迫低年级学生抢劫时也是有所顾忌,不敢肆意作为,但在失去理智的时候,会不计后果地犯下各种罪行,甚至行凶杀人。

在遇到抢劫时,抢劫者通常会模仿绿林山贼口吻说"要钱还是要命"之类的话。如果过于爱惜自己的钱财,与抢劫者正面对抗,很可能连自己的性命也搭了进去。为了防止不测,家长经常会告诉孩子"别惹事,有人抢劫时就把自己的钱拿出来"。这种暂时顺从于抢劫者,保护自己的生命安全的做法是一种理智的表现。

但一些孩子意识不到抢劫是一种犯罪的行为,被抢之后不向公安机关报案,这是缺乏法律知识的表现,会助长抢劫者的嚣张气焰,陷入一种抢劫的恶性循环。一些孩子因为被抢的钱不多,损失不大,抱着"破财消灾"的态度,认为没有必要报案。还有的学生害怕家长和老师担心抢劫者进行报复,不敢告诉大人,独自承受内心的恐惧和伤痛。

以下是有关安全专家介绍的几种应对抢劫的方法,家长们不妨了解一下。

1. 反抗法

当对方力量与你相当或不及你时,可猛力用手脚反击,制伏对方;

当对方有一薄弱处时,你可出其不意揪住不放,控制对方;当你发现地上有反击物(如石块、木棒)时,你可佯装蹲下系鞋带捡起它震慑对方。因为欺弱怕强、欺软怕硬是不少歹徒的共同特点。

2. 感召法

通过讲道理,晓以利害,说服对方;或义正词严地怒目斥责对方,使其自我崩溃,自动放弃违法行为。因为打劫者中亦有初犯、偶犯者,其心理较脆弱。

3. 周旋法

佯装服从,稳住对方,分散对方注意力,降低对方警惕性,拖延时间,寻机脱身报警。

4. 耍赖法

突然倒在地上打滚耍赖,喊叫号哭,引来旁人围观,令歹徒惊慌失措,你可趁机报警。

5. 呼叫法

突然大吼"救命啊……"引来旁人关注,令对方惊恐不安,趁机脱身。

6. 认亲法

当不远处有大人时,你可佯装惊喜万分,跑过去高呼"表哥"或"二叔",把歹徒吓走。

7. 调包法

佯装乖巧或装肚疼、身体不适,或突然提出要方便或找人借钱物,趁机脱身报警。

8. 放线法

佯装害怕,暂时答应对方条件,约定时间、地点交钱物,待对方离开立即报警。

9. 抛物法

把书包或身上值钱的物品向远处抛去,并生气地说:"给你!给你!全部给你!"当歹徒忙于抢、捡钱物时,快速脱身报警。

10. 恐吓法

佯装若无其事，理直气壮地说出一个亲友的名字来吓唬对方。

总之，遭遇打劫或敲诈，应特别注意不能急躁、鲁莽、强拼硬争或一味忍让顺从，否则不是无谓牺牲就是姑息养奸、害人害己。

务必告诫孩子，遭打劫后，一定要报警！一定要告诉家长和学校！

（资料来源：武汉市公安局刑事侦查处）

爸爸感悟

很多学生遭遇勒索的触发事件是他们在走路时不小心碰到对方，他们首先会觉得是自己做了错事。他们选择顺从的心理动机是避免事情闹大，希望不再被欺负。他们的不敢争执在"小霸王"们看来就是"胆小怕事"，这助长了"小霸王"们的嚣张气焰，他们自然而然就成为欺软怕硬的"小霸王"们勒索的对象，勒索事件就像家常便饭一样频繁发生。

遇到这类情况，家长不能将遭遇勒索事件归因于孩子软弱。"学校里出现'小霸王'和勒索现象都是社会造成的，不是孩子的错。"当孩子遭遇勒索后，一些家长会直接对孩子说"就是因为你太软弱"；一些家长护子心切，直接找学校理论。激进的处理方式是有失偏颇的，激进的话语或做法不仅会伤害孩子的自信心，也会降低他们对家长的信赖感，增加他们的不安全感。事实上，如果问题还不到最严重的程度，最好的做法是由家长给孩子建议，让孩子自己解决，这对孩子的成长有好处。

家庭生活中家长有很多向孩子实施教育的机会，比如家长可以和孩子一起探讨电视、报纸上报道的"小霸王"事件，并通过询问"如果你遇到了这些情况，会怎样做"来了解孩子的解决方法。无论孩子是否真有解决办法，也无论解决办法是否正确，家长都可以根据孩子的实际情况因势利导，以解决问题的正确方式方法结束探讨。总结其他家长的经验教训，"打预防针"式的教育是为了让孩子远离伤害。

还有的家长平时教育孩子要老老实实，不要打架，而一旦孩子受到欺负了又责问他们为什么不反抗。很多受到欺负的学生之所以不敢告诉家长，就是怕被说成是"没骨气""太软弱"。家长前后不一的言语会让孩子内心非常矛盾，以致他们遭遇勒索也不告诉家长，只求避免内心的冲突。因而当学生遭遇勒索事件后，家长应该做的是给予孩子安慰，而不是疾言厉色地训斥。

当然，遇到抢劫勒索的事情，最正确的面对方法是暂时妥协。面对那些高年级的"小霸王"甚至是社会上的小混混直接反抗，吃亏的往往是孩子。家庭教育中家长要告诉孩子，遭遇勒索时要学会暂时的妥协，要学会保护自己。最好的做法是暂时满足勒索者的要求，摆脱勒索事件以后，要将事件的发生、经过、结果告诉家长或老师，家长或老师要采取相应的方法，帮助孩子减少勒索事件。

 教育小贴士

1. 平时不带太多的零花钱

家长给孩子的零花钱在满足孩子日常基本生活需要的情况下，尽量不要多给，以免孩子成为被抢劫的对象。如果孩子要交学费等，身上带有大量的现金时，家长一定要陪同。

2. 着装简洁朴素

孩子的服装应本着朴素、大方、整洁的原则，不要穿过于名贵和显眼的服装。

3. 不炫耀自己的贵重物品

如果孩子有手表、随身听等过于贵重的物品，要放在身上不显眼的地方，不要拿出来炫耀。

4. 不到电子游戏厅、舞厅等娱乐场所

禁止孩子们到电子游戏厅、咖啡厅、舞厅等娱乐场所，在这些场所的中小学生经常会成为被抢劫的对象，还可能被诱使走向歧途。

5. 不走人烟稀少的地方

平时尽量选择人多的大路。

6. 上下学与同学结伴而行

上下学时要与几个同学结伴而行，相互之间尽量照应。

7. 熟记家人及一些常用急救电话

孩子们一定要记住110报警电话以及家长、学校的联系电话，在紧急情况时还要会拨打。

8. 遇到抢劫时保持冷静，尽量不激怒抢劫者

遇到抢劫时首先要保持冷静，千万不能跟着歹徒到僻静的地方，在人多的地方可以大声呼救。如果在僻静的地方遇到，不要激怒抢劫者，要尽量配合，保证自己的人身安全。

9. 被抢劫后及时告知家长并报案

被抢劫后，要告诉家长和老师，并及时向公安机关报案。

如果人们都以同情、慈善及仁道来剔除祸根，则人生的灾难便可以少掉一半。

——爱迪生

⑤ "温柔"的陷阱：妥善处理性侵害

《中国青年报》2013年12月25日发表了《学者评2013十大性与性别事件校长开房入选》一文，文章指出，自2013年5月"海南小学校长带6名女生开房"事件之后，反性侵成为舆论焦点，防性侵教育更多地进入义务教育课堂。10月，四部委发布《关于依法惩治性侵害未成年人犯罪的意见》。活动评委、中华女子学院性与性别研究中心副主任张静呼吁："除了建立完善的制度保障外，也需要加强旨在提升青少年自我保护、自我决策能力的性教育。"

儿童遭遇性侵犯的报道屡见于报端，校长开房门之后上升为全社会关注的问题。作为一名孩子的家长，一名心理教育工作者，我关注的是这个事件对6名女生的心理影响。《南都周刊》2013年第20期发表的《校长开房之后》为我们提供了很好的样本。文章说，这些父亲无法为孩子们屏蔽外边像嚼槟榔一般的"嚼口舌"。贾兴的女儿从5月21日开始试着回学校上课，但两天后的下午小孩回来对他说："同学又说起这事，不想上了，以后都不上了。"以前孩子的作业、上学、放学，贾兴都会亲自过问，女儿有什么心事都会跟他说。但是"这事"发生之后，女儿"变得不爱讲话了。"另一位家长也发现，女儿现在回到家脾气很大，不敢待在家里。他说："以前没这样，那些邻居会说闲话，这对她打击太大。"林家喜欢音乐、娱乐、唱歌，以前一家人吃完饭会在家门口的空地打打羽毛球，偶尔会一起出去唱唱歌。现在，打羽毛球的活动依然如旧，林浩会把消沉、成天睡觉的女儿拉起来参加这项家庭活动。这位父亲希望受过伤害的女儿能尽快回到原来的生活轨道上。

　　从这个样本中我们可以看到，遭受性侵害后，孩子们的性格会发生变化，外向的孩子开始畏缩，不爱与人交往，原本天真活泼的孩子开始沉默寡言。沮丧、焦虑、恐惧、对别人不够信任以及做噩梦是许多受到性侵犯的孩子出现的反应，这种精神上的伤害会一直跟随着青少年，甚至影响他们将来的家庭关系。还有的孩子会自暴自弃、酗酒、吸毒甚至企图自杀。在身体上孩子们受到的伤害有时也是很严重的。

　　令人担忧的是，目前很多家长们对孩子受到性侵害的认识也存在误区。许多家长认为，猥亵儿童往往是陌生人所为，只要告诉孩子注意自身的安全，不要到偏僻的地方和陌生人交往就可以预防性侵害的发生。其实，许多性侵犯都发生在熟人之间，有近七成受侵犯的儿童和侵犯者相互认识。还有的家长认为，受到性侵害都是穿着暴露的年轻女子，实际上，不同年龄的人都有可能受到性侵害的威胁。据说，在18岁之前，每4个女孩子就有一个遭受过性侵犯，每10个男孩子中也有一个。性侵犯者一般经过长时间的预谋，以欺骗、伪装、威胁利诱的方法使孩子就范。在各种诱惑之下，孩子们逐渐放松了警惕，不知不觉中就掉进了"温柔"的陷阱。

爸爸感悟

在我们今天的社会里，几乎每天都在发生着学生遭遇性侵害的事件。更令人发指的是，学生遭遇性侵害的年龄下限一直在降低，从原来的大学生、成年少女到现在的儿童、幼女，性侵害成为一个必须严肃对待的社会问题。

在我国，中学生的性教育并没有完全普及，孩子遭到性侵害、性骚扰后不知道如何倾诉、找谁倾诉。如果家长不能及时发现，孩子会长时间深受其害，由此带来的心理阴影会伴随孩子一生，甚至影响孩子未来的恋爱、婚姻和家庭幸福。一个具有健康开明的性观念、懂得科学的性知识并且能够控制自己的性冲动、懂得保护自己不受性伤害的孩子，才是真正纯洁的孩子。因而，避免孩子遭遇性侵害的根本方法在于预防。

教育小贴士

性侵害对孩子造成的伤害不是三两句关心的话就能抚平的，无论事后性侵者得到了怎样的处罚，孩子的美好生活都会失去原有的色彩。父母处理孩子被性侵事件的根本目的是希望孩子日后仍能健康快乐地成长，要从最大限度保护受害孩子的角度出发，因而要把握以下原则。

1. 第一时间评估和面对心理创伤

如果发现自己的孩子受到了性侵害，父母要在第一时间报警，并带孩子到医院进行医疗评估，咨询心理医生如何抚平孩子的心理创伤。此外，父母要以孩子能够理解的方式和语言，向孩子解释身体受到的伤害，帮助孩子抚平心理创伤，并告诉孩子很快就能恢复健康，以免孩子"沉浸"在性侵害事件中，影响后期的学习生活。

2. 消除孩子的惧怕心理

孩子遭到了性侵害，父母自己首先要保持冷静，不要在孩子面前表现出愤怒或是吃惊的情绪。父母要以平静的态度询问孩子事情发生的经过，消除孩子惧怕被父母责备的心理，孩子才不会觉得事件严重而受到惊吓，才会有勇气说出实情和具体细节。父母可以抱着孩子说："宝贝，你能够将这件事情告诉爸爸妈妈，我们非常感谢你，说明你信任我们。"父母这种行为可以使孩子知道父母是信任和支持他的，孩子感受到来自父母的关爱后内心会慢慢放松，才会将事件全部讲出来。但是切记，如果父母多次重复地询问事情经过，孩子会担心是不是自己做错了什么，会给孩子带来精神压力。所以，在第一次询问孩子的时候要尽量仔细。

3. 让孩子远离侵害人

性侵害事件发生以后，父母要保护孩子远离性侵害者，避免让孩子回忆被侵害的事件。让孩子远离性侵害者，最好的做法自然是充分搜集证据，将罪犯绳之以法。但如果一时没有足够证据或因为其他原因不能让性侵害者受到法律的制裁，父母也要严重警告性侵者远离自己孩子。如果性侵害者是家里的族人、亲戚，要警告他不准再接近孩子；如果是孩子的老师，父母可与学校协商让孩子离开性侵害者任教的班级，要求学校开除性侵害者，并警告他不可以再伤害自己的孩子。"法网恢恢，疏而不漏"，不法之徒总会自食恶果，远离性侵害者才能够保护好孩子。

4. 不要让孩子反复讲述被伤害的过程

让孩子远离性侵害事件的最好方法是将性侵害者绳之以法。因而，父母应该鼓励孩子配合公安机关的调查取证，但要事先声明只提供一次机会，不要让孩子多次叙述被性侵害的过程，否则孩子的心理伤害会一次次加重，造成孩子创伤后的更大痛苦。此外，大范围的媒体报道会给孩子的学习生活带来困扰，使孩子陷入与同伴关系的困难中，被同伴孤立或嘲弄，此事甚至会成为攻击孩子的材料。因而，父母鼓励孩子配合公安机关调查取证的同时必须要求保密，司法机关或媒体不能随意透露遭遇性侵孩子的学校信息、家庭信息以及姓名等，这样才能还孩子清静的康复时间。

5. 做好事件发生后的安慰工作

身体遭遇性侵害的孩子难免会觉得身体完整感和身体形象受到了破坏，他们会觉得自己不再是以前那个完美的自己了，会担心父母讨厌自己、不再像以前那么爱自己了。有些父母在事件发生以后会追究孩子的责任，责备孩子没有保护好自己，甚至以打骂的方式发泄自己的愤怒。事后追究责任的行为是不可取的，是在孩子的心理创伤上撒盐，让孩子以为父母因此事而丢脸，让孩子感觉失去了最后的温暖。如果是这样，孩子在未来生活中只会选择封闭自己，甚至对生活绝望，孩子的身心健康只是一纸空谈了。因而，父母一定要做好事件发生后的安慰工作。父母尽量不要当着孩子的面发泄情绪，一定要经常抱抱自己的孩子，并且告诉他："你永远是爸爸妈妈的宝贝，我们永远都会爱你。"让孩子明白爸爸妈妈永远不会抛弃他。孩子能从父母的言语和拥抱中感觉到坚定不移的爱，这是孩子修复心理创伤的精神力量源泉。

6. 更加关心孩子的生活和学习

孩子受到性侵害以后出现心理创伤是很正常的，受侵害的孩子一般都会出现注意力不集中、成绩下降、无心做作业等问题，这是孩子心理创伤的行为表现。对此，父母和老师要意识到，孩子的注意力不集中等问题不是学习态度问题，要给予孩子最大程度的理解和宽容。老师和同学要给予受害孩子更多关爱，耐心等待并积极帮助孩子从创伤中恢复。父母要与老师及时沟通孩子的心理变化状况，更加关心孩子的生活学习，引导孩子早日恢复身心健康的生活状态。

7. 尽快让孩子接受专业心理帮助

孩子在受到性侵害以后出现心理创伤的行为表现，表明孩子存在一些难以逾越的心理障碍。父母在孩子受到性侵害后，最好在一星期内让孩子接受专业心理帮助，以免孩子的心理障碍越积越多。所谓专业心理帮助，也就是寻求专业心理咨询师为孩子提供帮助，父母要及时与心理咨询师交流孩子的状况，配合心理咨询师的治疗方案，这对孩子的心理康复非常重要。

8. 采取措施防范孩子再次被性侵害

受性侵害的孩子重新开始正常的学习生活后，学校和家长要加强预防性侵害的教育，让孩子有一定的应对性侵害的能力。同时，学校和家长要有相应的防范措施,尽全力保障孩子远离性侵害事件,例如经常与孩子谈心、与老师交流、定期接受心理帮助等。

9. 教会孩子认识和保护身体隐私部位

在家庭教育中,父母可适当加入一些性健康的内容。父母可以采用画图的方式教孩子认识身体的隐私部位,画图的方式直观简单,效果也好,比较适合孩子的感性认知特点。

恶习知道自己委实很丑陋,所以往往戴了假面具。

——富兰克林

6 "老师很生气,后果很严重吗?" **不让暴力教师"以教之名"伤害孩子**

有一段时间,我所在的小城市相继发生了数起教师体罚学生的事件,这不仅让这个小城成为全国关注的热点,也成为我和妻子与阳阳在饭桌上交流的热点话题。

玉溪市北城镇夏井小学四年级一班数学教师潘光礼,因为该班学生何某经常在上学途中逗留、玩耍,竟在上课时令该班学生将何某按在课桌上,用抹布捂住其嘴,潘光礼示范,然后让其他同学效仿,用教鞭打何某的屁股。何某被打得皮开肉绽,忍受不了。潘光礼接着又强迫何某吃了7只苍蝇。

发生在身边的教师体罚学生的事既让我们愤怒不已,也不由得让我和妻子担忧起阳阳来。在人们心目中,教师是阳光底下最崇高的职业,他们有无私的爱,不计得失的奉献精神,是燃烧自己的蜡烛、编织未来的春蚕。然而,潘光礼们对学生的体罚都逾越了人民教师的权限,逾越了人性良知的边界,可以用"疯狂"两字来形容。

在我国的教育系统里,体罚学生的教育传统正在演变成对学生疯狂的摧残。在中国传统的教育思想里,"严师出高徒""教不严,师之惰"

的观念根深蒂固。因此，尊师重教的风气在社会上并没有得到体现，但在学校里却一直根深蒂固地存在着，并且一直以体罚学生的惯性运行着，一些老师甚至认为打骂学生是一种挫折教育。

家长和社会这种"爱之深，责之切"的心理，使教师在社会的期望之下充当了体罚学生的角色。许多家长在孩童时代都有被老师打骂的经历，认为老师打学生是天经地义的事情，所谓"玉不琢，不成器"，觉得没有老师的棍棒，学生很难成才。

但以如此野蛮残暴的方式教育学生，对改善学生的行为真的管用吗？其实体罚学生只会伤害学生，并不能使学生养成良好的自制力。在我的记忆中，求学阶段只受到过老师的一次体罚，比起上述的案例，可谓轻之又轻了，即便如此，也对我造成了伤害。

那是初三上学期，在一次物理考试中，由于一道非常简单的分析题没有答上来，我只考了86分。物理老师把我叫到讲台上，让我把右手伸开，用教鞭打了3下，一边打一边说"你这个糊涂蛋，你真是个蠢材"之类的话。

读书生涯中，我的学习成绩一直比较好，从来都是老师跟前的红人，没有受到过老师的责骂或体罚。但这一次，在众目睽睽之下受到羞辱，让我觉得无地自容。虽然我知道我的成绩并不很差，老师也是恨铁不成钢，可我再也无法对物理老师表示崇敬，对物理的学习兴趣从此之后再也提不起来了。不用说，我的物理成绩每况愈下。我对理科的兴趣原本特别浓，立志要成为一名工程师，但初中时的这次经历，改变了我的人生方向，成了我心中永远抹不去的痛。

体罚学生会使老师和学生之间产生一道深深的鸿沟，让学生对老师由爱而恨，由敬转怕，学生对老师产生对立和仇恨情绪。一些老师认为，体罚了学生，学生就会听话。但这只是一种表面的效果，学生在受到体罚之后，学习的主动性和积极性会下降，不利于培养学生的自信心和创造力。在教育思想界，已经形成共识的是要尊重学生，有爱心，以广博的学识和宽容的胸怀来感染学生、影响学生。爱心是教育的核心。

那么教师为什么会体罚学生呢？是因为爱学生还是因为教育的责任呢？其实教师的心理压力是体罚学生的主要原因。我的一个学生，刚刚参加工作一个月，领到了工资，就把三个月的薪水全部预支了。起因是他给了学生一拳，学生就说自己受伤了，住进了医院。一拳打出了3000多块，我的学生直抱怨，他并不是故意打学生，学生也根本没有受多大的伤，现在的学生真的没法教了。学生越来越难教，教师越来越难当，这是中小学教师普遍的感慨。确实，没有一个老师是为了打学生而从事教育事业的。

教师也有一肚子的苦水。"工资没保障，任务又很繁重，要抓升学率，要排名次，自己还要抽时间进修，搞不好还可能落聘，老师的火气不大才怪呢。"这是一个干了20多年教育工作的农村中学校长的观点。在升学指标、生活窘迫的重压之下，教师的压力可想而知，有一种强烈的受挫感觉。有专家曾经分析了中小学教师的受挫表现：尊重需要受挫，成就需要受挫，人际交往受挫，公平需要受挫，生存需要受挫。

在如此多的挫折之下，教师的心理亮起了红灯。据调查显示，有69%的教师自卑心理严重，与自己在社会上工作的同学相比，无论是社会地位还是经济收入都落后了一大截。在教师群体中，有心理障碍的高达50%，高出正常人心理障碍率近三成。

教师的心理存在问题，又没有有效的应对措施，学生受体罚并不是偶然。疯狂体罚学生是一种丧失理智的举动，许多老师对学生的轻微体罚也是不得已而为之，但并不意味着教师就有了体罚学生的理由。教师还是不应该把情绪带到工作中，把气撒到学生身上，尤其不能以野蛮残暴的方式实施教育。

《未成年人保护法》强调要保护孩子的身心健康不受伤害，孩子在学校被体罚，是家长不愿意看见的。但如果既成事实，家长要如何应对呢？是暴跳如雷地找老师理论，还是认为老师是关心自己的孩子，支持老师的体罚行为？不言而喻，这是两种极端的选择都不可取。遇到孩子被体罚的事件如何处理，也是考验家长智慧的一件大事。

首先，确定孩子到底有没有被打。

家长一定要是个有心人。从孩子第一天上学起，要慢慢认识几个孩子同班学生的家长，并留下联系方式；要尽可能和几个主副科老师打好交道，成为熟人。家庭教育中，父母也要教孩子与同学和睦相处，鼓励孩子结交好朋友。家长成为称职的"有心人"后，一旦孩子在校被体罚了，只要打电话咨询一下其他家长或教师，事情的来龙去脉大概就能了解清楚，也就能确定孩子到底有没有被打。

其次，确定孩子为什么被打，最重要的是了解老师为什么动手。

孩子在成长的路上受到不公正的待遇很正常，也是孩子成长的一部分。作家路遥在20世纪80年代初写过一部中篇小说《人生》，其中有一句话是这么说的："苦难是人生的导师。"时至今日，00后、10后的新生命早已不用面对缺衣少粮的大困难，最多是父母、老师不顺心时带给他们的皮肉苦。如果在学校被体罚不是频发事件，家长大可不必耿耿于怀。当孩子被体罚以后，尽量多关心孩子，让孩子在家庭的温暖中找回心理平衡。

老师体罚孩子的行为的确不对，但家长也一定要让孩子明白，是他犯错在先，被体罚也是因为他行为有过失引起的。班级是个整体，老师让同学做任何事都有老师的道理，也是学生一定要遵守的。他不能因为自己不喜欢而不去做，如果同学们都像他一样不配合老师的教学工作，老师就没有办法管理全班同学。他的行为最后必然会被老师惩罚（体罚），吃亏的还是他自己。家长不能一味埋怨教师，要帮孩子分析原因，正确面对，要让孩子学着融入班级，遵守纪律才是上策。

此外，不能给孩子"我的孩子，无论错对，只能我来打，轮不到你老师打"的感觉。这表面上是保护孩子，不让教师打骂，却也传递着一个严重错误的信息，即家长可以肆无忌惮地打骂孩子。孩子长成之后，特别是男孩长成之后，他们也就只会用打人来教育自己的孩子，这让孩子成长的路上负面多多……

 教育小贴士

1. 尊重孩子，让孩子发表对学校和老师的看法

当孩子受到了老师的体罚之后，家长首先要以一种温和的态度与孩子交谈，让孩子在宽松、自由的氛围中发泄对老师的不满，这种发泄还可以起到一种平衡心理的作用。家长等孩子的情绪稳定下来之后，与孩子一起冷静地分析事情的利弊，客观地看待教师体罚。如果问题的主要原因在孩子，就要合理利用孩子好强争胜的心理，因势利导，帮助孩子认识到自己的错误，提高孩子认识自己缺点的能力。

2. 让孩子学会共情，从老师的角度思考问题

家长要学会培养孩子的共情心，与孩子一起站在老师的角度重新审视，必要时还可以创造场景来体会老师的情绪和难处，让孩子学会体谅别人，为他人着想，从而改善孩子和老师的关系。

3. 与学校、老师进行沟通，积极配合老师教育孩子

家长对老师的辛苦工作要体谅，要主动地、心平气和地与老师沟通，让老师全面地了解孩子的行为表现，同时旁敲侧击地指出体罚对孩子的危害。

4. 灵活应变，不可莽撞对抗老师

告诉孩子，如果老师发火了，千万不要火上浇油。要承认自己的错误，配合老师来更正错误。

5. 勇敢坚强，敢于对老师说"不"

告诉孩子，如果老师有经常体罚学生的恶习，要及时与家长沟通，向学校领导、上级教育主管部门报告，用行政的手段或法律的武器维护自己的权益和安全。

 名人名言

教师总是真正上帝的代言者，真正天国的引路人。

——杜威

好爸爸是这样炼成的

7 "老爸,我可以放屁吗?" 做不打不骂的好爸爸

《爸爸去哪儿》里的石头哥一开始在家里面漱口的时候就在问:"老爸,我可以放屁吗?"石头的童言无忌让我们会心一笑,但从中也可以看出郭涛父子之间的关系。郭涛很重视培养石头的男子汉气概,这个对话却透露出石头内心的心理感受没有得到充分的情绪表达。

像郭涛父子这种良好同伴型的父子关系尚且如此,在千万个家庭里,又有多少个漠视儿童的个人尊严的家庭呢?漠视儿童的个人尊严,也就是漠视未来社会的文明。作为我们未来最重要的资源,在今天的社会里,被漠视尊严屡见不鲜,遭受家庭暴力的事件更是时有发生。

《北京晚报》曾以《拔苗助长头悬梁,生母吊死厌学郎》为题报道了这样一条消息:广东省阳春市一少年因不愿读书而被其母活活吊死。死去的少年姓黄,不到13岁,他的父亲是个瘾君子。因为吸毒的事母亲与父亲多次争吵,但父亲执意不改。最终,父母离了婚,黄某与母亲相依为命。黄某的学习成绩一直不好,母亲经常打骂他,还不让他吃饭。在母亲的重压之下,黄某更无心读书,经常逃课,遭到了母亲更严厉的惩罚。事发当日,母亲打骂了黄某一整天,晚上又用铁链和铁丝把他悬吊在房梁上。后来黄某支持不住,母亲见情况不妙,赶紧把黄某送往医院,在途中,黄某气绝身亡。

家庭暴力不是个别现象。根据全国妇联的调查,中国的家庭大约有2.7亿个,其中有30%的家庭都存在着暴力现象。除了妇女之外,儿童是最大的受害者。因此有人忧虑地说,除了战场,家庭是发生暴力最多的社会团体。

许多家长,如果在大街上孩子被其他成人欺负或者在学校里受到老师的体罚,多半会雷霆大怒,恨不得立刻找打人者拼命或者把他送上法庭。但当家长举起愤怒的手残忍地殴打孩子时,却总为自己找出各种各样的开脱理由。据专家分析,生活水平越低,家庭暴力事件也就越多。

有些地方，孩子全年吃不上 10 块糖果；某一贫困地区，5 岁的儿童竟然没有喝过牛奶。在经济收入过低的家庭，父母的心态在贫穷的折磨下发生了很大的扭曲，孩子经常会成为父母抱怨命运不公的出气筒。

有的家庭夫妻感情不睦，吵架打架是家常便饭，并因此殃及孩子。生活在离异家庭和重建家庭中的孩子，受到暴力迫害的也有许多。我身边就有一个女孩父母离异后，跟着再嫁的母亲生活，经常遭受继父一家人的迫害，后来因为脑部严重受伤而死亡。

还有一些家庭，父母受教育的程度低，对待孩子的方式简单粗暴，动辄挥拳相向。更多的父母望子成龙心切，在"孩子不打不成才"的传统观念支配下，用棍棒和拳头来教育孩子。

家庭暴力同其他暴力一样，会引起孩子的各种怪异行为，甚至使孩子走向犯罪道路。据天津市"半边天"家园的调查表明，在暴力家庭中成长，54.6％的孩子学习成绩明显下降，20.8％的孩子不爱回家甚至有过流浪的经历，12.8％的孩子性格扭曲而出现违法犯罪行为。

社会专家研究发现，生活在暴力家庭中的孩子性格比较孤僻，对待事物的态度消极，不信任别人，在社交活动中行为退缩，自尊心和自改心水平都比较低，明显缺乏爱心。严重者还会经常做噩梦，精神错乱，使用药物和酒精来麻痹自己，有明显的攻击行为，等等。家庭暴力中的孩子如果是男孩，长大后更有可能虐待女性，走上犯罪道路的可能性也比正常家庭长大的孩子的可能性大，女孩子长大后更容易走上性犯罪的道路。还有的孩子在遭受家庭暴力之后，会产生暴力倾向，报复社会或者自己的家长。

家庭一直被视为躲避外界压力的避风港，是一个安全温暖的地方，塑造孩子的重要基石。但家庭发生暴力的可能性却远远大于其他地方。家庭暴力的恶果还不在于它产生了少数犯罪分子，而在于它给了孩子一个受虐待的成长经历，使孩子受到了精神的困扰和情感的障碍，扼杀了儿童做人的信仰和想象力、创造力甚至未来生活的正常能力。每一个受到家庭暴力伤害的儿童都渴望远离家庭暴力，每一个希望未来生活更美

好的人也都希望制止家庭暴力。联合国前秘书长安南曾经指出：当我们憧憬未来时，不需要超级计算机的预测。新千年的未来从我们如何培养我们的孩子就可以看出，明天的世界可能会受到科学和技术的影响，但它更多地被我们孩子的身体和精神塑造。

爸爸感悟

深圳市南山区中小学心理健康指导中心主任刘道语从事了多年心理辅导的工作，他总结出这样一句话："孩子受到家庭暴力后，很多时候出于自我保护的需要，会产生恐惧心理，不敢也不知道找谁，但这时候最需要鼓起勇气向他人寻求帮助。"

儿童的健康包含身体健康和心理健康两个方面，无论是身体还是心理，儿童都属于绝对的弱势群体。以往的教育对儿童的身体安全关注比较多，儿童的心理安全却没有得到应有的关注。现在，对儿童进行心理安全教育受到了越来越多的关注，儿童的身心健康成为安全教育追求的双重目标，因而社区和学校都应该加强心理安全的教育力度。

家庭暴力多半是因为家庭成员的负面情绪过多，攻击性情绪增长，家庭成员出于释放能量的一种需要而产生的暴力行为。家庭成员的负面情绪如果转化得当就会成为正能量，是利他、有建设性的能量；如果转化不当就会成为负能量，也就是暴力，给家人带来的也只有负面影响。

教育小贴士

1. 用赏识替代惩罚教育

现代的心理学研究证明，棍棒之下不出孝子，暴力只会留给孩子巨大的心理阴影，强化孩子的反抗意识。如果你不想被孩子弄得焦头烂额，赏识孩子，用爱心浇灌孩子是唯一正确的教养态度。如果你的孩子实在调皮，不惩戒不足以改变他的不良行为，那么请只打他（她）的屁股，不要打身体的其他部位。同时提醒家长：孩子3岁之前不能打，3岁到6岁尽量不打，6岁到12岁尽量少打，12岁之后打不得。

2. 创造温馨和睦的家庭环境

家庭不是某一个人发泄淫威的场所，每一个成员都有责任营造安全、和谐、温暖的家庭氛围。

3. 认识暴力对孩子的伤害

作为家长，要对暴力给孩子带来的身体和心理上的伤害有充分的认识，在举起拳头的时候要想一下后果。

4. 家庭成员进行经常的沟通

家庭关系与成员之间的交流沟通有密切的联系。如果你不想让家中充斥暴力，那就多花点时间与家人在一起，把自己的想法和对家人亲密的感情及时表达出来。

5. 不把自己的不良情绪转嫁到孩子身上

作为家长，不管在外边有多大的烦恼，回到家前一定要整理自己的情绪。家长不妨每次回家的时候在家门口停留一秒，微笑一下。如果自己的心境不佳，最好暂时委托别人带孩子，等调整之后再与孩子在一起。

6. 培养对压力的正确反应能力

无论是家长还是孩子，都需要有对压力的正确反应能力。对暴力不容忍，但也不能因为一次暴力事件就走向极端。

7. 与家人保持良好关系

告诉孩子与家人建立一种良好亲近的关系，避免成为发泄愤怒的对象。

8. 发生冲突时，学会离开

如果家长有暴力行为，孩子要迅速离开，去到一个安全的地方。如果不能走开，可以要求别人代你寻找警察的帮助。

9. 及时与社会救助机构联系

如果家庭中的某一成员经常有暴力举动，家庭中的另外成员或者孩子都要及时与社会救助机构联系，比如警察机构、妇联等，取得他们的帮助。

10. 教导孩子保护自己的身体

要教给孩子正确的身体保护知识和性知识。知道被殴打时首先要保护自己身体的哪些部位，知道自己身体的哪些隐秘部位是不允许别人随意触摸的。

【小资料】

你有虐儿倾向吗？

要知道你是否有虐儿倾向，请你回想一下过去你是否对子女做出以下的行为？

1. 蓄意惊吓子女或孤立子女。

   有　　没有

2. 漠视子女的情绪。

   有　　没有

3. 忽略给予子女足够的食物、衣服、医疗或教育。

   有　　没有

4. 强迫子女从事与其体力或年龄不相符的工作。

   有　　没有

5. 对子女使用武力（如拳打、掌打）。

   有　　没有

6. 使用武器（如刀、鞭）伤害子女。

   有　　没有

7. 透过暴力、欺哄、讨好、物质引诱或其他方式引导子女进行性接触。

   有　　没有

如果你对以上问题回答有的话，你有可能或已经对子女构成不同形式的虐待。

（资料来源：台湾虐待儿童卫生署）

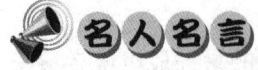

幸福的家庭是相似的，不幸的家庭各有各的不幸。

——托尔斯泰

8 "老爸,我可以一个人在家吗?" **必须教给孩子的那些居家安全必备常识**

因为我和阳阳的妈妈坚持把阳阳带在身边养,所以在他很小的时候,我们选择把他送到托儿所。到他上了小学之后,我们忙不过来的时候要把他送去亲戚或是邻居家他却不愿意了,坚持说自己长大了,可以一个人待在家里。我知道,教给他居家安全常识的时候到了,于是我用了一个星期断断续续地给阳阳讲了很多关于煤气、水电使用以及陌生人叫门等一系列的知识后才试着让他独自在家。到阳阳上二年级时,我们已经完全放心阳阳一个人在家了,有时候他甚至会自己热冷饭冷菜吃。所以,孩子能不能独自待在家关键还得看他的常识性知识和生活能力如何,而这又取决于父母对他的教育。

有个小女孩曾经给我描绘过她的一次亲身经历:"我的父母工作很忙,经常要到很晚才回来,于是我就常常一个人在家。一天晚上,父母又出去了,我先打开电视机,又把所有好吃的东西拿出来,一边看电视一边吃东西。突然,一阵电话铃响,我被吓出一身冷汗,急忙去接,原来是小朋友打来的,虚惊一场。这时,电视剧中又一声尖叫,吓得我心跳加速,隐隐约约感到一个穿白大褂的长发女人藏在我身后,用发着绿光的眼睛盯着我,我不时地向后看,可是又看不到人。我劝自己,世界上没有鬼,还是睡觉吧。可我钻进被窝里怎么也睡不着,越想越害怕,于是打电话给远方的爷爷奶奶。在电话中,我觉得很无助,便放声大哭起来……"

并不是所有的孩子都可以让其独自在家。年龄太小、还没学会自己照顾自己的孩子,胆子太小、总害怕这样那样的孩子,不宜一个人在家,即使家长再忙,也应该找个人来照看孩子。如果这类孩子常常一个人在家,会因为精神过分紧张而导致内分泌失调,给身体和心理的健康成长带来很多不利的影响。稍微大一点的孩子,一般能自己照顾自己,比如自己会吃饭、尿尿,自己会打电话求援,这类孩子可以偶尔让其独自在家,一方面可以练练他的胆子,另一方面也可以培养他的独立精

神,让其早日成长起来。

孩子独自在家,父母最放心不下的就是会不会有坏人闯入屋中伤害孩子。的确,坏人以各种借口闯入家中作案殃及孩子这类事件现实生活中时有发生。危险的发生一般都源于孩子的单纯和善良。独自在家有陌生人敲门时,有些孩子会想:"假如我不开门,多不礼貌呀!"于是就开门让他进来了;有些孩子说:"我看这人不像坏人,就把门打开了。"或者是:"我怕影响人家工作,让他进门了。"孩子的单纯和善良并没有错,但是家长一定要教给孩子一些安全知识和社会经验:当你一个人在家的时候,遇到陌生人来敲门,不管什么原因都不要轻易开门,这样才能防止自己被伤害。

爸爸感悟

夫妻双方都有工作的家庭难免会碰到要将孩子自己留在家中的时候,因而孩子在家的安全教育必须跟上。在阳阳成长的过程中,我的体会是:太小的孩子是不可以单独留在家里的,留在家里的孩子的年龄下限是7岁左右上小学的孩子;特别调皮的孩子也不适合单独在家,家长还是尽量不要让他们"独守空房";家长把孩子单独留在家里的时间不能过长,即使孩子比较乖巧,可毕竟是孩子,有太多突发事件是他们不能控制的。所以,为了孩子的安全,作为家长的我们应该尽可能给他们提供一个安全、快乐的家庭生活环境。

教育小贴士

1. 孩子独自在家,大人应该事先帮其锁好通往厨房和阳台的门,以免孩子到厨房弄煤气罐或者去爬阳台而发生意外。

2. 孩子独自在家,要锁好院门、防盗门。告诉孩子如果有人敲门,千万不可盲目开门,应首先从猫眼观察或隔门问清楚身份。如果是陌生人,不能开门。

3. 告诉孩子如何找到你或其他可靠的成年人,并定时相互联系。对于已经认识数字的孩子,可以把你的电话号码告诉他,让他记住,并把重要的电话号码表放在电话旁。对于还不认识数字的孩子，家长可以自己输入电话号码并教会孩子按重拨键给家长打电话。

4. 教给孩子最基本的安全规则。如果有人以推销员、修理工等身份要求开门，可以说明家中不需要这些服务令其离开；如果有人以家长同事、朋友或远房亲戚的身份要求开门，也不能轻信，可以告诉他等家长回来后再来。

5. 遇到陌生人不肯离去、坚持要进入室内的情况，可以声称要打电话报警，或者高声呼喊，向邻居、行人求援，以震慑迫使其离去。

6. 告诉孩子如果有人撬门，不要惊慌，赶紧打 110 报警电话，或给父母、同学或其他可求救的人打电话。

7. 不邀请不熟悉的人到家中做客，以防给坏人可乘之机。

8. 把危险的工具放到孩子拿不到的地方。

9. 事先告诉孩子不要乱吃药，并把药品放到孩子拿不到的地方，以免孩子随便吃药而发生意外。

10. 教孩子简单的急救方法，比如手划破了应该怎么包扎、煤气泄漏应该怎么办、水龙头坏了怎么处理等，并为孩子准备一个可以随时使用的急救包。

11. 交给孩子几件适合于他做的家务活，并要求他按时完成。

12. 限制孩子看电视的时间，鼓励孩子读书或从事其他的活动。

 名人名言

一个人周游世界去寻找他需要的东西，回到家后发现他要找的东西静静地躺在那里。

——乔治·莫尔

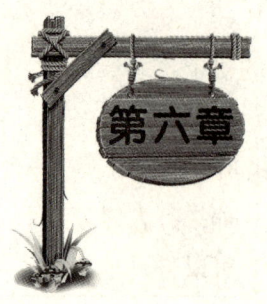

第六章

一生陪你看日出

1 网络不是青城剑，是双刃剑：**教孩子正确使用网络**

阳阳从小学到初中毕业在学习方面的表现和成绩都一直很好，大家都觉得他聪明好学、遵守纪律，与同学关系融洽。当他上了初中时，我们买了一部 iPad 送给他。从此，阳阳便玩起了电脑。开始时只会一些简单的操作，每天放学后就开机练习，没多久就学会了玩电子游戏，并要求我们买游戏软件。原以为这是一时兴趣，便答应了他。但阳阳对电子游戏的兴趣越来越大，每天都要玩 3~4 小时，双休日玩得时间更长。逐渐地，他的成绩越来越差，他很想控制自己，但是一打开电脑玩就不肯罢休，有时甚至熬夜玩游戏，到后来他开始出现上课注意力不集中，常打瞌睡，似乎只对电子游戏感兴趣，对其他的活动不关心也不投入。

为此，我们不得不把电脑暂时没收，并制定出家庭电脑使用规则，限制阳阳使用电脑玩游戏，鼓励他利用电脑学习。不久，阳阳参加全市青少年网页制作大赛还获了奖；利用外语教学软件自学英语，英语成绩提高很快；学校开展课题研究活动，好好利用网络收集资料，完成了相关的课题，获得了全市少年研究性学习成果二等奖。

阳阳的同班同学林林就没那么幸运了。林林学习成绩一般，在校期间基本遵守纪律。性格比较内向，腼腆，不善于语言表达，没有什么较好的朋友，上学放学基本独来独往。家庭经济状况接近小康，家里有爸爸、妈妈，还有一个姐姐，均在外地工作。林林成为一名留守学生。一年前，林林的母亲外出工作之后，林林开始有旷课、逃课现象；上课时无精打采，成绩快速下降，脸色也显得苍白，班主任向林林家打电话却无人接听。由于林林一直不愿意向老师提供父母的手机号码，所以班主任老师一直没能与林林的父母取得联系。直到两个多月前，林林父亲回家，家长和老师才有机会对学生林林的种种行为表现进行沟通，通过家长多方查访，最后发现，林林不但迷上了网络游戏，还深深地坠入了网恋之中。

同样一个网络，一个孩子沉溺其中而荒废学业，一个孩子利用得当而成绩斐然。原因就在一个电脑的使用规则上，有比没有好，事前制定比事后制定好。如果有父母的引导，孩子的行为受到相应的约束，青少年使用电脑未必不是好事。

计算机、网络是现代文明的产物，它拓宽孩子的视野，启发孩子的智力，并为他们带来了现代的交流意识。对孩子们来说，上网是现今最为时髦的行动，是想挡也挡不住的"诱惑"。网络的好处无须再提，而网络的毒害却也为很多人所关注。网络色情、网络诱骗、网络成瘾……就在网络如洪水猛兽般涌来的时候，社会各界频频告急：青少年的成长世界欠缺"防火墙"！

网络这把火正在以燎原之势燃烧起来，对每一个家庭来讲，均没有了回避的退路，作为家长，你该怎样来搭建这一座墙，让孩子安全自由地翱翔在无边无际的网络海洋里汲取营养呢？

一些父母视网络为洪水猛兽，唯恐自己的孩子受到网络的危害，因此有为数不少的家庭采取了极端措施，要么不买电脑，要么买了电脑不让孩子上网，甚至不让孩子用。这无异于因噎废食，并非长久之计。青少年的逆反心理一般都很强，父母越强硬，他们越逆反，反正外面网吧多的是。而一旦把孩子推向网吧，就更难以教育管理。

网络世界很精彩，网络陷阱却让人很无奈。但是，合理利用网络对于青少年儿童的成长具有重要的意义。尤其是在这样一个新兴时代，不会使用网络的人将是最大的文盲。我们害怕孩子形成网瘾、变成宅男宅女或是在网上失足被骗，但可以肯定的是这些都不是网络的原罪。这些不好的现象产生的原因在于我们没有给孩子正确的教育，没有教会孩子分辨是非。生活中，很多家长对孩子实行的是简单粗暴的断网、"一刀切"的限制，这些绝不是教育的最好方式。我们对于孩子使用网络应该做的是有引导的接触，对孩子进行充分的网络法律、道德规范的教育，并注意满足孩子们的好奇心理，注重为其答疑解惑，只有这样才能让孩子产生良好的网络行为习惯并针对网络危害建立起强大的安全盾牌！

爸爸感悟

现在是网络时代，孩子和家长都不能也不可能完全回避网络。网络的功能十分强大，但网络的不确定性隐藏了太多的危险因素，所以学会正确使用网络是每一个家长应该教给孩子的必修课。

对于孩子来说，网络上有着丰富的资源，这些资源有的能够促进孩子的学习，有些能够开拓孩子的视野，还有一些有利于孩子掌握技术；除此之外，网络上更有随时都能点播的音乐、动画片，更有让人流连忘返的游戏可以玩。网络是个大世界，它几乎满足了我们的一切娱乐需求和学习所需。孩子们学会了使用网络，对其学习和生活都有重要的作用。但是，孩子的自控能力和甄别意识都不强，有些孩子甚至沉迷于网络游戏、网络交流甚至是网恋，这不仅仅是在浪费孩子的精力与时间，更有可能让孩子对现实生活中的学习等事务失去兴趣，变得倦怠。现在媒体、网络上关于孩子沉迷于网络的例子比比皆是，这就让很多家长首先犯上了"恐网症"，他们采取了杜绝孩子接触网络的方式来除去此患。

教育专家指出，孩子的年龄特点决定了孩子乐于接受并比较容易理解新鲜事物。家长应该跟上孩子的步伐，主动了解孩子感兴趣的诸如网络等新鲜事物的特点和规律，以便对孩子做出正确引导。在网络世界遨游的孩子们同样需要精心呵护，需要家长投入时间和精力。

 教育小贴士

1. 制订一份《家庭使用电脑规则》

规定每天上网的时限,平时最好每天不超过半小时,节假日每天不超过两小时。孩子上网不能无节制,一旦产生网络心理障碍就很难让孩子"回头"。

2. 事前给孩子打预防针

在孩子刚上网时就要预先告诉孩子,网络并不是尽善尽美的芳草地,要警惕网上的陷阱。

3. 安装保护软件,以便"过滤"出黄色、暴力内容

目前在很多社区网络中心的管理员都会事先设置好"防火墙"等保护措施,使孩子们上网时远离黄毒,家长也可以用"美萍安全卫士""防黄大师"等软件在自家的电脑上设置防护措施。

4. 电脑摆放在不太隐蔽的地方

最好放在客厅里,置于家人的监控下,孩子不好意思乱来。

5. 了解孩子上网的内容。

例如,孩子使用哪一个JSP的服务站,认识什么网友。不太熟练的家长,可以让孩子引导你上网,介绍他常去的网站和所认识的朋友。

6. 上网时不暴露家庭的有关信息

不要随意将父母的信用卡账号或网络账号告诉他人。除非取得父母的同意,否则千万不要在网络上留下真实姓名、电话、住址、父母的职业及就读的学校等基本资料。

7. 无论是网上下载的游戏,还是买来的游戏软件,都要经过家长的审查

8. 装"家长监管"(如绿色童年过滤器)软件,电脑将自动过滤掉不良的内容

9. 尽量让孩子在家上网,不让孩子到网吧等地方满足网络需求

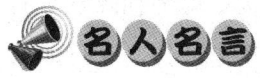 名人名言

放纵自己的欲望是最大的祸害;谈论别人的隐私是最大的罪恶;不

知自己的过失是最大的病痛。

——亚里士多德

❷ 做君子，不做瘾君子：教孩子拒绝陷入白色诱惑的泥潭

毒品，是吸血的恶魔，它把孩子拉向了一条通向地狱的绝望之路，给孩子的身心、家庭和社会都带来了极大的危害。拒绝毒品，珍爱生命，是每个孩子必备的生存智慧。

青少年的身心尚未发育成熟，思想幼稚，好奇心强，对新鲜的事物总想尝试一下。当听说吸毒"其乐无穷"后便跃跃欲试，有机会总想试一试，结果被毒魔缠住了，进去之后无法自拔。

有一个孩子的父亲在缉毒大队工作，每天下班回家总要讲一下关于毒品的故事。孩子觉得好奇，就想体验一下吸毒的感觉。不料从此便染上了毒瘾，为了满足自己吸食毒品的需求，走上了贩毒的道路。最终，缉毒的父亲给贩毒的儿子亲自戴上了手铐。

许多毒贩子就是利用了孩子的好奇心理，引诱孩子一步步走向深渊。在深圳戒毒所收留的吸毒人员中，有70%是因为好奇、受到诱惑而染上毒瘾的。一些孩子为了使自己的身体更健康、更苗条，听说吸毒可以治病、减肥，就听信了毒贩子的鬼话，结果苗条是苗条了，但是皮包骨头那样的瘦骨嶙峋。还有的孩子对毒品的危害认识不够，怀有强烈的探究心理和叛逆倾向，不相信周围人对待毒品的看法。认为毒品并不像别人说的那样可怕，吸一两次不会碍事，自己的意志完全能控制不上瘾的。在这样一种心理的驱使下，抱着看看到底怎么一回事的态度，走上了吸毒的道路。

家庭环境也是孩子吸食毒品的重要原因。一些家庭关系不睦，长期在外工作，或者夫妻离异，有暴力行为，都可能让孩子得不到温暖富有爱心的环境和正常的教育。孩子没有人关心，为了排遣孤独，就可能会借助毒品来找寻自我。经济条件好的家庭，父母给了孩子太多的零花钱，又不管制孩子零花钱的开支，使孩子有充分的物质条件购买毒品。还有的父母本身都是毒品吸食者，在他们的言传身教下，孩子早早就学会了吸毒。一些丧失人性的父母，为了满足自己吸食毒品的欲壑，甚至让孩子去贩毒或从事性交易。

在吸毒的青少年中，还有一部分是因为交友不慎而染上吸毒的毛病的。在交往的朋友中有人吸毒，因为好奇、顾及朋友面子、想要加深友谊、受到朋友引诱等各种原因，许多孩子交了一个朋友，却毁了自己的一生。吸食毒品，是一条通向地狱的绝望之路，它毁了孩子的青春和未来。

青少年阶段是人类成长过程中最为危险的一个阶段，孩子们的生理和心理都不成熟，一旦毒品乘"虚"而入，孩子们就等于为自己埋了一颗定时炸弹，走向一条通往地狱的绝望之路。一旦吸毒成瘾，就会导致记忆力衰退、学习能力降低，身体免疫力下降，增加多种疾病的发生率，严重摧残孩子们的身心健康。由于采用静脉注射、肌肉或皮下注射的方式吸毒，注射器和针头的消毒效果不好，还会传染各种皮肤病、性病、艾滋病等。在去年底，因为共用注射器吸毒感染的艾滋病患者达到了2万多例，占艾滋病病例的70%左右。

因为在学校从事的是学生思想指导和心理辅导工作，所以我经常到监狱或劳教所等地方去给一些少年犯进行一些指导。我发现成长经历中无人关心等是青少年身陷毒品泥潭的罪魁祸首。我曾经和一个名叫毛毛（化名）的15岁男孩做了深入的交谈。他在我们那个市强制戒毒所里是年龄最小的一个。我一开始注意到他个子矮小，但双眼却滴溜溜转个不停，所里的人介绍说他可是个"老江湖"。

毛毛来自于市郊的农村，在他年幼时母亲因病过世，父亲忙于生计无暇照管他，自7岁起，毛毛就模仿大人抽烟，并以此为荣。他说，每天放学后燃起一根香烟吞云吐雾，走在同学们中间感觉特有面子。14岁那年，勉勉强强读至初一的毛毛干脆辍学了，终日跟在村里几位"大哥"身前身后当起了小弟。去年初，他结识了乡里一做餐饮生意的"大哥",几番来往后,毛毛很得大哥喜欢。慢慢地,毛毛也发现了大哥原来是"白药仔",但他也不以之为忤,相反还认为这是"酷"的表现。去年中,趁大哥不在家,毛毛偷了一点"白粉"终于"开禁"尝了鲜,并从此成了一名"小道友"。吸上白药后,因无钱买药,毛毛便在"道友"的"教授"下当起了路边一个废弃工厂的庄家,以赌钱为营生。据毛毛说,他在那些骰子上用磁铁做了手脚,因此聚赌时基本都是赢钱,有时一天纯收入达三四百元。毛毛说他每次赢了钱就拿来买药嗑药,等到钱用完了就再威逼一群人来聚赌一番。这样的日子持续到他被警方抓获,在审讯时毛毛因为药瘾发作口吐白沫,结果被送去强制戒毒。

毛毛走上吸毒道路的根本原因在于父亲对他的不管不顾。青少年吸毒败坏了社会风气,危害了社会治安,更主要的是它形成了一个恶性循环。吸毒,需要毒资,于是腐蚀引诱更多的无辜青少年陷入泥潭,助长和刺激毒品犯罪。有健康的身心,才有光明的未来。为了更长远的人生,所有的孩子都应该珍爱生命,拒绝毒品。

爸爸感悟

诚如上述事例所展示的,孩子染上毒瘾多是受了不良的家庭环境的影响。据调查,染上毒瘾的孩子大多数来自于两种家庭:一种是家庭成员关系紧张,成天吵吵闹闹甚至发生激烈冲突的家庭。在这样的家庭里,孩子整天受到辱骂甚至挨打,随即产生了摆脱家庭的想法,于是有机会接触到吸毒或贩毒者,并在那里寻求到精神上的解脱;另外一种是家庭成员之间彼此漠不关心,各行其是或是离异家庭,孩子感受不到家的温暖,没有人在他亟须指导的时候给他正确的引导,有时候甚至是吃不饱、穿不暖。总之,不良的家庭环境容易让孩子急于离开家寻求解脱,进而容易沾染上吸毒等不良嗜好。

还有一些家庭则是父母本身就是瘾君子,于是孩子自然而然地模仿或是被家长教授成了吸毒者。这样的情况我在云南边境地区做研究时曾经接触过,很多家长在孩子年幼时溺爱、娇生惯养,一切以孩子为中心,会使他们长大后任性、固执、倔强;如果父母对孩子的家教方式存在很大的问题,他们对孩子不是打骂就是不理不睬,根本没有履行对孩子的监护义务,最终迫使孩子走上弯路。因此,父母的教养方式对孩子的健康成长有重大的影响。

父母能够且应该给孩子的就是一个完整的家庭。父母完整的爱是孩子健康成长的重要保证,破碎的家庭往往给孩子残缺的爱,一些家庭父母离异或者长期外出,孩子得不到正常的教育,放任自流,缺少监护,孩子容易沾染上一些不良嗜好,更容易受到毒品的诱惑。家长作为孩子的第一任老师,不仅自己应该注意远离白色诱惑,还要注意给孩子营造一个良好的成长环境。一些家长虽然自己不吸毒,但身边却有一些吸毒甚至贩毒的朋友。这些朋友行为的不检点等会给自己的孩子带来不好的示范作用。还有一些家长则长期带孩子到人员复杂的地方如歌舞厅、酒吧去玩,让孩子亲眼目睹很多人在毒品中醉生梦死。所以,家长应该注意清除自己生活环境中的不良朋友和嗜好,保证给孩子一个安全、舒适的成长环境。

另外,如果家长发现自己的孩子不小心染上了毒瘾,一定要理性对待。很多家长把这当成是家门耻辱,不敢把孩子送到戒毒所,自己把孩子关在家里帮孩子戒毒,这样做的危险性是很大的。家长应该意识到孩子不仅仅是违法者,同时还是受害者。所以,应该理智地将孩子送到戒毒所帮孩子正视问题、摆脱毒瘾。千万不能因为担心家丑外扬而耽误了挽救孩子的时机。亲爱的爸爸妈妈们,这时候你们一定要暂时停下手中的工作,努力咽下你们即将喊叫出来的咒骂,理智地想一想:应该如何多爱孩子一点,让他尽快摆脱毒瘾,离健康更近一些。

教育小贴士

1. 建立和谐友爱的家庭关系

温馨和谐的家庭是预防孩子染上毒品最有效的方法,是拒绝毒品最坚固堡垒。在一个友爱的家庭中,孩子们会把家庭当作一个温暖的港

湾，享受健康的生活，培养成优良的品德。

2. 管教孩子尺度适当

对待孩子既不能溺爱，也不能过于苛刻。要有一个适当的、一贯的态度，尤其要注意言传身教一致。

3. 让孩子遇到挫折时及时与家长沟通

孩子在成长过程中难免会遇到人际冲突、生活就业等挫折，要让孩子相信家长是值得信赖的朋友，可以倾诉的对象，并能以自己的人生阅历给孩子指点迷津。

4. 告知孩子吸食毒品的危害

可以带孩子去看各种禁毒展览，与孩子一起分析毒品的危害，在孩子的心中建立一道牢固的防御线。

5. 了解孩子的交友情况

要知道孩子经常与哪些伙伴在一起游玩，告诉他"近朱者赤，近墨者黑"的道理。

6. 面对朋友的诱惑时，要学会说"不"

要让孩子学会拒绝来自朋友的诱惑，勇于说"不"。要让他知道真正的友谊是相互支持的，对待朋友的吸毒行为要力所能及地进行劝导。

7. 给孩子的零花钱要心中有数

给孩子的零花钱要适当，不要让孩子有过多可以支配的钱。了解孩子的零花钱开支情况，让孩子学会节俭、理财，把钱用到正当的渠道上。

8. 不要让孩子涉足娱乐场所

夜总会、酒吧、舞厅等娱乐场所尤其是一些色情场所是传播毒品的主要源地，要杜绝孩子涉足这些场所。

9. 不随便接受别人的香烟、饮料及其他食品

当别人尤其是陌生人给孩子香烟、饮料及其他食品时，让孩子不要随便接受。还要注意不要让孩子染上吸烟的恶习。

10. 孩子吃药打针要有家长和医生的指导

适当的麻醉药品、精神药物可以医治身体疾患。如果孩子的病情需要，一定要有医生的处方，在家长的监督下购买。切勿让孩子自行到药店或街头小贩处购买。

11. 发现有人贩毒、吸毒要及时举报

拒绝毒品，人人有责，它是一种全社会的共同行为。如果孩子发现有人贩毒、吸毒要告知家长，及时向公安机关举报。

12. 误入吸毒禁区后，要立即接受戒毒治疗

如果孩子不慎吸了毒，有了毒瘾，一定要到戒毒所或者医院接受强制治疗。要让孩子知道，如果染上毒瘾，一切未来的希望都将幻灭。

时代在改变，我们也随之而改变。

——欧文

3 一起走过"性"窦初开的日子：怎样对孩子进行性教育

随着生活水平的提高，营养过剩，食品中的激素含量增多，使青少年的身体发育明显早熟。如今的女孩，初潮时间已经提前到十二三岁，男孩的首次遗精也在十四五岁就出现了。生理状况发生的急剧变化，使处于青春期阶段的孩子迷惘和躁动。对异性生理的秘密和性行为产生了好奇，对"性"知识产生了极大的渴求。在中小学里，"性"话题一直是少男少女最好奇、最神秘的话题。

《长沙晚报》曾刊发了一则名为"七龄童给女同学拍裸照"的消息：哈尔滨一名一年级的男孩，竟让自己的一名女同学摆出各种姿势，一口气拍了10多张裸照。当一些成人还在争论人体摄影是色情还是艺术的时候，这名小学一年级的男孩，从街头闹市悬挂的裸女像产生了灵感，大胆用手中的照相机进行"艺术创作"。这则消息让成人们哭笑不得，惊诧之余，人们不禁要问：是什么原因，让这名男孩（和女孩）有如此大胆前卫、惊世骇俗的举动？

如今，孩子性意识的"开化"时间比上一代人提前了三四年。生理发育提前的同时，青少年的心理发育却比上一代人滞后，生理和心理的失衡上加剧了青少年的困惑，对于"性"知识的需求显得更加迫切。

在中国含蓄的文化传统中，长期以来人们羞于谈性，涉及此话题时总是遮遮掩掩、羞羞答答。在这样的文化环境中成长起来的家长，许多都没有受到过性教育，对于性的教育知识贫乏，也就不可能对孩子加以正确引导。学校在升学压力之下，性教育一片空白。渴望了解性的信息是"性"窦初开的孩子成长的内在需要，而正常的教育渠道却不能满足他们探索性知识的渴望。

在这样一种情况下，一些不健康的色情内容乘虚而入，捕获了青少年萌动的心灵。当今世界，色情黄毒已悄悄地侵入了孩子们的玩、读、看甚至吃和穿等用品中。书市上各种情节低俗、内容淫秽不堪的"口袋书"公然批售；玩具市场的色情玩具搔首弄姿；互联网上的色情网站随处可见；电视上的暴露镜头比比皆是。有人曾经做过统计，发现如今的传媒内容与"性"有关的比二十世纪七八十年代增加了几百倍。在这一种处处与性有关的成长环境中，儿童耳濡目染，不由自主地被潜移默化、滋长了不健康的性心理，培植了不正常的性观念。

据调查，如今的中学生有52％曾经浏览过色情网站，30％的高中生认为一见钟情就可以发生性行为。由于看色情书刊或录像带而长期沉浸于性幻想，又因缺乏正确的引导，许多青少年上课精神恍惚，注意力不能集中，学习成绩下降。昆明市一个下岗职工的孩子着迷于拨打色情信息台，不仅学习成绩明显退步，在三个月内还拨掉电话费一万多元，使本就贫困的家庭雪上加霜。还有的孩子不能控制自己的性欲，养成了频繁手淫的习惯，以至于一看到色情书刊或者异性就会遗精。我的一位医生朋友说，在他们的诊室里常见到这样的青少年患者，这样的现象如果不及时矫正可能会导致他们婚后性功能障碍，甚至不育。类似的案例不胜枚举。

黄毒如同祸水，将会毁掉孩子的一生，甚至毁掉一个家庭。作为家长，我们无力改变连国家都屡禁不止的色情污染环境，除了大声呼吁政府和社会加大打击力度，教给孩子正确的性知识，帮助他们建立符合社会赞许标准的性模式，完成性欲的"社会化"外，抵制色情的诱惑，远离黄毒的危害，是顺利度过人生历程十字路口的关键。

人们对儿童性教育的认识，已经从之前的羞于启齿逐步过渡到现在追求科学化教育的阶段。很早以前鲁迅先生就提出性教育的重要性，他认为知总比不知要好。对孩子进行性教育不仅仅是单纯意义上的性知识的灌输，而是对孩子的生理、心理健康的辅导。父母应该以孩子的身心年龄特点为科学依据，抓住生活的细节，因人而异，有原则地灵活地对孩子进行健康的性教育。

1. 家长应该帮助孩子形成稳定的性别角色认同

孩子在成长过程中，随着年龄的增长，对自己身体进行探究的好奇心会不断增强。他们会发现自己和其他小朋友的差别，为什么要有男厕所和女厕所的分别，为什么爸爸妈妈不能一起上厕所等这些不同让他们觉得很奇怪，他们希望弄清楚这是为什么。"为什么我不能站着撒尿""为什么我有小鸡鸡而妈妈没有"等这样的问题孩子经常会问家长。

这时候一些家长会感到手足无措。有的家长甚至会跟孩子告诫说"小孩子家不要问这样的问题"等类似的话。其实这会更加加重孩子的好奇心，让孩子会觉得这是自己不能关注的事情，关注这些不同是一件令人羞愧的事。其实，在孩子问这些问题的时候家长不必惊慌，更不必觉得尴尬，而是应当很自然地将男女之间的不同和相同展现给孩子，让孩子在平静的心态下接受事实并理解事实。因为在孩子的眼里，性就是性，还没有社会和文化的色彩，是最纯最简单的。面对他们，我们不妨也简单起来，回归自然，给孩子真实的答案。

爸爸应该教给孩子威严，妈妈应该传递给孩子温婉，让孩子知道男性和女性的区别，并按照爸爸或者妈妈的形象去塑造自我。除外形之外，我们更需要从内在塑造孩子的性别角色特征，让孩子有一个强烈的体验和比较。妈妈给孩子的是温暖的怀抱，孩子在妈妈的怀抱里吮吸母汁或甜甜入睡；爸爸给孩子的是高过头顶的眼界和勇气，孩子借着爸爸的臂力被高高举起，看向更远的地方。如果说妈妈是滋润我们、给我们水分和养分的根，那么爸爸便是让我们不断向远方伸展的枝干。从爸爸妈妈看孩子的眼神、对孩子的爱的表达、给孩子的拥抱或是抚摸的不同，孩子会看到爸爸和妈妈两种性别角色的差异，并会慢慢觉得这种不同是一种顺其自然和理所当然的。

2. 家长要懂得呵护孩子对生命萌芽的思考

孩子在关注自己身体特征的时候，也会引起他对自己生命的思考。"爸爸妈妈，我从哪里来的""妈妈你为什么又流血了""为什么爸爸不能生宝宝"这些问题总会令家长感到头疼。

"你是从垃圾桶里捡来的。你再问，我就把你送回去。"爸爸妈妈这样的回答会让孩子感到自卑并且会因为害怕妈妈不要自己，自己觉得这是不能问的问题。"妈妈受伤了，所以流血！"这样的回答会让孩子十分担心自己的妈妈，会造成孩子的情绪紧张。"爸爸不愿意生，所以让妈妈生。"

"那爸爸是不是不爱我？"这样的问题在每一个家庭都会出现，但我们希望这样的回答不要出自每一位爸爸妈妈之口。孩子在问这些问题时，我们可以动一动脑筋用比较巧妙的方法告诉孩子正确的知识，比如"你是从妈妈肚子里钻出来的"，如果孩子还不满意，就告诉他："爸爸给妈妈种了一颗种子，然后发芽了，开花了，结果了，就变成了你，你还要长大，所以就从肚子里跑出来了！"这样基于一定的科学事实又富有童话味道的答案会被孩子接受，并帮助孩子逐步建立起正确的性别意识。

3. 父母和孩子一起玩游戏长见识

当孩子有了基本的男女概念之后会发现父母是一男一女，一男一女结婚后构成一个家庭。那么怎么样才可以结婚呢？交男朋友和女朋友成了第一步。所以，我们会听到很多小学甚至幼儿园的孩子就说谁谁是我的男朋友或是女朋友，我们要结婚。"结婚"成了他们最爱讨论的话题，然而他们在讲白马王子和白雪公主结婚的故事时，神秘和害羞的眼神分明又告诉我们：他们感觉到了其中美妙的滋味。我们成人在小时候大都玩过"过家家"的游戏，女孩扮新娘或妈妈，男孩扮新郎或爸爸，他们模仿成人互相关心爱护，模仿成人各自做各自擅长的事情，比如"妈妈"喂"孩子"吃饭，"爸爸"开车送"孩子"上学等。这种模仿成人化的生活会在他们童年的记忆里留下美丽的颜色，父母可以帮助孩子多提供这样的体验，为他们长大后适应成人社会而打下一定的基础。

1. 帮助孩子形成性别角色意识

在孩子 5 岁之前，家长要让孩子意识到自己的性别角色，能从穿着打扮和游戏交往中适应社会对男女角色的要求，还要让男孩子学会尊重女孩。孩子性别角色的正确建立，可以帮助孩子的人格健全发展。

2. 不给孩子购买过多的营养品

任何一个生命的成熟符合自然规律是最佳的发展模式。各种营养品里有大量促进孩子身体迅速发育的激素，对孩子的健康成长是不利的。

3. 不购买各种淫秽音像制品及出版物

不仅是孩子，家长也不要购买和传阅各种淫秽音像制品和出版物。

4. 在家中不谈论黄色话题

不要把各种不良的黄色信息带回家中。

5. 了解孩子的交友情况

俗话说："近朱者赤，近墨者黑。"家长应关注孩子的交友情况，控制孩子的交友对象，不要让孩子结交不良青少年。

6. 限制孩子独自活动的时间

在放学后和节假日，要对孩子单独活动的时间做出限制，并了解孩子在外的活动情况。

7. 不要让孩子涉足歌舞厅、酒吧等娱乐场所

在花天酒地的娱乐场所，青少年很容易迷失自己，更何况有些娱乐场所本身就是色情场所。

8. 对孩子所看的影视节目进行把关

对孩子所看的影视节目，家长要进行把关。如果有"少儿不宜"内容，不能为了追求尊重孩子的教育效果而让其观看。

9. 了解孩子经常浏览的网站

目前网络上大约有 50 万个色情网站，是传播色情的主要途径。家长应与孩子一起制定上网规则，与孩子达成"不上色情网站"的协议，督促孩子遵守上网规则，学会自我约束。

10. 关心孩子的成长情况

家长要善于发现孩子在生活、学习、交往中遇到的困难和障碍，帮助他们寻找到成功和快乐的体验。同时要建立平等的家庭文化，给孩子创造一个温馨、和睦、充满爱的家庭环境。

11. 培养孩子的兴趣爱好

健康的兴趣爱好可以陶冶孩子的情操，抵制色情黄毒的影响。

12. 鼓励孩子积极参加身体锻炼

通过体育活动，在增强孩子体质的同时，开阔他们的胸襟，磨砺他们的意志，增强他们抵制黄色诱惑的信心。

13. 对孩子进行正确的性教育

家长首先要有正确的性爱观念，敢于谈性，善于谈性，给予孩子必要的性教育。要让孩子了解生命的特征、人类身体的奥秘以及男女生殖器官的差异和生理功能，消除孩子对"性"的神秘感，防止孩子形成性心理的压抑。同时，还要通过各种渠道和方式让孩子了解有关性心理、性行为、性卫生、性道德、性与法律家庭社会等方面的知识，使孩子的性心理和行为向自然健康的方向发展。

 **名人名言**

一个人若是依循着某条轨道前进，那总会在某处有个终点；若总是到处漫游，则绝无尽头。所以，我们不能做无目标、无意义的旅行。

——塞涅卡

④ 人生就像愤怒的小鸟：做电子游戏的主人

人生就像愤怒的小鸟，每次你失败的时候，总有几只猪在笑。网络上广为流传的这句流行语从侧面印证了游戏"愤怒的小鸟"的全民皆爱，号称"网络奥斯卡奖"的第15届"韦比奖"2011年5月3日出炉，"愤怒的小鸟"获得广为关注的最佳掌上游戏奖。有诗为证：怒目圆睁一只鸟，体形滚圆射垒堡。抢得金蛋需技巧，大人小孩乐陶陶。胜利了，自由飞翔的泰戈尔说：愤怒的小鸟们在你的晨光中，唱着你的名字——因为你的名字便是快乐。

一位游戏玩家曾经说过，游戏改变了我们的生活轨迹，改变了我们的思维方式，也在悄悄改变着我们身边总是不尽如人意的地方。几乎完美的电子游戏在人们的生活和工作中，将占据越来越重要的地位。它对青少年有着强大的吸引力是有一定原因的。

孩子们正处于青春期，身上有着巨大的精神能量等待释放。但如今的孩子却是孤独的一代，家中只有自己一个孩子，父母工作太忙，爷爷奶奶年纪太大，与同伴的交往又太少，为了排遣孤独，电子游戏成了最好的玩伴，过剩的精力有了发泄的对象。在现实生活中，学业的压力，人际交往的挫折，都超出了孩子的心理承受能力，游戏却给了他们舒缓压力、体验成功的自由空间。在游戏中，他想象着自己是一个优秀的赛车手，一个本领高强的英雄人物，不断地征服世界，捕获一个又一个的成功，充分体验到了个体身上蕴藏的巨大潜能。

从游戏本身来讲，它还是一个向青少年展示新知识的窗户，在游戏中,激发了游戏者的科学幻想和探索未来世界的强烈兴趣。游戏再现了现实生活中难以实现的一些情景,强烈地吸引着具有探索欲望的孩子。虚拟现实的游戏还给孩子们提供了一种实际的体验,在虚拟开车、虚拟贸易、虚拟航海等游戏中,孩子们对实际生活有了更深的体验,积累了今后从事这种职业的经验。从这个意义上来讲,游戏是一种前人文化的传播载体。即便简单如《挖地雷》《俄罗斯方块》等小游戏也可以开发孩子的智力。美国的研究还表明,经常玩游戏的人注意力集中,反应更敏捷。

电子游戏的另一半却是一个恶魔,它仿佛一个黑洞,正在吞噬着孩子的健康和心灵。

玩游戏机可以导致视力受损。如今,中小学生中戴眼镜的越来越多了,罪魁祸首便是游戏机。游戏机上的光线强烈,对眼睛是一种极为不良的刺激,玩游戏时间长了,过量消耗视网膜感光物质,近视也就敲门了。有一个孩子,家中开了一个游戏室,孩子每天放学就被家长叫着守游戏室。看着其他孩子玩得起劲,孩子逐渐沉迷于游戏之中。自家的游戏不花钱,玩起来通宵达旦,终于有一天,孩子再也看不到游戏了。因为,他的双眼失明了。

过量玩游戏还会损害健康、荒废学业。长时间玩游戏的人,会患上一种"游戏综合征",出现情绪低落、头昏眼花、双手颤抖、疲乏无力、食欲不振等症状,还伴随如自主功能紊乱、激素水平失衡、紧张性头痛等一系列生理病变。

青少年的自制力一般比较差,经常玩着玩着就上了瘾,晚上不睡觉,上课打瞌睡。时间一长,沦为游戏的"奴隶",把自己的主业——学习,忘到九霄云外了。沉迷于游戏的孩子一般都学习不好。

我有一位朋友的孩子,原本学习刻苦,成绩在班上总是数一数二的,自从迷恋上游戏之后,记忆力开始衰退,注意力不集中,学习成绩明显下降。广东佛山的罗小明原本是一个优秀、乖巧的孩子,还曾经参加奥林匹克数学竞赛拿了一等奖,自从迷上电子游戏之后,学习成绩一落千丈,还患上了严重的心理障碍,在痛苦的旋涡中挣扎。他人生的全部乐趣都在游戏世界中,他说,只有在游戏世界中我才能得到解脱。

沉迷于虚拟游戏世界中,孩子会逐渐脱离现实生活,忧郁内向。在虚拟世界中,宝贵的时间流逝了,这些时间原本可以和家人一起散步,与朋友一起聊天。与人交往的时间少了,也就意味着情感的淡漠。孩子会逐渐把自己的内心封闭起来,越来越空虚,越来越失落。最终,又恶性循环到对游戏的心理依赖上,丧失改变现实自我的动力。

在电子游戏中,只有不到三成是以暴力为主题的,但因为画面精美、内容惊险刺激,更受到青少年的青睐。孩子们涉世未深,很容易受到感染,在玩过暴力游戏之后,变得更加富有攻击性和暴力倾向。美国科罗拉多州里投顿市可伦班高中的两个学生,每天都要玩上几小时的《毁灭战士》游戏。他们杀死了12名同学、1名老师,并重伤23人,自己也饮弹自尽。在这起悲惨的高中屠杀案中,两个杀手的手法与《毁灭战士》不无二致。另据《法制日报》报道,13岁的张某和14岁的宋某因为玩游戏时与网吧服务员发生纠纷,遂起意报复,购买了1.8升汽油,纵火北京"蓝极速"网吧,活活烧死了20多人,烧伤了10余人。

游戏本身只是一种娱乐工具,它的影响好坏取决于使用者的需要。玩游戏的人中,我们不难发现能理智对待它的人。每年全国的青少年信息学奥林匹克比赛中,获奖的选手都有玩游戏的经历,其中很多还都是游戏高手。少年时代的比尔·盖茨曾经对游戏很感兴趣,他之所以走上开发电脑的道路来自于对游戏的最初兴趣。韩国COM2US公司是一个世界上最热门的无线游戏制作公司,公司的总裁金泳帕克和她的丈夫共同经营着这个公司。他们两个在读大学时共同迷上了电子游戏,相约一起逃课,通宵达旦地打电子游戏,他们的美好前程几乎葬送在游戏世界中。后来,他们幡然醒悟,以游戏起家,共同走上了创业的道路。今天,在他们的公司里只有一个不可商量的原则:公司里禁止打电子游戏。

如今,没有人统计过有多少青少年像比尔·盖茨和金泳帕克一样爱玩游戏，但几乎人人都知道，电子游戏已成为学生分心、家长担心、教师烦心、学校忧心的"洪水猛兽"，当孩子沉湎于电子游戏中乐不思蜀时，家长不能也无力斩断来自游戏的诱惑，不妨看看下面的爸爸感悟和教育小贴士。

生活中一提起电子游戏很多家长都是咬牙切齿表示对此深恶痛绝。但是细细听来，我们会发现引来家长抱怨的孩子，往往都是过分沉迷于游戏甚至因此耽误了学业和生活的孩子。其实，电子游戏给孩子带来的并不都是坏处。相反，适度地玩游戏可以开启孩子的心智、促进孩子的健康成长。

现在城市的孩子大多数都是独生子女，他们在学校时有同学和朋友可以交流。但是回到家中，父母又不可能一直陪着他，他就只能自己找到适合的方式来打发时间。固然，我们都希望我们的孩子喜欢的是看书、运动等这样"好"的方式来过自己的独立生活，但是一个天天只会看书的书呆子绝对不是我们想要的孩子。所以在家人无法陪伴孩子时，我们应该是在要求孩子完成了自己的学习任务之后，能够自主选择自己的放松项目。

孩子选择玩游戏时，我们可以和孩子一起选择适合的电脑游戏，之后再制定一个时间规定让孩子来遵守就好。如果孩子不遵守规定一味沉迷的话，我们就应该通过禁止孩子玩游戏等方式来告诉孩子遵守规则的重要性。

除此之外，家长也应该适度了解孩子感兴趣的几款游戏，明白游戏所传递的东西，并注意和孩子交流了解他对游戏的看法，一起解析出游戏传递出来的正能量。其实我们要能正确理智地看待孩子玩电子游戏和网上聊天的问题。最关键的问题还在于我们以何种姿态干涉孩子玩游戏，如果我们以不让玩、天天批评的状态来压榨孩子，那么带来的只会是孩子的反抗。但是，我们如果能够和孩子多沟通并试着去理解他们，那么孩子自然也就会在大人的理智陪同下安全地成长了。

 教育小贴士

1. 不要给孩子太多的零花钱

孩子手中的钱少了，去外面的游戏室的频率也就少了。

2. 在家中给孩子添置电脑

尽量让孩子在家中玩游戏，这样有利于家长掌握孩子玩游戏的情况。如果家长有时间，不妨与孩子一起玩游戏，不失时机地引导孩子端正对游戏的态度。

3. 让孩子学会自我约束

规定孩子每周玩游戏的时间，让孩子摆正娱乐和学习生活的关系，孩子作业没完成，不允许玩游戏。

4. 避免孩子接触暴力、色情游戏

要充分估计暴力、色情游戏给孩子带来的危险，避免孩子过多接触，多给孩子买一些益智类以及与现实生活有一定联系的游戏，让孩子在健康的游戏环境中成长。

5. 培养孩子的更多兴趣

培养孩子屏幕外的兴趣爱好，分散孩子对游戏的注意力。

6. 引导孩子探索电子游戏的奥秘

引导孩子了解游戏的制作过程、工作原理，培养孩子对科学的兴趣，把孩子牵引到科学求知的道路上。

 名人名言

巨大的财富具有充分的诱惑力，足以稳稳当当地起致命的作用，把那些道德基础并不牢固的人引入歧途。

——马克·吐温

5 "抽烟身体好,赌博练头脑。"教孩子远离赌博

2013年,网络上有个广为流传的恶搞段子"妈妈说,抽烟身体好,赌博练头脑,摇头没烦恼,打架练手脚,抢劫练长跑。这句话对吗?"回答者说:"抽烟身体好,好到肺黑了;赌博练头脑,练到又傻又痴狂;摇头没烦恼,摇到鬼门关;打架练手脚,练到断手脚;抢劫练长跑,跑到无路可退,教育你呢!"

这个关于赌博段子的流传是网民恶搞精神的再次表达,但也可以看出赌博作为一种社会恶疾,如今已蔓延到了校园中,侵蚀着孩子的心灵。一些中小学生在放学后,到学校外选择一个僻静的地点赌博。离我家很近的一个小树林,经常可以看见中小学生放学后聚在那里玩"三批"。还有的孩子悠然自如地活跃在公园附近的茶室里,嘴上叼着烟,其举止神态很难把他与中学生联系起来。

在一些校风涣散、管理松弛的学校里,学生们竟公然在校园内赌博。我所在的城市一个中学校长偶尔一次到学生宿舍检查,当场抓到四五个学生逃课聚赌,赌资竟达千元之巨。其他诸如午休时间、课间休息等都可以让学生小赌一把。甚至有的学生采用递条子、打手势的方式在课堂上赌博。

有的孩子参与赌博是有几个固定的赌友,由于学习成绩都不太好,经常聚在一起,家庭背景比较接近,赌博就成了他们相互交流、逃避学习的方式。有的孩子是受到了别人的引诱和怂恿,冲动之下走入了赌博圈。甚至有一些家长在打麻将的时候人手不够,看到孩子闲着无事,就让孩子来"补缺",对孩子进行了赌博的"启蒙教育"。

中小学生赌博的形式也五花八门。赌注有现金、实物甚至各种劳动、惩罚等。有一位被学生们称之为"赌王"的学生,经常与其他同学打赌打扫卫生。孩子们赌博往往在"小赌怡情"的诱惑下,先用实物作为赌注,时间一长,就把自己的零花钱、压岁钱拿了出来,最后越赌越大。

赌博，犹如一个糖衣炮弹腐蚀着孩子们的灵魂。孩子们常常误以为赌博就是"好玩"，可以调节紧张的学习生活，岂不知，赌博是社会的一个"毒瘤"，它像糖衣炮弹一样腐蚀着孩子们的灵魂，侵害他们的健康。正在求知阶段的孩子参与赌博，会分散孩子的精力，影响他们的学习。赌博很容易上瘾，孩子们在赌博的时候，大好的青春时光不知不觉地流逝了，该完成的学习任务必然会大打折扣，受到影响。长时间参与赌博，还会扰乱休息时间，睡眠质量不足，饮食起居的正常规律被破坏，时间久了，会影响身体健康，出现食欲不振、消化不良、恶心、呕吐等反应，甚至诱发严重的失眠、精神衰弱、记忆力下降等症状。

赌博活动的结果与金钱、财物的得失密切相关，孩子们在参与时往往要全力以赴，精神高度紧张，精力消耗极大。赢钱时情绪激动，兴奋异常；输钱时又心烦意乱，脾气暴躁。孩子们都知道赌博是不好的行为，要受到家长和老师的指责，参与赌博活动经常提心吊胆，害怕被大人发现，背着沉重的精神负担。久而久之，还会引发神经系统和心脑血管系统的疾病，甚至危及生命。

孩子们参与赌博往往是与自己的同学、伙伴一起，赌博者人人都想赢对方的钱，这样一种窃取朋友金钱的心理会造成人际关系紧张，友谊不再纯洁，披上了一层金钱的外衣，严重者还会引发家庭之间的矛盾。赌博还会使孩子们的心灵受污染、被腐蚀，把人与人之间的关系看成赤裸裸的金钱关系，产生错误的金钱观。小小年纪的孩子就一切以金钱为中心，言必称钱，行必为钱，成了金钱的奴隶，逐渐成为自私自利、见利忘义的人。道德品质随之下降，社会责任感、自尊心都会受到严重削弱。赌博心理是一种投机取巧的心态，如果偶然一次在赌博中赢了钱，还会强化这种不劳而获的心态，容易产生懒惰思想，怕吃苦，总想守株待兔，从而不再用功学习，总梦想着突然成为富翁。赌博还容易引发社会犯罪行为。从当众争吵、打架斗殴，到偷抢劫掠、扰乱社会治安等违法犯罪层出不穷。

有一位哲人说过："只崇拜金钱和崇尚享乐的民族是没有希望的民族。"为了孩子的前途，为了民族的未来，家长们一定要小心啊！千万不要拿孩子的青春赌明天呀！

爸爸感悟

赌博的危害性大家都很清楚。很多大人禁不住赌博的诱惑最后引来杀身之祸，弄得家破人亡。孩子们因为自己的年龄较小、缺乏是非判断和抵抗诱惑的能力。赌博往往披上了能够让你不劳而获、一夜暴富的外衣，对自控能力不强的人具有极强的诱惑性。赌博带来的危害还具有连锁反应，如果不及时纠正这一恶习，孩子就会陷入撒谎、偷盗甚至抢劫等更深的罪恶泥潭。所以，家长不仅自身应该提高素质和修养避免陷入赌博，还要帮助孩子远离赌博诱惑，坚决抵制赌博给生活带来的危害。

教育小贴士

1. 从家庭做起，拒绝赌博

要教育孩子不赌博，家长先不要赌博，有时为了社交需要不得不参加，但不要把同事、朋友带回家中进行赌博活动。

2. 教孩子学会说"不"

要让孩子学会拒绝，当别人邀请他参与赌博时，一定不要碍于情面、害怕孤立而卷入其中。

3. 控制孩子的上下学时间

家长要知道孩子上下学需要的时间，如果孩子有事晚归，要及时告诉家长。

4. 不要给孩子过多的零花钱

孩子的零花钱够用即可，不要让孩子手中有太多的闲钱。

5. 帮助孩子树立正确的金钱观

要让孩子知道，金钱虽然是生活中很重要的东西，但绝不是生活的目的。靠自己的诚实劳动获取的报酬最为珍贵。

6. 关心孩子的学业压力和交往挫折

在学习上碰到困难或者人际交往上遇到挫折时，孩子容易丧失信心，养成恶习。家长要关心孩子的学习和生活，帮助孩子走出困境。

7. 对别人的意外之财不眼红

让孩子对别人的意外之财不眼红，不嫉妒，不羡慕，不效仿，把精力投入到学习中去。

8. 培养孩子的业余爱好

培养孩子的一两种业余爱好，让孩子的课余生活丰富多彩，充满乐趣。

❻ "我怕妈妈不在，我就不听话了。"与孩子一道了解旅行安全注意事项

前面说到过因为我和阳阳的妈妈特别喜欢旅游，所以到现在我们一家三口仍然保留着每个假期一起出去旅游的习惯。多次的旅游经历也使阳阳成为一个小小旅行家，以至于现在在大学里到旅行社打起了工，当起了导游。

俗话说："读万卷书，行千里路。"在复杂多变的社会上，美丽神奇的大自然中，我和妻子发现阳阳的阅历丰富了，知识增长了，人格健全了。走出校外，阳阳不断地学习自己、护理自己，学会了与不同的人打交道，这是他将来适应社会的一种实习经验。

在大自然中，辨识不同的植物，认出各种动物，了解自然变化的规律，都开阔了阳阳的视野，丰富了他的知识。在富有魅力的大自然中，领略风土人情，感受大自然的和谐优美，峻峭的山峰，千奇百怪的白云，湍急的河流，参天的古木，动听的鸟鸣。我们一家人在欣赏的同时，还可以体悟到生命的意义和人生的价值。走出户外，还是一家人进行环保教育的良好时机。教阳阳不要随地丢弃垃圾，尽量使用无害物品，甚至组织他们捡别人随意扔下的废旧物品，都可以培养他们的环保意识。在学校生涯中，阳阳拿回家的第一个奖状是环保小卫士，这着实

好爸爸是这样炼成的

让我们全家兴奋了一阵子。

外面的社会和大自然是精彩的,外出游玩对于孩子们了解社会、贴近自然、磨炼意志、接受美的熏陶,都是课堂无法替代的。但《中国青年报》却登载了这样一则消息:近日,重庆市江北区16中的教学楼墙上,贴上了一张"小字报",内容为:"老师,我们想春游。拜托!"落款为"一群失望的学生"。

春天来了,万物复苏,蛰伏了一冬的孩子渴盼着走到大自然中,感受春的气息。嫩嫩的青草,潺潺的溪流,温和的阳光,久违的鸟声,都强烈地吸引着学生年轻的心。平时,学生们与家长也有许多的机会一起出去游玩,但和同学们在一起有"截然不同的感受"。望着窗外的春光,孩子们被禁锢在学校的围墙之内,放飞的心情极度失望。学校也有自己的难处,组织春游能让孩子们在大自然中得到美的熏陶,树立环保意识,对学生的身心发展是有好处的。但安全问题怎样保证,学生出了事谁来负责?因此,许多学校本着"步行、小型、就近"的原则,组织孩子们外出春游。甚至干脆闭口不提,组织其他的校园文化活动进行弥补。

家长们同样是忧心忡忡。孩子与家人外出游玩,大人的注意力都放在孩子身上,发生意外的可能性也就小了。学校组织春游,老师人手有限,很难组织和管理好大群学生,发生意外的概率很大。孩子们想春游,学校和家长又担心安全问题。外出游玩成了许多学校头疼的难题。

去年,我家附近的一所学校组织学生外出游玩,来到一个风景怡人的水库。两个男生没有跟老师和同学打招呼,私自跑去游泳。等老师清查人数时,发现少了两个人。全班同学四处寻找,在一块偏僻的水域发现了他们漂浮的尸体。我们当老师的一提起这些事,经常提到的一句话就是"有限权力,无限责任"。

外出游玩危险重重,如果因噎废食,把孩子与洗澡水一起泼掉,培

养出来的孩子却是温室花朵,这样的孩子永远不会长大。我们没有权利因为怕出事就剥夺孩子走出家门的权利。孩子们要充分地了解社会、拥抱自然,全社会都有责任给他们编织一张安全的网。

一方面,对孩子进行安全教育、自理自救教育,让孩子们防患于未然,遇到紧急情况时尽可能地妥善处理,不至于手足无措。另外,旅游商家也要树立安全意识,采取各种措施消除隐患,把事故扼杀在萌芽状态。在事故频发的地方,一定要有醒目的标志,提醒孩子们小心谨慎。

家长和学校担心的还有事故发生后谁来负责的问题。在这一方面日本有值得借鉴的办法。他们制定了专门的《中小学健康促进法》,成立了"健康教育促进会",负责处理学生在游玩过程中出现的意外情况。学校承担的责任减轻了,也就放手锻炼学生了。

经过锻炼的学生,适应能力明显增强。于是,出现了众所周知的夏令营中中日孩子较量的一幕。中国孩子虽然输了,但并不证明先天素质比日本孩子差。它启示我们,必须给孩子更大的空间,让孩子在锻炼中成长。不管是旅游景点的设施完善还是各种意外事故的保障机制,家长们的担心总是存在的,他们更企求孩子们不要出事故,尽量少出事故。那么,最好的方法还是放手孩子,培养孩子的自理、自护、自救能力。

1. 外出时准备一些常备药品

当孩子外出游玩时,食品并不是最重要的。在孩子的书包里放一些常备药品,比如感冒药、消炎药、止泻药等,跌打损伤的急救药品也是必需的。别忘了,一定让孩子学会使用这些药品。

2. 教孩子外出时遵守游玩纪律,按时参加活动

要告诫孩子外出游玩时遵守纪律,在集体活动期间不要私自出走,按照规定的时间到达指定地点。

3. 旅途中,尽量与同学结伴而行

如果孩子必须离开团队,一定要与其他人结伴而行。

4. 旅途中,不与同伴过分打闹

在旅途中与同伴过分打闹往往因为忘乎所以而忽略了安全意识。危险经常在不注意的时候出现。

5. 不图方便,尽量不使用别人的用具

准备好自己的常用物品,尽量不使用商家提供的用具。

6. 不与陌生人搭讪

如果陌生人与你讲话,要保持一定的距离,讲话内容不要太多,尤其不要把自己的家庭情况告诉对方。

7. 不随意把自己的钱拿出来炫耀

家长给的钱要放在安全隐蔽的地方,不要露白炫耀。

8. 留宿旅馆时,要告知家人

到了一个新地方,要及时打电话与家长联系。如果晚上不能返回或留宿旅馆时,要尽快通知家长。

9. 游泳时,要征得带队人的同意

不会游泳的孩子,切莫逞强,外出不是学习游泳的好机会。会游泳的孩子游泳时,一定要征得带队人的同意,并且与其他人结伴游泳。

10. 帮助别人时,要请同伴帮忙

如果需要帮助别人,要找同伴或者认识的人帮忙。

11. 遵守交通规则

出门在外,一定要树立交通安全的观念,遵守交通规则。

12. 遵守游乐场所的规定

到了游乐场所,要先看一下有关规定和提醒标志,做到心中有数。

13. 不私自到偏僻的地方玩

不要因为好奇或者显示自己的与众不同,私自走到偏僻的地方。

14. 深夜不外出

天色已晚,要深居简出。

15. 记住回家的路

要记住回家的路,在不慎走失的时候,尽快返回家中。

 **名人名言**

从每次你真正正视恐惧的经验中，你都会得到智慧、勇气以及信心。

——罗斯福

⑦ **穿越 hold 住：理智对待孩子追星**

近日，在辽宁省丹东市打工的 19 岁女孩小丹（化名），到丹东市振安区八道沟派出所报警，讲述她被骗 1800 元的事情。这是 2013 年 2 月 14 日《检察日报》刊登的一个因迷恋穿越小说和电视剧，竟信了网友的话，以为喝下"神酒"就能回到清朝的丹丹的故事。

丹丹特别迷恋穿越小说和电视剧，总幻想有一天能穿越到清朝或者唐朝。一个月前，她在网上认识了名叫"神仙姐姐"的网友，二人很谈得来。聊天中，丹丹表示非常想穿越，"神仙姐姐"就说她认识一个"高人"，懂得穿越技术。后来，"神仙姐姐"和丹丹见了面。"神仙姐姐"说想穿越需要先交费，她问丹丹有多少钱，丹丹说要回家翻翻才知道。小丹从家里拿出 1800 元后，"神仙姐姐"嫌少，但还是答应帮她一次。

几天后，二人再次见面。"神仙姐姐"和另一个自称"高人"的妇女把小丹带到一偏僻地，让她把一瓶葡萄酒全部喝下，说等她再醒来时就会穿越到清朝了。小丹咬牙喝下了一整瓶葡萄酒，冻醒后却发现自己还在老地方，"神仙姐姐"已不知去向，身上的 1800 元钱也没了。发觉上当后，丹丹到派出所报了警。

这么简单的一个生活常识，是这位"神仙姐姐"骗局高明？还是因为女孩的无知？问题到底在哪儿？

看看现在荧幕上最流行的是什么，就不难发现答案了？什么《宫锁心玉》《步步惊心》等一系列的穿越剧，故事情节类似，讲述的都是现代社会里普通女子穿越到古代以后，凭借美貌以及原本在现代社会里所学到的知识和社会常识，穿越后邂逅自己的白马王子，过着奢华的日子，集万千宠爱于一身。由于这些穿越剧带着非现实的色彩，满足了年轻人爱做梦、爱追梦的情感诉求。

不是我不明白，这世界变化快。作为一种时代的产物和新的文化形态，传媒时代的时尚文化求异、前卫、创新、反传统，吻合了青少年的心理需求，并对他们的身心产生了较大的影响。

昨天，小燕子、F4等是孩子们津津乐道的影视形象；今天，喜欢光头孟非、飞轮海等组合则成了新的时尚。大街上，哈韩、哈日一族招摇过市，成为不少年轻人追逐的时髦生活形态。对偶像的崇拜和模仿，是青少年的一种自我心理投射，但商业时代产生的时尚文化，引导着青少年去追求物质享受和感官刺激，忽略了他们精神和心灵的归属，青少年盲目模仿，会引发一系列的社会道德问题，甚至违法犯罪行为。

一位心理教育专家对此现象进行了剖析，并称之为"崇拜心理失衡"。青少年追星时崇拜过于感性，对明星的认识肤浅，崇拜狂热、冲动，很少有理性的认识和冷静的思考，甚至崇拜偶像的庸俗和不负责任的一面，产生的后果往往是消极的。

青少年处于心理的"第二次断乳期"，都会有自己的青春偶像。"追星"、"穿越"是最近几年出现的新鲜词。其实，不同时代的青少年都有自己的崇拜偶像。二十世纪五六十年代的中学生，崇拜雷锋、保尔·柯察金、刘胡兰、董存瑞等英雄形象；八九十年代的少男少女，崇拜周润发、谭咏麟、"四大天王"等影视明星及通俗歌手；今天的孩子们崇拜"还珠格格"、F4、古惑仔、"我的野蛮女友"等。随着时代的变化，每个时代都有每个时代少男少女心目中的偶像。追星，从本质上来讲，是一个早已有之的现象。

处于"第二次断乳期"的青少年的独立意识明显增强，渴望摆脱与父母的心理脐带，自己设计未来，因为脱离了父母的依赖而产生了"情感真空"。加上学业的压力以及物质丰富而情感贫瘠的生存环境，孩子们极其需要情感抚慰与思想交流，形象新鲜时髦、能歌善舞的明星们是青少年在挣脱了父母"爱的锁链"之后的情感"营养剂"。

在青少年阶段，孩子们还没有建立起一个稳定的自我形象，不知道自己将来能做什么，应该成为一个什么样的人。他们开始反复勾画自我的理想形象，一个活生生的影星可能被他们当作自我的代表，开始认同、模仿他。追星的过程，也是一个设计勾画理想自我形象并使这理想的自我逐步成为真实自我的过程。我认识一个年轻朋友，曾经在社会上闯荡过几年，颇有些社会经验，对追星不以为然，认为追星纯粹是精力旺盛，毫无意义，可有一天，他也加入了"追星"一族，喜欢起田震来了。他说，有一次他偶尔听到了收音机里传来田震苍凉、嘶哑的歌声，那首歌叫《执着》，那一刻他仿佛看到了另一个自己。

青少年思维线条简捷，对事物的独立判断能力不强，同时害怕与众不同，渴望与潮流保持一致。许多孩子追星并没有什么特殊的爱好，只是为了不与同龄人失去交流的话题而跟着潮流走，今天流行什么就追什么，哪位歌星走红，他们就追哪一位。同时在青少年中间，情绪很容易相互感染，时间一长，形成了"追星一族"。

青少年成长过程中不能缺少榜样，理智追星，对孩子们的健康成长是有利的。对偶像的崇拜和模仿，是青少年的一种自我心理投射，它弥补了现实生活中的不完美，丰富了孩子们的情感世界，还有利于缓解青少年成长过程中生理和心理的压力，促使他们追求真善美，培养了他们现代化的思想和观念。

对于孩子来说，他们会有自己的喜好，也会有自己的发展方向和追求的目标，所以他们追星很正常。家长如果发现孩子喜欢某个明星时不必太过惊慌，只需要和孩子聊聊天，指导孩子理智地追星就可以了。家长可以在与孩子交流时问清楚孩子最欣赏自己喜欢的明星的什么地方，并和孩子分享自己的看法，鼓励孩子学习他的偶像的优点。相反，如果家长粗暴地干涉孩子可以喜欢谁不可以喜欢谁那只会引起孩子的反感,并且会让孩子觉得自己崇拜的偶像有问题,感觉到自己被欺骗。

平时,阳阳和大多数同龄孩子一样,喜欢看娱乐节目,喜欢看明星演唱会,喜欢听流行音乐。阳阳有时大方地说自己喜欢某个明星,这时,我就会问他:"他(她)哪里表现得好?讲讲你喜欢的理由给我听听。"讲得对,我就一起分享;讲的理由不够充分,我就和他一起分析评判。这样,既给了阳阳充分的自由,也让他更进一步明白了该怎样追星,到底要追些什么。有时阳阳会说:"如果你们了解某某的成长历程的话,就会和我一样佩服他在逆境中不放弃对理想的追求的执着精神。某某学习好,还特别孝顺父母。"看来,孩子不光是着迷于他们光鲜华丽的外表,而更有对他们的坚强、对理想的执着追求等人格魅力的欣赏。

台上一分钟,台下十年功。每个明星都有自己的奋斗史,我们应该追求的是他们那种不畏挫折、昂扬向上的精神。明星也是通过自己的努力和奋斗成长起来的,明星身上优秀的品质,积极奋斗的精神正是我们应该学习的。现实生活中我们身边也有一些家长极力反对孩子追星,其实这也没有必要。因为如果我们把孩子限制得太严,反而容易激起孩子的逆反心理。使得孩子与父母之间的关系紧张,这不仅不利于良好家庭氛围的营造,也不利于孩子的学习和生活。教育的重心是正确的引导,才有良性循环。我有时候还在特殊的日子里给阳阳送一些关于偶像的礼物——一本书、一张歌碟,这样孩子会感觉到家长贴心,从而更理智地处理自己的学习、生活和追星。

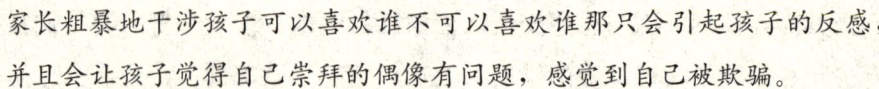

1. 不要粗暴干涉孩子的追星

孩子一般认为,追星是自己的隐私,别人最好不要干涉。家长武断地认为孩子追星不好,并粗暴地干涉孩子的追星行为,会伤害孩子的自尊,与孩子对立起来,甚至引发更大的矛盾。

2. 不以自己的价值观做评判

阳阳不到 3 岁的时候，每次上街买玩具，他妈妈总要给他买孙悟空的金箍棒、猪八戒的钉耙之类，孩子却喜欢天线娃娃、反恐战士等。看来，不同时代的人有不同的兴趣和价值观。追星的孩子已经长大，用家长的价值观作判断，孩子们会认为你已经落伍，在心理上与你保持距离。

3. 了解孩子追星的深层原因

孩子过分迷恋偶像，家长首先要反思一下自己是否与孩子存在隔阂，要分析孩子追星是因为压力过大、追求理想的自我、情感出现困惑还是随大流，知道了孩子追星的深层原因，才可能理解帮助孩子。

4. 与孩子一起追星

青春期的孩子是盲目自恋的，过于相信自己的判断，往往不理性地对待他们所崇拜的偶像。理智的家长不妨先与孩子一起追星，循序渐进地让孩子接受自己的观点。千万不要急于改变，要利用孩子易受暗示的心理特点来影响孩子。

5. 给孩子选择正确的榜样人物

首先要给孩子更大范围的选择，让他知道值得学习、崇拜的人物有许多，每个人都有自己的优点，让孩子在比较中形成自己的判断。其次要给孩子讲述偶像人物成功背后的努力，激励孩子顽强拼搏。最后还要与孩子讨论偶像人物的哪些行为是值得学习的，哪些行为不能模仿？孩子追星家长怎么办？

不管时代的潮流和社会的风尚怎样，人总可以凭着高贵的品质超脱时代和社会，走自己正确的道路。

——爱因斯坦

8 "爸爸，苹果三件套你给我备了吗？"与孩子一起勤俭节约

勤俭节约是中华民族的传统美德，但如今孩子的消费却过于超前，甚至存在着错乱的现象，给孩子的心灵上蒙上了一层灰尘，不利于孩子的健康成长。

据北京美兰德信息公司某年儿童消费市场调查显示，在北京、上海、广州、成都、西安五大城市，0至12岁的儿童平均每人每月消费高达897元，每年超过了1万元。五个城市的儿童一年的零用钱可以建上百所希望小学。

勤俭节约是中华民族的传统美德，但如今的孩子存在着消费错乱的现象。讲究吃穿玩、互相攀比、铺张浪费、追求名牌、超前消费、盲目消费等不良风气，正在孩子们身上蔓延滋生。

吃——

在中小学校门口，都可以看见卖零食的小商贩。每当下课铃一响，孩子们便蜂拥而至，围得商贩水泄不通。据调查，小学生中用零食代替早餐的竟占30%。如果仅仅是吃一点零食，一般的家庭倒还都能承受得起，但孩子的吃却吃出了另外一番天地。

追求贵族口味、洋口味。麦当劳、肯德基在全球范围内的境况都不见好转，唯独在中国生意红火，到里边就餐的大多是孩子或者是家长陪着孩子。一斤50多元的外国糖果，68元一盒的新加坡饼干，七八十元一斤的美国苹果，都是孩子们的新宠。

跟着广告走。娃哈哈、健力宝、汇源果汁、可口可乐，电视上有什么，孩子们就喝什么、吃什么。在学校的垃圾箱里，随处可见各种高级饮料的空盒子。据说，有一次电视上推出了一种新食品的广告，在当地还未上市，孩子却非要吃，无奈之下，父母托外地的朋友用特快专递寄了一包，才算满足了孩子的要求。

讲究情调。据饭店的经营人员介绍说，目前，餐饮业的不可或缺的"脊椎"之一是学生的消费。在太原某高级饭店里，格调高雅，价格不菲，经常出入其中的有某一学校的一群学生，他们在这里进进出出，出手大方，连服务员都感到惊讶。难怪有老师感慨："如今的孩子吃得越来越好，锻炼越来越少了。"

穿——

追求高档、名牌。如今的校园里，西装革履、名贵衣裙屡见不鲜，各种名牌衣装更是比比皆是。有一群小学生，曾经为了比谁的鞋子是名牌而争得面红耳赤。在学校里，"洋装领袖"和"名牌公主"是许多学生崇拜的对象。许多名牌，成人都不一定知道，孩子们却能如数家珍。

讲究一次性消费。孩子处于生长发育阶段，衣服的淘汰频率高是很正常的，有的衣服还能穿，但孩子却嫌弃破旧而弃之如敝屣。有许多孩子的衣服买过后只穿一两次就束之高阁，甚至压根儿没穿过。

追求时尚、另类。"新三年，旧三年，缝缝补补又三年"，老一代人穿衣服很少没有补丁的，如今孩子的衣服上也有补丁，那是为了追求独特而刻意挖出的一个洞。各种露背装、露脐装更是受到孩子们的喜爱，从衣服上我们很难看出哪些是学生，哪些是社会上的不良分子。

玩——

近年来，孩子们花费在玩上的消费也越来越多。电子游戏、高档玩具、桌球、电影录像，甚至出入舞厅、夜总会等娱乐场所。有的孩子痴迷于电子游戏，每个月在游戏室里的花费就有几百元。儿童用品商店里的玩具也是花样越来越多，价格越来越贵，一个普通的电动玩具就要四五十元，更不用说电动摩托、电动汽车等大型玩具了。有一位父亲带孩子买玩具，一次就花了2000多元。还有的孩子出入舞厅、夜总会等，一个晚上的消费额不是普通工薪阶层所能想象的。

用——

孩子的学习用品也开始讲究高档、精美、新奇。许多孩子的书包稍旧便不肯再背，文具盒更是每隔一段时间就买一个，用笔要用派克的，买书要买精装本、豪华版。在用品上存在着"重复消费"现象，一个城市孩子的学习用品往往够农村孩子几个人用。年龄稍微大一点的女学生，还开始购买名牌化妆品、香水、装饰品等。

交际——

如今，家长不给孩子办生日宴会的已经很少见。孩子的生日宴会大都选择在高档饭店，动辄花费几千元。还有各种名目繁多的party、聚会等，都要请客吃饭。考试结束了、评上优秀学生了、毕业了、欢迎新同学了，都是请客吃饭的理由。许多时候，人情消费是双向的，请客者要花钱，庆贺者同样要破费。有的时候送礼物，更多的是直接送红包，少则50元，多则一两百元。家长也身不由己地卷入了孩子的人情消费圈中。

社会上的消费观、家长的教养方式是孩子走入消费误区的主要原因。随着中国社会经济的发展，人们的生活水平普遍提高，使孩子的高消费成为一种可能。同时，社会上崇尚消费的观念也在影响侵蚀着孩子，铺天盖地的高消费热潮无处不在地感染着孩子，再加上学校不重视学生的消费教育，使孩子的消费步入了盲目的、不切实际的误区。

更主要的，家长的教养方式对孩子的消费观念起着决定作用。如今中国家庭基本上都是稳定的三口之家结构，孩子是这个结构的轴心。家长对孩子的溺爱、娇纵以及缺乏理智的教养方法是孩子超前消费的主要原因。

一些父母，年轻时家庭贫困，经过自己的奋斗，家境有所改善，有着"我们这一代受够了苦，无论如何不能再让下一代受苦"的思想，对孩子存在着强烈的补偿心理，过分关心孩子的吃穿玩乐，任其消费。一些家长虽然也知道孩子高消费是要不得的，但为了不让孩子在学校里产生自卑心理，也不得不跟着潮流走，盲目攀比，自己却省吃俭用。还有一些家长用金钱、礼品来刺激孩子努力学习。每当孩子取得了一定的成绩，就用钱奖励，价码不断攀升。毫无疑问，金钱奖励也是培养孩子的一种手段，但这些家长不懂得强化心理，结果南辕北辙，适得其反。

孩子们正处在心理和思想的成长期，对事物的分辨能力比较差，很容易卷入高消费的旋涡中。他们很爱模仿，看到别人身着名牌服装，出入高档场所，就想尝试一番。其他同学出手大方、衣着华丽，引起了周围同学的羡慕，为了能使自己也吸引别人的注意，被同学"尊重"，他们便开始以高消费来满足自己的虚荣心。还有一些学生学习成绩不好，相貌平平，老师和同学都不注意他，有着强烈的自卑心理，为了掩盖自己的不足，补偿自己的自卑，高消费是立竿见影的一种手段。

孩子高消费带来的消费后果是比较严重的，它不仅增加了家庭的经济负担、滋长了校园里的奢侈之风，而且对孩子的身心健康也是不利的。高消费的孩子容易滋生好逸恶劳、贪图享受的懒惰习气。有的孩子在学校里出钱让其他学生帮他清洁教室卫生，自己则躲到一边玩。孩子们还容易养成挥霍浪费、互相攀比的恶习。有一个孩子吃包子要把包子皮全扔掉，只吃里边的馅儿。一些孩子甚至为了满足自己的消费欲望，不惜铤而走险，走上了犯罪道路。

高消费的孩子唯我独尊，不体谅父母的辛勤劳动，甚至贪图享受、厌恶劳动。孩子的消费观念和他的价值观、人生观紧密相连，我们很难设想一个不懂得节约、盲目消费的孩子能托起祖国明天的太阳。《长春晚报》曾报道过这样一件事情，日本一群小学生来到中国盐城，与该市的小学生共同学习生活了一个月。日本孩子的费用都是自己通过勤工俭学挣来的，中国孩子无一例外都是家长的积蓄。在共同生活的一个月中，日本的孩子衣着朴素，很少剩饭，中国的孩子却个个名牌，零食成堆。分手时，中国孩子多数送的是昂贵的大件礼物，日本孩子都写了一张充满深情的卡片。日本的人均消费全球第二，但日本孩子在消费面前比起中国的孩子自愧不如。

新加坡的孩子不准穿名牌，韩国的孩子不准剩饭，即便在台湾地区，中学生也不准烫发……中国的孩子，你该怎么办？但最重要的还是家长们应该怎么办？

现在的孩子大多数是独生子女，家长恨不得把这个世界上最好的东西全部都给他，孩子一旦有什么物质上的需求，家长一般都会满足。但是长此以往，孩子可能养成追求名牌、爱与人攀比或是铺张浪费等恶习。所以，父母尽管有能力给孩子提供较好的物质生活条件，但还是应该教会孩子适当消费。在孩子要求家长为其添置非必需、无必要的名牌产品时，家长应该理智判断并真诚地告诉孩子家长的钱是通过自己努力赚来的，孩子不能不劳而获。下面是家长针对不同年龄阶段的"名牌控"孩子可以采取的一些措施：

1. 告诉孩子想要得到自己想要的东西就应该付出劳动。可以让孩子为家里打工赚钱或是自己存钱来购买自己喜欢的东西，这样做有利于培养孩子的耐心并延迟孩子的满足，让孩子体验靠自己来满足自己愿望的乐趣。

2. 对于3~5岁的孩子，家长不要让孩子在商场里自由地选择。家长可以给孩子划定一个选择范围供孩子选择。例如孩子又想买衣服又想买玩具时，我们应该引导孩子对自己的需求作出判断，最后理智地进行选择。

3. 对于5~8岁的孩子，我们可以直接告诉孩子我们为他的这一项需求能够支付多少钱，进而让他在这个范围之内作出最佳选择。

4. 对于8~12岁的孩子，他们已经能够明确地提出自己的需求。这时家长应该提出自己能够负担的费用，超出的部分让他自己通过劳动或是自己用压岁钱补上。如果孩子不同意或是无理取闹，可以试着拒绝一次孩子的需求，这种因为哭闹而变得一无所获的经历会让他明白理性选择的重要性。

5. 对于12~16岁的孩子,家长应该引导他建立自己的记账簿。在这个账簿里让他记录清楚自己向家长要钱的数目和开支的方向,并定期和他讨论他的消费的合理性。如果孩子因为自己不合理消费在月底弹尽粮绝时,家长不能没有原则地伸出援手。这有利于让孩子学会合理计划和消费。

6. 对于16~18岁的青少年,他们应该能够合理判断哪些需求是自己必需的,哪些则没有必要。如果他们一味追求名牌,我们应该明确告诉他们必须自己自食其力地支付这些开支,不能再万事依赖家里。

7. 日常生活中,我们应该经常和孩子讨论他们未来的生活是什么样子,在未来他们想要买房、买车,这些都需要从现在开始就做打算,不能现在乱花钱,以后没钱花。教孩子学会计划自己的将来。

8. 平时在和孩子一起看电视时可以和孩子一起讨论广告中产品的实用性,分析广告如何勾起人们的购买欲望,帮助孩子理智看待广告产品和明星代言等等。

1. 以身作则,合理支出

家长首先要有正确的消费观念,家庭开支合理,不炫耀,不攀比,用自己的言行影响孩子。

2. 理智对待孩子的物质要求

给孩子的零花钱要切合实际,能满足孩子基本的生活需要,对孩子不合理的物质要求,要断然拒绝。

3. 让孩子学会节俭

让孩子学会珍惜用钱买来的东西,珍惜劳动成果,养成勤俭节约的好习惯。

4. 鼓励孩子参加劳动

在劳动中让孩子体验劳动的艰辛和物质财富的来之不易。平时可以

安排孩子做一些家务，帮助孩子养成爱劳动的好习惯。

5. 帮助孩子树立正确的金钱观

要让孩子明白，一分金钱，一滴汗水；金钱不是天上掉下来的，需要辛苦的劳动；金钱可以买来物质，却买不来尊严和精神；金钱可以拉拢别人，却赢不得真正的友谊和感情；用自己的劳动换来的金钱是珍贵的。

6. 科学采用金钱刺激法

对孩子采用物质刺激有时候是有必要的，但一定要合理、节制，运用强化理论，遵循心理规律。

7. 让孩子养成买书的习惯

鼓励孩子把零花钱用于购买图书，并能以自己拥有更多的藏书而骄傲。

看看自我控制这个掌管享乐的品质吧。对于它无法忍受的享受，它予以抛弃；对其他的，它只是加以调整，保证它们以有益于身心健康为限，决不允许人为了享受而享受。它知道，人的所欲之物的理想界限不是其想要的数量，而是其该要的数量。

——塞涅卡

D 篇

老爸，老爸，我们一起发芽！

- 好爸爸也是好妈妈
- 好爸爸也是好老师

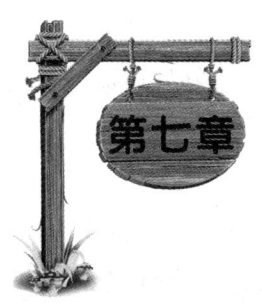

第七章

好爸爸也是好妈妈

1 大扫除,全家总动员:注重培养孩子的劳动观念

在我们居住的院子里,曾发生过这样的事:一个天气晴朗的上午,男孩亮亮和女孩飞飞来到院子里玩耍。飞飞从家中搬出了她的做饭玩具,和亮亮一起玩起了做饭游戏。两个人正在兴致勃勃地玩着,亮亮的妈妈下班回来看见了,把亮亮带回家,郑重其事地告诉他,做家务是女孩子的事情,男孩子是不应该插手的。

长期以来的男尊女卑观念,使许多家长认为男孩子做家务是没有出息的表现。随着社会的发展,一些家长对女孩子做家务也持消极态度。做家务也是人的一种生存能力,它是培养孩子劳动观念的基础。由于家长教育观念和教养态度方面存在的误区,许多孩子都不会做家务,这将会影响孩子今后的发展。爱你的孩子,就让他学会做家务。

在上小学的时候,出于女孩的天性,一个名叫语若的女孩经常做一些家务,体验到了做家务带来的许多乐趣。自从上中学后,母亲就给她作出规定:在家里除了看书学习以外,不用做任何事情,只要她将来考取大学。许多时候语若都想参与母亲的家务,但都被母亲以"去学习""去看书"为理由打发回自己的房间。

慢慢地,语若习惯了不做任何家务,也习惯了把自己关在房间里,与父母的交流也越来越少。父母给她请了家教,还买了电脑,可语若的学习成绩一直都没有让父母满意。时间一长,原本开朗活泼的语若逐渐

变得孤僻,对任何事情都提不起兴趣。语若的父母为此十分焦虑。

我们经常听到家长们的感慨:现在的孩子对家务是"这也不会,那也不能"!那么,造成这种状况的真正原因是什么?

其实,孩子不做或不会做家务,是与家长对孩子的教养态度直接相关的。家长如果缺乏让孩子参与家务劳动的意识,把孩子做家务看作"可做可不做"的事,只会使孩子形成依赖性强、自理能力差、懒惰甚至自私的不良行为,影响孩子今后的发展。据调查显示:在我国,60%的独生子女从未做过或很少做家务劳动,孩子们每天用于做家务的时间平均不到12分钟。

不让孩子做家务,原因多种多样。有的家长怕孩子做家务时不小心磕着碰着,有的孩子怕做家务时打烂了杯子、弄脏了衣服,还有的家长认为用教孩子做家务的那些时间,自己也就替他做好了。更多的父母认为孩子应该把主要精力放在学习上,做不做家务事小,考不上大学事大。结果是,孩子失去了动手做事的机会,养成了懒惰的坏习惯,不做家务给孩子带来的未来并不一定幸福。

去年,北京大学招收了一名高考状元,知识面很丰富,人也非常聪明。刚入学不到半年,状元就三科考试不及格,按照学校的规定,他要被劝退回家。状元的母亲从外地来到京城,了解到原来孩子自己不会照料自己,经常忘记了上课时间和地点。母亲很伤心,苦苦哀求学校再给孩子一次机会。面对母亲的痛哭流涕,学校答应再给状元半年的时间。状元的母亲就向单位请了假,在学校附近租了一间房子,专门给儿子洗衣、做饭,提醒儿子准时上课,逐渐培养儿子的自理能力。半年过后,当儿子能初步照料自己后,母亲才离开北京。

还有这样一对小夫妻,结婚后一直在父母那儿吃"现成饭",过着悠闲自在的日子。可是刚过了两年,父母因事去了北京的姐姐家,他们失去了吃"现成饭"的依靠。到街上的快餐店去就餐,对于夫妻二人来说也许还可以应付,但对年仅一岁的儿子来说却是行不通的。没办法,只好自己动起了锅灶。因不擅长做饭,他们常常为所做的饭菜味道不好而互相埋怨、争吵，最终伤了感情，导致了婚姻的破裂。

家长也许认为，让孩子一心一意地学习，就会取得好成绩。岂不知，孩子的生活应是丰富多彩的，学习书本知识只是孩子生活的一部分。让孩子学会做家务，可以培养他的劳动观念，逐渐明白没有劳动就没有美好的生活。重智轻劳的结果往往适得其反。

做家务是孩子的一种生存技能。孩子学会做家务，将有益于其一生的发展。有关专家曾对全国61名高考状元进行了调查，发现他们大多来自家庭条件、经济状况一般的家庭，有的还比较困难。家长们谈到对孩子的家庭教育问题时，都认为应让孩子在艰苦的环境中去锻炼、去磨炼。

做家务可以培养孩子的动手能力。首都师范大学教育学副教授胡玉顺说过，动手是孩子日常生活中的"头脑体操"，手的动作可以促进孩子的智力发育。这就是我们平时所说的"心灵手巧"。一些细微的手指运动，如择菜、剥玉米、剥蒜等，既让孩子学会了家务劳动，又有助于孩子智力的精细发展。孩子尽早地做一些力所能及的家务活，如自己叠被、穿衣服、洗手、洗脸、倒水、刷碗等，可以使孩子养成自己的事情自己做的好习惯，培养孩子的自理能力。让小学生做他们力所能及的事，如收拾房间、洗袜子、拿牛奶、买东西甚至自己做早点等，可以增强孩子的独立意识，有助于孩子的身心健康。

做家务是一种体力劳动，在学习之余，孩子们做些力所能及的事情，既锻炼了身体，还可以体会劳动的艰辛，增强责任感。在这方面，阳阳妈妈的做法值得借鉴。阳阳有很多优点，就是不愿打扫房间。妈妈说："如果人人都不愿打扫，只有轮流来做。否则就不会有干净、整洁的房间。"于是，阳阳知道了自己在家里也有推诿不掉的"不得不"的义务和责任。

劳动能够促使孩子在激烈竞争的时代得以更好的生存和生活。但

是，因为应试教育的种种弊端，部分学生的劳动观念淡薄，几乎没有劳动意识。在经济飞速发展的今天，培养孩子的劳动意识依然非常重要。虽然孩子稚嫩的小手对劳动工具陌生了点儿，但他们依然可以通过力所能及的劳动来培养劳动意识、提高生活自理能力。

父母是孩子最好的老师。父母乐于家务劳动，孩子也会受到潜移默化的影响，逐渐喜欢做家务活。在孩子做家务的过程中，家长要教给孩子正确的做法，同时把一些生活的技巧教给孩子，避免孩子做家务的积极性因多次遭受失败而受挫。在孩子学做家务时，对孩子取得一点一滴的进步，家长别忘了及时给予表扬、鼓励和肯定，这是孩子成长道路上的阳光。

对孩子来说，偶尔做几次家务不是一件难事，但要把家务活持久地做下去可不是容易的事，需要一定的毅力。家长可通过让孩子做家务，磨炼孩子的意志，培养孩子坚持劳动的毅力。具体可规定孩子每天做好一件事，如每天去取牛奶。孩子可能会因风雨或寒冷而不能坚持，通过一定的激励措施，使孩子坚持做下去，孩子劳动的毅力便渐渐形成。对不能坚持做下去的孩子，家长不能采取迁就态度，更不能越俎代庖，鼓励和帮助是使孩子坚持下去的最有力的精神支柱。一味训斥只会给孩子增加压力，不利于孩子的身心健康。

有的孩子，会因种种原因而不愿做家务。对这样的孩子，家长应晓之以理，严格要求他完成。在孩子做家务的过程中，可能会遇到困难，如果经过孩子自身的努力，使困难得以克服，既让孩子体验到了成功的喜悦，又培养了孩子抗挫折的能力，使孩子更能面对生活中的困难。

现代著名教育家蔡元培说："劳动是人生一桩最紧要的事体。"要使孩子形成劳动观念，培养劳动意识，需要父母的引导，需要老师的教诲，也需要社会的支持。如果我们能将家庭、学校、社会三位一体的力量形成最大限度的聚力，人人以身作则，人人争当表率，孩子的劳动意识一定会形成，孩子自食其力的能力也会渐渐实现。

 教育小贴士

1. 给孩子提供做家务的机会

多给孩子动手做事的机会,创造条件满足孩子"想自己做事"的需要。

2. 列出每周孩子需要做的家务

与孩子商量,在征得他的同意后列出每周需要做的家务。我们可以尝试着将各种家务变成"作业",让孩子做些力所能及的"作业",比如洗碗、叠被子、整理书桌等。

3. 规定孩子做完家务的时间

给孩子布置了家务之后,要规定完成的时间,不能让孩子无限期拖延。

4. 教会孩子做家务的方法

正确的方法可使孩子少走弯路,避免孩子因多次尝试失败而失去对劳动的积极性。

5. 检查家务的完成情况

要及时检查孩子和家务的完成情况,避免孩子养成应付了事的坏习惯。我们可以在小黑板上列出值日表,每周评一次家庭"劳动之星"。

6. 与孩子一起做家务

有些家务也许不是孩子爱做的,如果有了父母的参与,家务劳动具有趣味性,孩子家长在一起,会很乐意去做。

7. 当孩子做完家务时要及时给予表扬

鼓励和表扬是孩子成长道路上的阳光。在孩子帮助家长做完家务或是独立完成自己的事情时,家长要及时鼓励、夸奖孩子,以起到强化的作用。久而久之,孩子就愿意自己动手、独立完成自己的事情。

8. 对孩子进行必要的约束

就像约束孩子做作业一样,对不愿做家务的孩子,父母应采取必要的约束,坚持让孩子做家务。

以下是儿童在不同年龄段应做的家务，值得家长们借鉴：

2~3岁：把玩具拾起来放在正确的位置上，把书和杂志摆回书架上。扫地。把餐具摆放在桌子上。清理吃剩的食物。擦干净不小心弄脏的物品。把洗好的衣服和袜子折叠好。自己选择自己要穿的衣服，并能自己穿上。

4岁：摆放桌子，并摆好碗筷。把杂物倒掉。大人买东西时帮助拿些能拿的。整理床铺，收拾房间。擦洗器具。准备简单的餐后水果给大家吃。和大人一起洗青菜、水果。

5岁：给自己倒喝的饮料。把各种食物盛入碗中。擦洗水槽、浴盆。擦干净镜子和窗子。接电话，并能自己拨电话。倒垃圾。

6~8岁：给花木浇水。削水果皮。用微波炉热食物或做简单的食物。把自己的衣服挂在壁橱里。清理干净橱柜。

9~10岁：换床单。会操作洗衣机。能使用购物单来购物，并能"货比三家"。会做比较简单的饭菜。去邮局取邮件，能独自回信。能招待客人。自己筹划生日会或其他聚会。做简单的急救工作。做邻里间的公务劳动。做些手工编织。

10~11岁：力所能及地打工自己赚钱。自己待在家里，支配一定数目的钱，不超过20元。自己乘公共汽车。

11~12岁：能够照顾小弟弟和小妹妹，讲故事给他们听。自己出门去办事（短程）。帮父母打扫房间。清理厨房。帮家里人去办些外面的事。

(摘自《家庭教育报》2005年第11期)

在人的生活中最主要的是劳动训练。没有劳动就不可能有正常的人的生活。

——卢梭

② 富爸爸、穷爸爸：理财教育从小开始

金钱和技术好像巨人的两条腿，是西方国家称霸世界的两大法宝。在"智商""情商""德商"之后，西方人又提出了"财商"的概念，指一个人的理财能力，判断金钱的敏锐性，以及对如何形成财富的理解。

在西方发达国家，非常重视对孩子进行理财教育。根据孩子的年龄不同，美国教育专家提出了孩子应具备的理财能力。

3岁：能够辨认不同的硬币和纸币，知道它们的价值。

4岁：认识到无法把商品买光，不能见什么买什么，因此必须作出选择。

5岁：知道硬币的等价物，知道钱是怎么来的。

6岁：能够找数目不大的钱，能够数大量硬币。

7岁：学会看简单的价格标签。

8岁：知道可以通过做额外工作赚钱，知道把钱存在储蓄账户里。

9岁：能够自己安排简单的一周开销计划，购物时知道比较价格。

10岁：懂得每周节约一点钱，以便大笔开销时使用。

11岁：知道从电视广告中发现事实。

12岁：懂得正确使用一般银行业务中的常用术语。

13岁至高中毕业：尝试进行股票、债券等投资活动以及商务、打工等赚钱实践。

《富爸爸·穷爸爸》的作者罗伯特·清崎曾带着"财商"的概念吸引了许多中国家长和孩子的眼球，以至于孩子不知道什么是"富爸爸"，就要被同学嘲笑为"286（落伍于时代）"了。罗伯特本人从小接受了富爸爸的理财教育，充分开发了财商，并因此成为一个富有的人。在《富爸爸·穷爸爸》一书中，罗伯特大谈培养理财能力的重要性，这本书的成功也让他再次证明了自己的理财能力。

其实，孩子理财正如学走路一样，家长放手让孩子尝试，孩子才能

学会走路。一些儿童教育专家认为，理财能力是21世纪孩子们必备的能力之一，它直接关系到一个人今后的幸福和发展。盛田昭夫是索尼公司的创始人，在他刚懂事时，他的父亲就告诉他，作为家中的长子，他必须承担起赚钱的责任。他父亲把他当作家产继承人来培养，终于造就出了一代富商。奥斯特瓦尔德年轻时，曾经一贫如洗。那时，他每天晚上到一家酒馆收集软木塞。8年之后，收集的软木塞卖了8个路易，成为他发家的资本，他用这8个路易投资股票，最终成了法国一位著名的银行家。他死时，8个路易已经增长为300万法郎。

一些成功人士认为对孩子的理财教育是价值教育中重要的一环，非常注重培养孩子的金钱观念和理财能力。李嘉诚平时生活节俭，每次给孩子零花钱，总是要听一听孩子使用零花钱的打算，并且先扣下10％，告诉孩子要交所得税。摩根家族的发家创始人老摩根发财后，每个月只给孩子1美元的零花钱，还要孩子制定一个支出账目。孩子如果想多得零花钱，就必须通过干家务活来获得。肯尼迪家族是美国最富有的家族之一，在肯尼迪当上总统之后，人们发现了肯尼迪写给父亲的一张申请书，请求父亲把每月的零花钱从4角提到6角。肯尼迪的父亲曾给每个孩子都存了1000万美元，但却严格控制孩子们的零花钱，对肯尼迪两角钱的增长要求也断然拒绝了。在意大利，有一位富商从小就对孩子进行理财教育。孩子10岁时，用自己的钱买了一只小羊，等羊长大后，孩子在父亲的指导下把卖羊的钱买了股票。5年之后，孩子拥有了100万美元。

孩子学会了理财，长大后才能赚钱，这是如今时代一种基本的生存能力。从眼前看，培养孩子的理财能力，可以养成孩子理智消费、不乱花钱的习惯，培养孩子的节俭美德；从长远看，有利于孩子及早形成独立的生活能力，促进孩子个性能力的良好发展，为将来独立理财和开创事业打下基础。从理财中，孩子们还可以学习有关算术的知识，使自己的数学思维更好。

对孩子进行理财教育，绝不仅仅是让孩子们学会管理和使用金钱的技巧，以金钱来度量人生。理财教育，重在培养孩子的理财观念和价值观，使孩子成为一个对自己生命负责的人，有自尊心、有责任感的人。

亨利·詹姆士曾经说过，人不能光靠感情生活，人还得靠钱生活。在一定程度上，金钱是一个人获得社会地位甚至尊重、幸福与快乐的手段。我们不能拿金钱作为衡量一个人价值的标准，但富爸爸总要比穷爸爸能做出更多的事情来。富爸爸与穷爸爸在培养孩子的金钱观念的时候，都应该注重理财价值观的教育。富爸爸有句名言："金钱就是力量。"但这种力量只有在诚实慷慨、善良高尚的人手中才能显示出来，在一个贪婪欺诈、邪恶阴险的人手中，金钱就是一种罪恶。

培养孩子的理财能力很重要，让孩子树立正确的金钱观关系到孩子的健康成长。许多家长对孩子过早接触金钱持有异议，他们认为孩子年龄太小，与孩子谈钱会让孩子变得更加市侩。阳阳原来不爱做家务，帮助大人做事总是推三阻四。我给他买了一本儿童理财的书，希望能让他意识到勤快诚实是拥有财富的最好策略。阳阳被书中幽默的故事和卡通人物形象深深吸引住了，决心要做一个小小的理财高手。刚开始，他帮我和妻子做一些家务，比如洗碗、拖地、买酱油等都要向我们要钱，看到儿子因此变得勤快了，我们也很乐意给孩子钱。

有一天，阳阳在院子里玩，他妈妈喊他回来做作业，阳阳就问妈妈，做作业给多少钱。妻子一时语塞，怎么也没想到做作业是一种提高儿子自己素质的事情，怎么能用它与大人讨价还价呢？孩子怎么会变得如此市侩？

回到家，我给阳阳讲了这样一个故事：一个叫汤姆的美国孩子，有一次给母亲列出了一张清单，详细列出了各项家务的价钱，要母亲按照清单上的钱付给他。结果，母亲列出了一个更详细的清单，记录了母亲在孩子成长过程中付出的心血。母亲很有幽默感，最后把账算下来儿子还要给她2美元。汤姆看到母亲培养自己的辛苦，再也不好意思向母亲要钱了。听完这个故事，阳阳似乎明白了些什么。

回到校园里，我随便打听了一下大学生的手机费用情况，高的每月两三百多元，少的也不下五六十元。一些大学生说："现在小学生都开始玩土豪金了，再不玩，我们也要'落伍'啦。""钱花光了以后怎么办？"他们不以为然地说："现在的大学生都是'月头的财主、月底的花子'，用完了就'各显神通'蹭去。"

真是可怜天下父母心。有多少并不富裕的家庭，父母抱着对儿女们"成龙""成凤"的美好心愿，在子女们的软磨硬泡中，勒紧裤带不得已而为之。有的孩子不顾家长债台高筑也要图虚荣、讲排场，吃喝消费向广告看齐，用品消费向名牌看齐，人情消费向朋辈看齐，美容消费向明星看齐，没钱就向父母伸手，从不考虑父母的艰难和赚钱的不易，自食其力意识更无从谈起。

中国的理财教育本来源远流长，春秋时期的范蠡就是理财的典范。然而，在长期"重农抑商"的政策下，传统的理财理论并没有太大的成就。即便现在，理财也被认为是大人的事，与孩子无关。一些家长对孩子无微不至地关心，对孩子的各种开支大包大揽，不让孩子对金钱的管理使用作出决定，甚至视理财为不务正业的旁门左道，这样做的结果是弱化了孩子的"财商"，孩子不知道赚钱的渠道，等上了大学或参加工作后，常常在陷入"经济危机"时一筹莫展。

近年来，一直有教育专家呼吁加强青少年个人理财教育。遗憾的是，这种呼声并未引起社会的广泛关注和重视。不少家长仍是倾其全力满足子女的虚荣要求，只注重孩子的学业，绝少考虑其是否善于理财；各地的学校也未将理财教育纳入教学范围，不但小学、中学课程中难见相应的章节设置，就是在大学也难以有机会接触到以投资、创业、消费、理财为核心的系统的理财教育课程。即使有，也是空洞的说教多，实际的操作少。

爸爸感悟

当今这个时代的孩子是先学会花钱后学会挣钱，在花钱和挣钱之间有一个真空：理财。没有经过理财教育的孩子，很多只知道花钱，缺乏正确的消费观念和创造财富的能力。如果说学校生活是社会生活的前奏和预演,在这个时代,理财教育不应该再是一个空白。尤其是我们致力于提高学生综合素质,致力于培养适应时代要求的复合型人才,孩子理财教育就更不能缺失了。

理财教育是要让孩子做一个精明的消费者,但绝不是培养一个吝啬鬼;理财教育要让孩子学会赚钱,但绝不是培养一个投机商;理财教育要让孩子成为一个富爸爸,但绝不是一个没有感情的人。卡内基曾经对他的孩子说过,金钱不能换来感情。他说:"如果我特别大方,给你们很多钱,那你们可能只记得我的钱,记不住我这个人。如果我特别抠门,可能也得不到你们对我的感情,所以我宁愿多花些时间关心你们培养人与人之间的感情。因为在关爱面前,金钱就显得无能为力了。你们应该牢记最能打动商人心的不仅是价格,还有情感。"

理财教育更重要的是让孩子学会正确对待金钱,善于运用金钱,从中学到金钱的价值观和道德观,能自尊、自立,成为一个有责任感、对自己的生命和人类负责的人。家长是培养孩子理财能力最重要的老师,孩子的理财能力,可以为今后的独立理财和开拓事业打下坚实的基础。重视孩子理财观念和价值观的培养,使孩子成为一个对自己生命负责、有自尊心、有责任感的人。

1. 培养孩子正确的金钱观念

要让孩子知道,金钱是有力量的,但不能用它来度量人生,获得金钱有许多技巧,但不能失去诚实、正直、关怀、慷慨、自我牺牲等品质。

2. 根据孩子的年龄特点教孩子理财

教育界一直在争论从何时对孩子进行理财教育。一般来讲,孩子5岁之前不要给他零花钱,让他认识钱币,知道东西是用钱买来的,有一些东西是孩子不能得到的。孩子上了小学之后,可以让他自己学会储蓄，有零花钱，能自己有选择地购买物品。孩子上了高中后，要让他计划自己的开支，能够通过劳动挣钱，尝试投资股票、期货等。

3. 训练孩子有计划地使用钱

不管多大年龄的孩子，都要让他对金钱的使用做出合理安排。孩子没有零花钱时，家长带他上街买东西，要让孩子自己作出选择买什么东西。孩子有了零花钱后，让孩子自己设计一个简单的开支记录，记下他获得的钱、花的钱以及节省的钱。高中阶段的孩子，可以让他对更长远的未来开支作出安排。

4. 给孩子零花钱，但不要作为奖惩的手段

家长恰当地给孩子零花钱，但不要用它作为表达自己心情和奖惩的手段。让孩子把金钱与奖惩、情感分开。

5. 让孩子学会节俭

富兰克林曾经说过，节省一块钱就是多赚了一块钱。要让孩子学会节俭，如果他为家中的节俭付出了建设性的行动，家长不妨把节省的钱分一部分给孩子。

6. 教育孩子树立延后享受的理念

要让孩子树立远大的眼光，通过延后满足自己的欲望，来追求自己未来更大的回报。我们可以像犹太人一样对孩子说："如果你喜欢玩，就需要去赚取你的自由时间，这需要良好的教育和学业成绩。然后你可以找到很好的工作，赚到很多钱，你就可以玩更长的时间，玩更昂贵的玩具。如果你搞错了顺序，整个系统就不会正常工作，你就只能玩很短的时间，最后的结果是你拥有一些最终会坏掉的便宜玩具，没有玩具，没有快乐。"这样孩子就明白，一个人需要享受，首先就需要去赚取享受的资本，这就需要良好的教育背景和优秀的学习成绩。只有先赚取了足够的资本，你才能有充足的时间和财富去尽情地享受生活、享受人生。

金钱和别的好处一样，必须对它忠贞不渝才能得到它。许多人以为

自己只是因为需要花钱才想赚钱。但是金钱躲开那些仅出于需要才去寻找它的人。

——阿兰

③ "我没有别的才能，只有强烈的好奇心。" **好奇心造就好孩子**

阳阳从小就爱动手。他收集了许多旧玩具手枪、玩具汽车，不过他不是玩，而是拆，无论多复杂的玩具，经他一弄，便面目全非了。一次，他过生日，小姨送他一辆玩具火车，一按电钮就"嘟嘟"地跑起来。儿子高兴得拍红了小手。突然，他看见火车冒出的缕缕青烟，怔了一下，便抱着火车跑出门外。不一会儿，火车被他大卸八块。……就这样，他怀着好奇心，常常躲到一个角落里饶有兴趣地拆呀、装呀、敲呀、砸呀，凡是家里他能够得到的东西大都被他拆装过，为这我曾伤透了脑筋。

很多家庭可能都遇到过这样的事情。面对孩子的好奇心和由此引起的举动，家长是无奈，是斥责，是大打出手呢？还是鼓励、引导、培养？好奇心是儿童的天性，是孩子们求知的一种反映，也是儿童智慧的火花、求知的起点、创造的萌芽。爱因斯坦说："我没有特别的天才，只有强烈的好奇心。永远保持好奇心的人是永远进步的人。"好奇是失败的教育使儿童的好奇心被彻底地挫伤了，而成功的教育就是要使儿童的学习建立在渴望学习的天性上。其实，爱因斯坦在很小的时候，有很强的好奇心，看到磁针会指南，就横摆弄、竖摆弄，一定要探究是什么力量使指针指南的。

无独有偶，300年前，在荷兰的密特尔堡有一家小眼镜店，店主汉斯·利贝尔塞有三个孩子。一天，他的三个孩子拿着眼镜片玩耍，最小的孩子两只手各拿一个镜片，一前一后在窗台上好奇地看着远方，突然间远处的教堂清晰可见，窗户的木格、屋顶上的房瓦……都能看得清楚。这个孩子惊奇不止，一会儿抬头看看远方，一会儿通过镜片看着远

方，弟弟神秘的动作引起了哥哥的注意，三个孩子争着观看，喊叫声影响了爸爸的工作。大孩子左手拿着一只老花镜片立在窗台上，右手拿着一只近视片，靠在爸爸的眼前，然后让爸爸观看远处的房子，汉斯·利贝尔塞惊讶地喊起来："啊！眼镜片竟会变魔术！"经过一番琢磨，他制作出第一架望远镜。在这里，孩子的好奇心无疑为爸爸发明望远镜帮了大忙。还有，爱迪生孵鸡蛋的举动看来似乎很可笑，然而这包含着合理的推理，表现出一种实验精神。他长大后发明电灯与孵鸡蛋一样，都是一种创造性思维的活动过程。

　　如果一个孩子对什么事都漠不关心，对什么现象都习以为常，他的知识就很难长进，他的智力也就很难发展。孩子的好奇心和求知欲是怎样丢失的呢？时下，许多家长和老师总是纳闷，大人们为孩子提供了优裕的学习条件，可为什么孩子们就不爱学习，不会创造呢？许多孩子为什么小小年纪就少年老成，对什么事情都不感兴趣了呢？

　　在儿童生命的早期阶段，好奇心和求知欲是令父母感到欣喜的，父母和其他成年人也能用鼓励和欣赏的态度来看待孩子早期的发展和进步；然而，不知从什么时候开始，家长、教师们的态度和眼光变了，变得有些不可理喻，孩子的好奇心往往得不到父母和老师的理解。

　　平时孩子们往往爱问"为什么"，有的家长由于不了解他们这种好奇心、好问的特点或者忙于应付自己的工作和学习，把这些正常现象看成捣乱、淘气，因而对孩子提出的问题往往采取冷漠、漫不经心、瞒哄和支吾搪塞的态度，或者不予理会。当孩子们为探究万花筒的秘密而拆开它时，当孩子们把新买来的汽车拆开时，大人们便大声斥责"败家子"，把孩子的创造和探索情趣一扫而光。这对孩子是一种多么大的打击啊！

　　大人们常常把孩子的一些问题看成"傻问题"，处处按成年人的经验和标准嘲笑孩子的问题。例如，许多孩子在不知道结婚的含义时，会真心实意地问妈妈或爸爸："我长大了能和你结婚吗？"成年人往往把这样的问题归为"傻问题"。这样一来，孩子慢慢地开始把"傻问题"留在了自己心中，不再问任何人，在以后学习课堂中，在求知的生涯中，为了不犯傻，不再去认真和执着地探究问题。

还有些家长，看到自己的孩子趴在地上聚精会神地观察蚂蚁搬运一粒米饭，不但不去鼓励孩子的好奇心，反而嗤之以鼻，甚至大骂"无聊"。家长的这种举动，并没有把孩子的观察当作一种积极的智力活动，当作培养兴趣、发展智力的途径，这种做法会损害孩子智慧幼芽的生长，挫伤他们求知的积极性。这实在是家庭教育的一种不幸。

生活中，我和妻子注意还阳阳以好奇。

阳阳十岁的一天，郑重而谨慎地跟我说："我有好多问题都不敢问，我怕人笑话我，可是我又真不明白。"

"不懂就问呗，说不定我能回答你，说不定我也不明白，没关系。"我说道。

阳阳问："老爸，每天《新闻联播》里都讲'巨蜥'，可是，我怎么从来没有看到过！"

"你说什么？"我也有些蒙了。

"就是每次播音员一开始总说的'巨蜥'！"这时我才恍然大悟，儿子这么长时间以来，把"据悉"当成了"巨蜥"。随后，我把"据悉"写了下来，并告诉儿子"据悉"是什么意思。

阳阳告诉我，过去一听"巨蜥"（据悉）就兴奋，甚至在其他房间也要跑过来，就是没有看见过一次，也不明白为什么，看见别人毫无激动的样子，怕别人嘲笑，所以一直把问题憋在心里。他还把许多问不出口的问题告诉了我，例如："蒋介石是不是茅草屋？""'新中国成立前'是不是'改革开放前'？""中东在不在中国？"等等。

其实，孩子天生的好奇心还很不够，还要大人们去激发。家长在培养孩子的学习兴趣时，一定要保护和激发孩子的好奇心。对于孩子的好奇心，如果能给予正确的引导，诸如给他解释汽车为什么会跑、动力是怎样产生的，他就会对喜欢的事物产生不断追求的欲望，终究会成为一个有为的人。

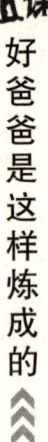

爸爸感悟

好奇心、想象力是人类创造力的源泉，对于孩子来说更是如此。但有的孩子天性不够活泼，好奇心不足，就不太善于发现新事物，对于这样的孩子就要引导他展现出自己的好奇心。

其实，培养好奇心的过程，实质上就是对孩子的一种教育的过程，只不过是通过一种"孩子自发提出求知欲望并得到满足"的方式来实现的。就像生活处处是学问、教育无处不在一样，培养孩子的好奇心无须特别创设条件或环境，随时随地都可以培养。比如走路、逛超市、餐桌上、临睡前都可以进行引导，家长应该把握好机会。比如经常带孩子去户外运动，多见识一些新鲜的事物。家长也通过自己的行为，来引起孩子的对事物的关注。比如对一朵花发出惊叹："哎呀，这朵花真漂亮啊！这朵是红色的，那朵是白色的，我们来找找还有没有别的颜色好不好？"等等，以此来刺激孩子探索新事物的兴趣和欲望。

孩子的好奇心往往会带来一些危险或者破坏的行为，如果我们一味地阻止，就可能扼杀孩子的好奇心，不利于孩子的成长。因此我们不能一味地制止，而应努力给孩子营造一个展示、培养好奇心的环境。既能保护孩子的安全，又能保护孩子的好奇心。对于危险的行为，肯定要加以制止，但要注意方式，可以通过分散注意力的方式，将孩子的危险行为化解掉，或者以相似的东西替代。如果他喜欢玩水，可以找出一块不怕湿的地方，给他一杯温水和两个纸杯，让他从一个纸杯倒到另一个纸杯，反复循环，这样既不会伤到手，又能满足他的好奇心，还能锻炼他倒水的能力，一举两得。

对于孩子提出的问题，爸爸妈妈不要急于给出一份肯定的答案，而应首先问问孩子自己是怎么认为的，然后引导孩子的思维一步步向正确的答案推进，争取让孩子自己得出正确的结论。如果家长也不知道答案，那就直接告诉他不知道，然后鼓励他自己去寻找，或者和他一起去寻求答案，鼓励他不断去探索答案。这样孩子不仅能够学习到求知的方法，而且也能够明白不是所有的问题都有答案，也不是所有的问题大人都能回答。

教育小贴士

1. 不挫伤孩子好问的积极性

家长不要以"没时间和你说这些""以后你就会明白了"等敷衍、搪塞的话回应孩子的提问，更不要嘲笑孩子的问题。

2. 夸奖孩子的好奇心

通过夸奖，可以使孩子的好奇心更强。

3. 适宜的环境刺激

家长要陪伴和鼓励孩子多了解丰富多彩的自然界以及纷繁复杂的社会，让他们大胆提出问题。把孩子引向大自然，让他去观察花鸟虫草，去遥望满天星星。闪电雷鸣、阴晴雪雨，他会感兴趣；日升月没、昼夜交替，他会不断提问。

4. 给孩子讲故事

当孩子刚满 6 个月，可以坐在大人膝盖上的时候，就应当给他读小人书或根据书、画讲的故事给他听，这种抚爱和温馨的气氛能培养孩子对书籍的感情。

5. 提供动脑、动手的机会

家长可根据孩子模仿性强、爱动的特点，让他们充分利用手边的工具，通过小实验和日常观察等活动，让儿童自己去获取知识；还可让儿童自由制作简单的玩具，自己设计一种游戏等，充分运用各种感官，自己观察，自己动手操作，让孩子体验到一种自我成就感和乐趣。

6. 让孩子自己寻找答案

家长要经常注意儿童提出的不寻常的问题和有价值的想法，抓住时机进行启发诱导，利用孩子什么都想知道的特点，有意识地启发他们积极思考，寻找答案。

7. 用游戏来刺激和培养孩子的好奇心

好奇、好动、喜欢探索周围事物的奥秘,这是宝贝学习的原动力。正是人类对世界的好奇心,才促进了整个人类的向前发展。特别是婴幼儿时期的宝贝,好奇心更甚,他们总是希望洞察和探究一切他所接触到的事物。

对于刚当爸爸妈妈的年轻家长们,我们一起来分享一篇《分阶段用游戏来培养幼儿的好奇心》的文章,相信太平洋亲子网叫紫璇的作者很乐意我们做这样的分享的。

我们可以根据孩子的年龄段,采用游戏的方式来培养他们的好奇心:

0~6个月:挥拳踢腿中的好奇心

0~6个月的婴儿,还是摇篮中的孩子,躺卧的时候比较多,这个时候的宝宝往往喜欢关注空中的吊坠物。由于尚不能熟练地使用自己的身体各部位,往往会挥拳踢腿,手脚并用去触碰那些悬挂着的玩具或物品,有时候会手舞足蹈地玩得不亦乐乎。

这时候要特别注意保护宝宝的眼睛,吊坠物距离宝宝的眼睛既不能太近也不能太远,20~30厘米为宜,既要让宝宝不太费力就能看到,又不能伤到宝宝的眼睛。吊坠要经常变地方,不能总在一边,防止宝宝目光总是聚焦一处,形成斜视。

小游戏——捉迷藏

游戏玩法:妈妈在床上盘腿而坐,让宝宝面对面坐在自己的腿上,一手扶着宝宝的髋部,一手扶着他的腋下保持平衡。爸爸在妈妈背后,让宝贝一手抓着爸爸的手指,另一手抓住妈妈的胳膊,爸爸先拉一下被宝宝抓住的手,当宝宝朝这边看时,爸爸却从妈妈背后另一边突然伸出头来亲热地叫"宝宝"或宝宝的名字,当宝宝转过头找到爸爸时就会"咯咯"地笑起来。

6~12个月:摸爬啃咬中的好奇心

6个月以后,宝宝的运动能力有了很大的增强。慢慢地,他就能够独自坐立，自由爬行了。行动能力的增强使他的活动范围一下子扩大了很多，从静静地坐着，慢慢地发展到到处爬行，去扩展自己的活动天地，这意味着宝宝的身心发展产生了一个很大的飞跃。

宝宝的运动机能发展非常迅速，行动能力也越来越自如，对周围的事物也越发表示出浓厚的兴趣和好奇心。只要是手指能够得着的地方，他一定要用手去抚摸、敲打一番，甚至还会塞到嘴里啃咬品尝一番。强烈的好奇心和模仿欲，使他时常目不转睛地盯着身边的人或事物，一心一意地模仿。

由于这一时期的宝宝正处于口欲期，什么东西都喜欢放到嘴里去啃咬一番，因此家长要尽可能地保证宝宝接触物品的干净卫生，平时要尽量把宝贝活动的房间打扫干净，最好能够整理出一块较大的空间，供宝宝爬行或者其他活动时使用，让宝宝活动时不会有阻碍，从而能够自如地活动。父母这一时期要加强同宝宝的互动性，比如经常和宝宝一起玩各种游戏，如摇晃、捏、触碰、敲打、掀、推、扔、取、传递等，使宝宝在游戏中学到各种技能。

小游戏——敲敲打打

游戏玩法：准备一些纸盒、塑料瓶、不易破碎的玻璃瓶、饮料罐等不同物体。家长和宝贝坐好，一人手里拿一根小棍子，用棍子敲击不同的材质的物品，倾听这些物品发出的声音。宝贝往往会乐于模仿家长的动作，并对由之而产生的各种声音感到很奇妙。

1～2岁：抛扔物品中的好奇心

1岁以后的宝宝，行动能力进一步加强，逐渐从爬学会独立行走。宝宝一旦能独立行走，就意味着他的活动天地更大了。这一时期宝宝的明显特征是喜欢出门去玩，因为外面的世界显然比家里的更精彩。这个时候能够牢牢吸引宝宝好奇心的，往往是那些体积大，而且会移动的东西，如汽车、玩具车、气球等。不仅对移动的物体感兴趣，这个时候的宝宝对"飞行"物体也给予了莫大的关注。他们常常兴致勃勃地用各种方式来抛扔不同的东西，以便观看不同的"飞行"轨迹，而且宝宝玩起

这种抛扔物品的游戏来，总是乐此不疲的。

好在这个过程只是很短暂的一个时期，因此对于宝宝喜欢扔东西的现象，父母不必紧张烦心。其实，宝宝只是在这样的反复地抛扔东西的过程中，慢慢地认识到自己的动作"抛扔"和动作对象"物体"的区别与联系，探索事物发生变化的因果关系。当宝宝逐渐地学会了其他更有趣的游戏和活动后，他的兴趣及注意力会逐渐转移到其他更有趣的活动上，抛扔物品的现象会自然消失。

小游戏——扔球或响铃棒

游戏玩法：在户外的空地上，家长把准备好的小球递给宝宝，宝宝向外扔出。宝宝每次扔球，都能使球滚动。开始时，宝宝可能没有注意这种现象的存在，宝宝也没有认识到自己的力量。之后，经过家长的引导动作的多次重复，宝宝会慢慢地关注这一现象，并慢慢地意识到自己的动作能使球发生变化，发生小球滚动的现象。从中他认识到自己的力量、自己的存在和客观物体之间的关系。

也可将游戏中的小球换成铃铛或者别的东西，使宝宝慢慢意识到扔不同的东西会产生不同的效果，发现物体更多新的属性，而使宝宝对各种事物获得更多的认识。

2～3岁：捣乱中的好奇心

宝宝在父母打扫卫生的过程中，发现了吸尘器的"妙用"，他开始像父母那样打开开关，除了聆听机器里面的声音，他还在地上撒了很多纸片，模仿父母的样子将纸片吸进了吸尘器的"肚子"里。淘气的宝宝深受鼓舞，他开始故意把大米、绿豆、花生，还有小件的玩具撒在地上，玩起了"吸尘游戏"。这些看似捣乱的好奇举动，往往让父母感到宝贝在跟自己对着干，而宝贝却按捺不住好奇心的撩拨，屡教不改。

到了2岁左右，宝宝进入了第一个反抗期，他无所不在的好奇心表现得淋漓尽致。这一时期的宝宝认知方式具有"感觉＋动作"的特点——不是仅仅用语言。眼、耳、鼻、嘴加上肢体动作，都是宝宝认识世界的方式。各种感官的信息收集，让宝宝能够从不同的角度了解事物，也使他能够更综合、立体、准确地认识外部世界。因此，父母尽量不要以卫生整洁或者成年人的思维方式来制止宝宝的行为，哪怕这一行为会给人留下一堆烂摊子。

小游戏——雨水流到哪里去了

游戏玩法：下雨的时候，妈妈和宝贝一起穿好保暖的衣物、雨靴，打着伞蹲下去跟宝贝一起观察地上的水流为什么会打漩？水为什么是朝这个方向流而不是朝那个方向流？马路为什么修成中间高、两侧低的弧形？马路两侧的水流向了哪里？还有，为什么泥地吸水快，而柏油和青砖地几乎不能吸水？

好奇心是人类精神最崇高的特性之一，因为它的最简单的定义是"求知的愿望"。

——阿西莫夫

❹ 与其咒骂黑暗，不如燃起一支明烛：**培养孩子的行动力**

阳阳6岁的时候，我们教他学会了100以内的加减法。为了锻炼他对100以内加减法的实际运用能力，便给了他100元钱，叫他去附近的超市买东西。同时规定阳阳将100元钱中的88元买东西，其余的找回来，而且要求买的东西种类越多越好。

同时，我们还鼓励他、要求他自己算，说阳阳是个聪明的好孩子。我们的鼓励使阳阳很高兴，他认真地按照我和妻子的要求去做，结果做得非常好。久而久之，阳阳养成了勤于实践的好习惯，每次学到了新东西，不用我们催促，他自己就想方设法去实践了。在实践中，他不仅印证了所学的知识，而且也大大地增长了能力。

与此同时，我在《深圳青年报》上看到了这样一件事：有位中学生的父母要到广州出差两天，走之前，给学习成绩向来很好的女儿买了很多速冻饺子放在冰箱里,告诉孩子自己煮着吃。他们反复教了孩子怎样开煤气炉,以为这样孩子就饿不着了。结果,等父母回来后,孩子直叫饿得发昏。爸妈纳闷之余,打开冰箱一看,发现速冻食品丝毫未动。原来,孩子竟然因为不会开煤气炉而挨饿!这是多么悲哀的事情!这位女同学尽管学习成绩很好,但动手能力也未免太差了,即使爸妈已经教了她开煤气炉的方法,但她仍然不能很好地运用学到的知识。

  安娜·路易斯·斯特朗说过,与其咒骂黑暗,不如燃起一支明烛。成功的路有千万条,但行动却是每一个成功者的必经之路。行动胜于一切。从知到做,是一个非常艰难的过程,也是一个必不可少的过程。只有把知识和实践紧密地结合起来,才能算是真正获得了知识,否则知识便一钱不值。

  教育部教学仪器研究所曾经承担了"学生实验动手能力"这一项大型的调查。调查的对象是学完了《自然》的全日制小学五、六年级学生,学完了《物理》《化学》《生物》等课程的初三以及高三年级学生,测试的主要内容是物理、化学、生物、小学自然各科的实验动手能力。结果令人十分尴尬:高中和初中学生物理、化学、生物三科实验能力总成绩不及格,小学生自然实验成绩刚够及格线。具体表现在:能简单操作,而不能细心操作;能模仿照做,而很少设计思路。

  虽然这项调查是针对学校的实验教学进行的,却反映了学生实践能力差这一根本性问题。由于传统思维模式的影响,我们的教育中确实存在"重理论、轻实践""重知识传授、轻能力培养"的不良倾向。事实上,中国孩子并不笨。然而问题的另一方面是,孩子们从小学到中学,学了将近十年的物理,欧姆定律烂熟于心中,可是连个插座都不会接,这样的学习到底有多大的意义?大人们的眼中,难道就真的只容得下那个分数吗?

  中国民间有个笑话,讲的是秀才过河沟。如何跳过小河沟?秀才翻开书本,只见书上写道:"单脚起,双脚落,一跃而过。"秀才按此实践,一步却跃进了小河沟里。这正是人们对"书呆子"的嘲讽和幽默。

现代通信手段和大众传媒的发展，使人们处在信息的海洋中，市场经济的发展也为人们提供了日益增长的经济机会和无穷无尽的消费诱惑。人的欲望在膨胀，思想在扩展，可是行动的能力却在弱化。"书呆子"这个词准确而传神地表达了光学不用知识的严重后果。

事实上，现代社会正是一个呼唤实践能力的社会。学习知识的目的在于运用，如果不能学以致用，将一事无成。如果离开了实践能力，书本知识也只能使人获得暂时的小聪明，很难帮助人成就大事业。学习的最终目的是为了更好地把知识转化为实践。

遗憾的是，我国的应试教育体制铸就了达摩克利斯之剑。也许，我们的家长和老师并非不知道实践的重要性，而是由于这样那样看似充分的理由，使家长和老师们忽略了、放弃了、舍掉了对孩子实践能力的培养。由于有考试这把高悬着的达摩克利斯之剑，"实践有什么用？考试成绩过不了分数线，照样不能上大学！要实践，等大学毕业再实践也不晚！""什么事情都不用你做，只要你把学习成绩搞好了，就是最大的成功，就是孝顺父母！"就很自然地成了很多父母的口头禅。家长的用心实在良苦！没办法，因为"考试只动笔，不动手"。

孩子们并不是天生懒惰，动手能力低下或动手能力的丧失，一定程度上可说是父母惯的。只动笔不动手是过去，现在社会各界都已经开始意识到实践能力的重要性，专家们把当代社会称为"新型的自己动手掌握命运的时代"，学生考试中也渐渐出现一些测试动手能力的试题，如果家长不重视孩子实践能力的培养，孩子很可能会被社会淘汰。

有一句话说，"没有教不会的学生，只有不会教的老师"。这句话用在培养孩子的动手能力方面，也可以说，"没有不会做的学生，只有不支持的家长"。一个明智的家长，应该主动给孩子提供实践的机会。

所以，父母在教育孩子的过程中，要改变以考分来判断孩子的标准，因为孩子的素质不是单纯由成绩来表现的。在一个强调素质教育的时代，只要求孩子好好学习争取高分是远远不够的，其他方面的素质也需要父母的培养，尤其是孩子的动手能力。现在社会越来越强调实践能

力的重要性，这是很多终日埋头苦读的孩子所欠缺的。

爱迪生小时候成绩特别差，被老师讥笑为智商不高的孩子，可是他的母亲并不这样认为，也没有因此对孩子失去信心，在母亲的精心引导和教育下，爱迪生建立了自己的试验室，每天动手做各种科学实验，最终成为世界上最伟大的发明家之一。

爱因斯坦在上小学时，也曾因为学习成绩差被老师认为是低能，然而他在自己的不懈努力下，用自己的聪明才智创造了相对论，为世界科学作出了卓越的贡献，成为20世纪最伟大的科学家之一。

明智的家长可以权衡一下，到底是防患于未然，在平日里多培养孩子的实践能力与习惯好呢，还是每天辛辛苦苦做个保护小鸡的老母鸡好？面临着新世纪的挑战，哪一位家长不希望自己的孩子成为时代的强者？既然有这样的美好愿望，不如及早行动起来，把孩子培养成为既有知识又能够做事的多面手吧！

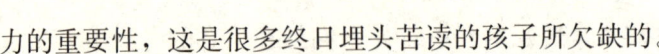
爸爸感悟

现代社会，是讲究孩子能力和各方面综合素质的社会，成绩只是孩子一个阶段学习情况的反映，无法证明孩子的全面素质和能力。一个学习成绩不理想的孩子，也许在动手实践方面有独特的优势，因此父母不能片面重视孩子的分数，而忽视孩子的全面发展。父母要重视发掘孩子的潜力和能力，冲破传统教育理念的桎梏，将孩子的动手能力教育列为重要的教子课题。

现实告诉人们，实践能力和学习书本知识是相辅相成的关系，两者并不矛盾。如果家长能够在日常生活中多务实一些，注重培养孩子的实践能力，那么在遇到事情的时候，孩子们就会习惯性地采取行动，运用自己身上潜在的实践能力来解决问题。反之，如果家长一直包办代替孩子的一切，那么，当某一天，当孩子遇到了困难而你又不在身边的时候，他就会惊慌失措、束手无策。

现在的孩子大多是独生子女，是家中的小太阳、小皇帝，家长恨不能把孩子所有的事情都包办了，什么事情都不让孩子动手。长此以往，孩子就会形成习惯，等他长大了，他就什么也不会做也不愿去做。因为在他的思维惯性里，所有的事情家长都会为自己做好的，根本不用自己操心。真的到了那一天，就悔之晚矣。

俗话说"心灵手巧"，手巧是一个人大脑灵活的标志之一。同样，良好的动手能力也是一个孩子健康成长的标志。孩子在认识周围事物时总是试图通过自己的努力来满足自己的好奇心。比如，孩子看到花儿很漂亮，他就会努力地伸出小手去摘那朵花，这就是孩子基本的动手能力。

其实，孩子的模仿力特别强，如果父母教给孩子正确的动手操作的技巧与方法，孩子会出色地完成很多事情。如果家长教会孩子正确地使用剪刀后，就会欣喜地发现：孩子不仅能安全地使用剪刀，而且会用剪刀剪出许多各式各样的图案，如"太阳""月亮""星星"等。孩子使用工具不仅能锻炼其动手能力，同时也发展了孩子的想象力，可谓一箭双雕。

教育小贴士

1. 别凡事包办代替

孩子自己的事情自己做，从生活细节开始，如洗脸、洗袜子、收拾房间等，从小培养其生活自理能力和动手习惯。

2. 保存孩子游戏的权利

让孩子在游戏中了解周围的世界，形成自己的做事方式，获得实践方面的体验。

3. 培养孩子的动手能力

作为家长，应该从孩子很小的时候，就有意识地训练孩子的小手，比如让孩子自己拿筷子吃饭，在保证安全的条件下用剪刀剪纸、折纸、做手工。

4. 保护孩子的动手热情

鼓励孩子在课余时间搞点小发明、小创造，而不是把孩子的工具、

材料扔到垃圾桶里。

5. 在思想中清除"分数等于以后的好职业"这一方程式

20岁时的目标现在对孩子没有任何意义，否则，学习会失去它本来的意义。只有善于把所学知识运用到实践中去的人，才是真正优秀的人，他的生活才会过得安全、快乐、自由。

6. 让孩子在教学环节中抓住实践机会

在实验课中，要争当操作员，积极动手，别害怕失败或失手。

7. 改变重知识轻能力的思想

现代社会，是讲究孩子能力和各方面综合素质的社会，成绩只是孩子一个阶段学习情况的反映，无法证明孩子的全面素质和能力。一个学习成绩不理想的孩子，也许在动手实践方面有独特的优势，因此父母不能片面重视孩子的分数，而忽视孩子的全面发展。

8. 相信孩子能行

孩子在自己动手实践的过程中，会培养出独立精神和勇于创新的意识。父母把信任传达给孩子，孩子就会树立"我能行"的心态，并在实践中不断印证这种感觉。父母的态度对于孩子来说显得格外关键。当孩子信心不足时，父母不要吝啬自己的信任，告诉孩子："你能行。"

9. 减少孩子对父母的依赖

孩子如果对父母存在很大的依赖感，事事都依靠父母，即使是自己可以动手做的事情也推脱给父母，就会在心理上产生惰性，难以自觉地动手实践，甚至在父母的督促下也不愿动手。父母要减少为孩子做事的冲动，在生活中，只要孩子自己可以做到的，就让孩子自己去做；在学习上，也要尽量让孩子自己完成，如孩子做作业的时候，父母不要插手，让孩子自己将学到的知识更好地理解消化，这样孩子会逐渐摆脱对父母的依赖，具备较好的动手实践能力。

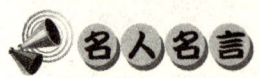

德可以分为两种：一种是智慧的德，另一种是行为的德。前者是从

学习中得来的，后者是从实践中得来的。

——亚里士多德

5 欢迎来到"为什么"时代：注重培养孩子独立思考和判断的能力

阳阳的小脑袋里总是藏满了问题。当他皱着眉头，一脸急切地来问"为什么"时，有时候我和妻子也不知如何回答，有时候我们知道答案，也忍住告诉他答案的冲动，总是换一种对答方式："为什么？""你认为呢？""你怎么想到的？""那样又会怎么样呢？"

这种启发式的反问使阳阳的小脑瓜开始运转起来，他完全被他自己提出的问题所吸引，饶有兴趣地跟我们讨论，甚至在讨论结束后兴致仍然高涨。

思考使人聪明，思考使人更有效地获取信息，思考是青少年一生中最有价值的本钱。勤于思考，善于思考，是青少年走向成功的桥梁。

法国哲学家笛卡尔就曾经做过一个梦，梦见自己站在一个堤坝上，周围的风景历历在目、尽收眼底。醒来后，却发现自己仍然躺在床上，可是风景在脑中依然清晰可见。于是搞不清是躺在床上这件事真实呢，还是到了堤坝上这件事真实？现在唯一能确定的就是"我正在思考着这个问题"这件事是真实的。于是提出了"我思故我在"这个哲学命题。

当然，我们并不是从虚无主义这个角度去理解这个命题的。转换一下，"我思故我在"可以解释为"只有我思考着的时候，才能证明我的存在"。思考使人获得个性。每个孩子的存在都是有价值的，每个孩子的价值源于他独一无二的外形特征和与众不同的思想。可以说，人与人之间的不同，主要是思想的不同，包括喜不喜欢思考；思维的灵活性、敏捷性、深刻性如何；思维的方式怎么样。对于每一个孩子来说，这些东西是不会与别人完全相同的，于是每个孩子也就获得了自己独立的个性。孩子的个性使孩子的存在具有了合理性。

富兰克林说过："读书是易事，思考是难事；但两者缺一，便全无

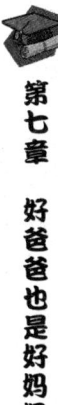

用处。"古今中外，卓有贡献的科学家，都十分强调思考在学习和科研中的作用。有这样一个故事：一天深夜，著名物理学家卢瑟福走进了他领导的实验室，看见一个学生在搞实验。卢瑟福略微迟疑了一下，便过去问那个学生："这么晚了，你还在做什么？"学生回答说："我在工作。""那你白天干什么呢？""也在工作啊！""早晨你也在工作吗？""是的，教授，我从早到晚都没有离开实验室。"学生说得很肯定，以期博得老师的夸奖。不料，卢瑟福反问了一句："那么，这样一来，你用什么时间来思考？"

翻开自然科学方面的书籍，牛顿这个名字会不断跃入你的眼帘。这位叱咤风云的科学家，建立了物体机械运动的三个基本定律，提出了能揭开天体运动之谜的万有引力定律；发现了成为光谱分析的日光的构成；创立了二项式定理和确定了微积分。当人们问他用什么方法取得了这些伟大的发现时，他回答得非常简单："我一直在想、想、想……"可以说，历史和现实中的成功者之所以成功，就在于他们在奋斗中能善用大脑，勤于思考。

思考能够让人越来越聪明。有一个富翁得了重病，已经无药可医，而唯一的孩子此刻又远在他乡。当他知道自己死期临近时，怕仆人侵占财产，便立下了一份令人不解的遗嘱："我的儿子仅可从财产中先选择一项，其余的皆送给我的仆人。"富翁死后，仆人便欢欢喜喜地拿着遗嘱去寻找主人的儿子。富翁的儿子看完了遗嘱，想了一想，就对仆人说："我决定选择一样，就是你。"这聪明的儿子立刻得到了父亲所有的财产。

这个世界对思考的人而言是戏剧，对感觉的人而言是悲剧。做任何事情之前，先"想一想"事情的原委，你可以更加轻省。而这个"想一想"的过程就是思考，它使这聪明的儿子皮毛无损，毫不费力地得到了本该得到的东西。

智慧是命运的征服者，而很多时候，智慧是从思考中得来的。不愿思考的人是固执者，不能思考的人是愚人，不去思考的人是奴隶。造成好与坏、悲惨或快乐、富有或贫困的是思想。智者之所以出类拔萃，就在于他们善用大脑，勤于思考，充分发挥思维的优势，以其智慧的力量，获得事业的成功并实现人生的价值。

思考是知识获取的内化器和信息整理的过滤器。学习有两种类型：一种是不经过思考的学习，一种是经过自己思考的学习。我们可能有这种体验，没经过思考的东西，即使学了，也会很快忘得一干二净。学习了，理解了，加上自己思考后的东西记得最牢，往往会一生受用无穷。这就是"学而不思则罔""思而得之则深"的道理。

而孩子们现行的学习方式，无论是在学校，还是在家里，主要是第一种，也就是不经过自己思考的学习，原因当然有教育本身的问题，也有学生自己的问题。在孩子所接受的学习和教育中，有些知识根本不需要思考或者根本不容许孩子去思考，家长和老师们往往只关注学生记住了多少内容，考了多少分，而不注意留心孩子是不是融入了自己的思考，久而久之，孩子也就会懒得去思考。如果这种倾向不能得到扭转，那么这一代孩子仍然是缺乏创造力的。

狄慈根说过："进步乃是先取出盆中的婴儿，然后再倒掉盆里的水。"我们可以由读书而收集知识，但必须利用思考把糠和麦子分开。在信息社会的今天，当书本、报纸杂志、广播、电视、电脑上各种信息滚滚而来的时候，缺乏思考和判断力的孩子们如何取得"去伪存真、弃粗取精"的进步？这是每一位家长和老师不得不考虑的问题。

教会学生思考，这对学生来说，是一生中最有价值的本钱。发展孩子独立思考和独立判断的能力，应当始终放在教育的首位，而不应当把获得专业知识放在首位。

爸爸在和宝宝沟通时，要借机向他提问，通过问题来引导宝宝去想象、去思考，进而去寻找问题的答案。这样，既可以锻炼宝宝的想象能力，又可以挖掘宝宝的思考潜能。爸爸的提问越是高明，宝宝的想象力就发展得越好，就越能养成爱思考的好习惯。

以下7种方法供大家参考，说不定您还能举一反三：

1. 列举法

不仅要求宝宝列举出某种物品的用途或功能，还要进一步引导他列举出和此物品原有属性无关的其他用途或功能。

示例：用毛巾给宝宝洗脸时，可以向宝宝问："毛巾除了用来洗脸，还可以用来做什么？"宝宝答："可以用来洗澡，擦脚。""还有吗？""还可以当抹布擦桌子，当浴巾围在身上，当枕巾铺在枕头上，当布娃娃的毯子，当捉迷藏的蒙眼布……"宝宝的生活感悟越丰富，他的想象就越宽广，他的思维也就越新颖灵活。

2. 头脑风暴法

爸爸可以尝试"不按常理出牌"，向宝宝提问一些反常规的问题，让他尽情打开想象的闸门，启动头脑风暴。

示例：爸爸说，如果天空中飘下的不是片片雪花，而是朵朵棉花糖，那会是什么样？宝宝肯定会说，那真是太好的事情了，我一定要美美地吃个够……爸爸又说，如果我们人类像鸟儿一样，长着一双翅膀能飞上天空会是什么样？如果一年到头没有四季的变换、没有昼夜的更替，那我们的生活会变成什么样？如果我们能听懂动物的语言会怎么样……我们只需要提供前提条件"如果"，至于后面的"怎么样"，就让宝宝张开想象的翅膀，天马行空地自由飞翔啦。

3. 替代法

在与宝宝一起从事某个活动中，当缺少一种东西时，我们可以引导宝宝去思考能不能找来另外一样东西来替代它。如果宝宝能找到很多的替代品，那么宝宝的思维就越活跃。

示例：和宝宝玩看病的游戏。爸爸假装病人，宝宝扮演医生。病人需要打针，但没有针筒，该怎么办呢？宝宝通过思考，可以想到找来别的东西来当针筒，比如筷子、圆珠笔或是妈妈的毛线针。又比如，夏日停电了，扇子也不知去向，可以对宝宝说，用什么东西可以替代扇子？

引导宝宝为你找到其他替代品,比如宝宝会说可以用书、用报纸来当扇子啊!不管宝宝找来什么替代品,只要他能回答你的提问,通过思考能想到并找到替代品,都要对其进行肯定、鼓励和表扬。

4. 为难法

爸爸提出一个假设问题,引导宝宝思考,等他想出答案后,继续顺着这个答案提问下一个"怎么办",故意为难宝宝,直到提不出问题为止。

示例:爸爸:"如果你和爸爸一起去买东西,你不小心和爸爸走丢了,你会怎么办?"宝宝答:"我会打电话给你,让你去接我。""万一你没带电话呢?""我去找警察叔叔帮忙。""万一你找不到警察叔叔呢?""我回到买东西的地方继续等你,你一定会来找我的。""如果我没回去找你呢?""我就问路人我家的地址,自己回家。"不知不觉中,让宝宝进入连环的思考模式,挖掘宝宝想象能力,培养宝宝养成爱动脑、善于解决问题的好习惯。

5. 接龙法

和宝宝编故事。爸爸起个头,宝宝接一两句,爸爸再接下去,如此循环。不管故事的内容如何、情节发展得怎样都不重要,重要的是能接上,符合逻辑就行。宝宝接得越流畅,说明其思维越敏捷。

示例:爸爸说:"有只小鸡肚子饿了,出门捉虫子吃。没找到虫子,却遇到一只小兔子。"宝宝接:"小兔子提着满满一篮子的蘑菇。"爸爸接:"小鸡很想吃蘑菇,眼睁睁地望着小兔子的篮子。"宝宝接:"小兔子想给小鸡一些蘑菇吃。"爸爸接:"可是,小兔子想起来这些蘑菇要送给生病的外婆……"开始的时候,不要太长,接一句就行。否则宝宝把握不住故事的情节,反而增加了续接的难度,进而失去续接故事的兴趣。

6. 比喻法

爸爸可以让宝宝仔细观察一种事物,根据事物本身的形态,进而多角度地引导宝宝去比喻和联想类似此种事物的另一种事物。

示例：爸爸把书立起来："书像什么?"宝宝答："像扇门，像窗子。"把书放平问："现在又像什么?"宝宝答："像豆腐，像木板，像操场。"妈妈把书打开竖放再问，宝宝答："像大大的落地窗，像酒店的旋转门。"再把书摊开平放，宝宝答："像草地，像飞机张开的翅膀。"从不同视角来比喻同一种事物难度的较大，如果宝宝一时想不出，可以不断地启发诱导，甚至给予提醒你想出的答案："你再想想，它是不是像……"

7. 改换法

爸爸可通过改换事物的一部分来引导宝宝思考，锻炼他的想象思维。

示例：爸爸："如果一个馒头只能让一个人吃饱，现在有十个人都要吃这个馒头，会发生什么事?"宝宝答："会发生争吵，会抢来抢去，会打架，也可能会十个人一起分着吃。"爸爸问："如果一间屋子没有窗户会怎么样?"宝宝答："空气会不流通，会不透气，会很闷，光线会很暗，无法看到外面的景色。"爸爸问："如果猴子的身上长了一个大大的猪头会是什么样? 如果时光倒流，回到了元谋人的时代，我们人类会是什么样子?"宝宝听后一定会觉得这些问题很有趣，并很愿意去思考、去想象。

教育小贴士

1. 培养孩子观察的习惯

观察会把孩子带进问题的世界，在孩子问问题的过程中，锻炼了孩子的思考能力。

2. 认真回答孩子思考中提出的问题

有些孩子爱琢磨事情，随后会提出一些问题，对孩子提出的问题，别以无聊或荒诞来定论，而应该认真地对待。

3. 开发孩子的大脑

人的大脑是智慧的发源地。充分地开发孩子大脑的功能，会使他更加喜欢思考。左手和右手的协调对开发人的大脑很有好处，可以让孩子练习打字、弹琴、编织毛线、练左手书法等。

4. 经常让孩子领悟到事物的相对性

绝对的东西一般不需要思考，也不容易引起思考的兴趣。在遇到外国人的时候，家长可以问孩子："在我们的眼中，对方是外国人，在外国人的眼中，我们是不是外国人呢？"还可以让孩子领悟到，前后、左右、上下等都只有相对的意义。

5. 经常让孩子领悟到事物的可变性

孩子们知道大熊猫喜欢吃箭竹，你可以告诉他，远古时代，大熊猫的祖先是食肉动物。孩子见到毛毛虫，会又害怕又厌恶，你可以告诉他，美丽的蝴蝶就是丑陋的毛毛虫变的。这样不断地给孩子们指出同一件事物在不同时间、地点发生的变异，孩子们的视野就会开阔起来。

6. 进行科学启蒙

家长要经常给孩子讲一些科学知识和科学家的故事，点燃孩子智慧的火苗，使孩子学会用科学的清晰的思路来观察、思考世界。

7. 经常让孩子报告他的新发现

如果孩子报告说"我发现火苗总是向上的""我发现木块在水里是浮的"等，父母应该热情地加以鼓励和表扬。如果孩子没有发现什么，就要经常启示他某个事物、某个现象，让他逐渐有所发现。

如果一个人掌握了他的学科的基础理论，并且学会了独立地思考和工作，他必定会找到他自己的道路，而且比起那种主要以获得细节知识为其培训内容的人来，他一定会更好地适应进步和变化。

——爱因斯坦

6 一二三，向后转：培养孩子的创造性

我们时常用这样一个有趣的问题去考问阳阳：树上有五只鸟，猎人

好爸爸是这样炼成的

打了一枪,击中一只,问树上还有几只鸟?为什么?

刚开始他会回答说:没有了。因为一只掉在地上,别的全部吓跑了。

这样回答当然正确。但这是不是唯一的答案呢?

不是。也许还有四只。因为猎人使用的是无声手枪,一只鸟被击中落地,另外四只根本没听到任何声音。

还有三只,对不对?对!理由是树上原有的五只鸟是一对夫妻和三只雏鸟,夫或妻中弹了,妻或夫飞跑了,三只小鸟还不会飞,留在巢内。

还有两只也对吗?也对!夫或妻中弹落地了,妻或夫赶忙叼着一只小鸟飞走了,还剩下两只不会飞的小鸟在巢里。

还有一只呢?也没错!枪响后,击中的一只落下来掉在树杈上,另外四只全吓跑了……

一二三,向后转。阳阳,由此来看,从没有、一只到还有五只的六个答案都可以成立。这道题目给我们提供了好几个可供思考的对象,而不是把我们的思维纳入唯一一个对象这个固定的框框,这就是创造。可见,地不分南北,人不分老幼,只要你肯创造,你就可以创造。

除了人人都能成为创造之才,我还给阳阳讲了一个故事,告诉他处处都有创造之地。有一位教授洗完澡后,拔掉澡盆的活塞放水,他发现水流在排水口形成了旋涡,是向左旋的。这件不起眼的事引起了他的好奇。于是他又在其他器具里做实验,并且观察河流中的旋涡,结果发现它们都是向左旋的。教授于是联想到,这种现象大概与地球自转的方向有关。果然,在南半球国家,孔道水流的旋涡是向右旋的;而赤道地区的孔道水流并不形成旋涡。最后,这位教授总结出了孔道流水的规律,提出了一种新观点,在研究台风等方面具有实用价值。创造的素材遍地都是,只要我们仔细观察,开动脑筋,思考任何一种事物或现象都能够产生创意。

天天都有创造之时。在很多人眼中,这个世界上的东西绝大部分是孤立的、唯一的。他们认为，椅子就是椅子，设计椅子就不必考虑桌子的问题。当我们能够打破这种狭窄的目光，而把更多的事物和现象纳入我们的思维的时候，新奇的创意便会自然地浮现出来。

多米尼公司是生产创可贴的专业厂家，由于这种橡皮膏生产工艺简单，所以市场竞争十分激烈。眼看着自己的市场占有率不断下降，米多尼的老板苦思良策，想到一个新招。

很快，一种名为"快乐的伤口"的新式创可贴在市场上出现了。受伤本是痛苦的事，何来"快乐"？原来新式创可贴摒弃了传统产品的肉色，一反常态地采用了鲜艳的桃红、橘黄、翠绿、天蓝等花哨的颜色，外形也不再是单调的条形，而是采用了心形、五星形、十字形和香肠形等，还在上面印上了"花头巾""好疼啊""我快乐极了"等幽默动人的文字，让人看了忍俊不禁。这种创可贴一经推出，求购者十分踊跃，尤其是孩子们对新创可贴更加钟爱。"快乐"的创可贴在不到一年的时间里，就售出830万盒，销售额高达15亿日元，令对手们目瞪口呆。

创新的机会随时都有，同样是创可贴，从不同角度考虑一下这个对象，创意也就产生了。

在知识经济到来的时候，具有创造力的人，将推动着知识经济的发展，成为知识经济的骄子；少有创造力的人，则困难重重；毫无创造力的人，则会陷入重重危机，成为知识经济的"奴隶"。如果说人类社会的竞争在农业社会是以"力"取胜的话，那么工业社会则是以"物"取胜，到了知识经济时代也就是信息社会则主要是以"智"取胜，产品的知识含量越来越多，新的经济增长点不仅仅是产品量的增加和质的好坏，更重要的是不断推出新的产品代替过去的旧产品。所以，过去衡量一个国家的经济能力，用的是"劳动生产率"或"劳动生产率的增长率"，而知识经济时代，更重要的是"创造力"和"创造力的增长率"。

阳阳从牙牙学语开始，就开始学会了提问。由于年幼，所提的问题往往十分荒诞，有的可能无法回答，但无论提出的是什么问题，他都希望得到答案、解决疑惑。作为家长，我都会认真对待、平心静气地解答，避免强行压制提问。如"你怎么有那么多稀奇古怪的问题""我没工夫回答你""这种可笑的问题根本没法回答"等诸如此类的话语更是极力避免。有些家长对孩子的问题不知如何回答，但在孩子面前又不好意思承认自己不会回答，怕丢了做家长的面子，就胡编乱造一些所谓的答案来欺骗和搪塞孩子。这不但会误导孩子认识此问题，也会影响孩子的认知发展，同时更会影响家长自身的威信。

《世界科学报告》曾深刻地指出："知识的差距是发展中国家与发达国家的差距所在，而知识的差距归根到底就是人才及造就人才的教育的差距。"在信息时代，教育只有能充分开发每个人的潜能和创造力，才能真正起到兴国的作用，才能适应信息时代的需要。

另外，从个体的竞争能力上讲，只有具备高度的创新意识与创造能力的人，才能在未来的社会中有自己的一席之地。可以说，创造力已经成了每个人通往知识经济的通行证。

总体上说，美国科学技术领先于世界是举世公认的，这与美国人富于创造精神是分不开的。美国人富于创造精神又是与他们从小就注重培养孩子们的创造力是息息相关的。许多美国教育专家认为，每个孩子都是具有创造力的，父母、老师和孩子应当结成三位一体，在日常生活中，从点点滴滴入手来进行引导与开发，这样就会大大激发出孩子们的创造力。

爸爸感悟

人最重要和最有价值的一种能力就是创新能力。创新能力的高低决定了一个孩子未来成就的大小。江泽民同志曾说过："创新是一个民族进步的灵魂。""一个没有创新能力的民族，难以屹立于世界先进民族之林。"如今，教育界的有识之士越来越重视培养学生的创新能力，这是一个令人欣喜的现象。其实，作为家长，同样也应该重视培养孩子的创新能力。因为家长是孩子的第一任老师，而且与孩子相处的时间最长，并且接触了孩子的各个生活层面。

家长要根据孩子的年龄大小、根据他们的生长环境选择适合他们年龄阶段的、他们平常又不易接触到的新鲜事物让他们去尝试。可以充分利用周末或是假期带领孩子接触新鲜，感受新奇。农村的孩子可以去城市认识一下城市的摩天大厦、先进的科技和交通等设施；城市的孩子可以去农村走走，认识一下农作物、家畜家禽，感受田园风光的美丽，了解花鸟草虫的生存特性等。见多识广，见过的事物越多，了解的知识也就越多，想象的空间就越广阔，新的灵感就越有可能触发，新的想法也就越容易降临。那种只想把孩子关在家里，只想让孩子死学习的方法，只会把孩子变成书呆子，绝不可能使孩子成为有创造力的人。

家庭和社会本身就是一个绚丽的舞台，必将演绎出丰富多彩、千变万化的生活和故事。经验源于对生活的感悟，具体经验只能从具体的生活中来。这有待于家长、老师和专家们进行更深入的探索和总结。

1. 建立民主的家庭氛围

太听话、太轻信的孩子往往缺乏创造意识，家长不应随时摆出长者和权威的姿态指使孩子。

2. 让孩子学会适当的怀疑

不相信某些现成的结论，那么谁是正确的？不信，就自己来吧，自己来猜想，自己来证明。要证明，就要自己寻找事实、明确思路，因而也就从中找到了创造的方向和课题，也就有可能做出创造成绩。

3. 培养孩子的优良性格

相对于创造活动来说，理智型、意志型和独立型性格更有利于创造。冷静沉着、观察细致、善于思考有助于发现问题；勇敢坚定、处事果断、坚忍不拔有助于克服困难；信念坚定、独立思考有助于创造性思维的形成。

4. 了解孩子的气质类型，指导孩子选择合适的发展方向

家长要根据孩子的气质类型和特征选择合适的发展方向和努力目

标，使孩子的气质特征与一定的目标相适应。如竞争激烈、冒险性大、风险性强的事情适合胆汁质的人去做；要求耐心、持久、细致、稳定的事情适合黏液质和抑郁质的人去做。

5. 培养孩子的好奇心和想象力

想象力是孩子心中的眼睛，有了想象力，孩子就能看到通常根本看不到的事物。

6. 提供孩子进行创造训练的机会和场所

创造是需要训练的，经过训练的人比不经过训练的人成功的可能性要大得多。训练可采用正规训练，也可采用自我训练和业余训练。

7. 指导孩子选择适合的创造方式

婴幼儿时期主要有做游戏、讲故事、玩积木、学造型。青少年时期主要有探讨新的解题方法、参加各种课外活动、自己动手进行小制作、参加发明协会、编笑话故事和小幽默、自编自演自导小品、参加头脑奥林匹克竞赛、创作科幻小说、制作各种标本等。

青年长于创造而短于思考，长于猛干而短于讨论，长于革新而短于持重。

——培根

7 三寸之舌，强于百万之师：培养孩子的语言能力

古人说："口者，心之门户也。"对初涉人世的青少年来说，有效的语言表达是学会与人共处的重要内容。如果说倾听的态度更多地需要一种修炼来支撑，那么说话的风度则更多地需要一种素养来呵护。在增进素养中学会说话，在学会说话中学会共处。

有个相声说了这样一件事：有个人宴请了五位客人聚会，说好5点半在某酒楼见面，6点钟准时开宴。可是到了6点了，还有两位客人没

来,主人觉得吃也不是(因为对不起还没来的客人),等也不是(因为对不起已经来了的客人),正在左右为难之际,说了一句话:"该来的没来!"其中已经来了的两位客人一听这话,说:"你的意思是说,我们是不该来的了,我们走!"拔腿走了。主人急得像热锅上的蚂蚁团团转,剩下的那位客人跟主人比较熟悉,于是说道:"不是我说你,有你这样说话的吗?"主人反驳道:"我又没说他们。""好啊!你没说他们,那就是说我了。"剩下的唯一一位客人也被气走了。

看来,语言作为使用最广泛的一种交往工具,能否恰当地使用语言,是交往成败的关键。这个主人本来是很好客的,但由于"不会说话",缺乏有效的语言表达,而使客人觉得自己不受欢迎,从而不再来访,这是言语造成的失误。所以,有效的语言表达是成功交往的必要条件。

俗话说,"好话一句暖三春",一个"会说话"的孩子,往往会赢得父母、老师、同学的喜欢和尊重。相反,一个说话"不掼板"的孩子,往往一张口就得罪人,惹人生厌。

孩子开口说话是第一步。《少年儿童研究》杂志曾经刊登过孙盈的一篇名为《尿裤子的故事》的文章,讲她小时候有个同学肾有轻微的毛病,导致他尿频。可是他始终不在课堂上向老师提出上厕所的要求,于是就一直憋着。遇到老师拖堂,他就更苦不堪言。由于憋尿,他的精神就集中不起来,学习成绩也不太好。更糟糕的是,一段时间后,他的肾病重了,得了综合征住进了医院。

现实生活中,我们有些小朋友不怎么爱说话,更不敢提一些哪怕是合理的要求,就像上述这位尿裤子的小朋友,你不说要上厕所,老师怎么会知道呢?该说的不说,受苦的就只能是自己了。

人们之所以长了嘴巴,说话是一个很重要的功能。在人与人的交往中,对于各种问题,每个人都会有不同的看法,为了让人了解自己的看法、自己的情感,就要用语言或肢体语言把它表达出来。你表达了,别人才能了解你。所以,家长要告诉孩子有什么样的想法要及时表达,不

能总是期望别人对自己心领神会。孩子爱不爱说话、敢不敢说话与父母的态度有很大的关系。如果在家庭中你不给孩子说话的权利，遇事不分青红皂白，只有你说孩子的分儿，不让孩子张口，孩子刚要对问题发表一点意见，你就说："小孩子懂什么，写作业去。"孩子对你的训斥刚要申辩一下，你又说"看你还敢顶嘴，大人的话也不听了是不是？"时间长了，孩子就不再想表达自己的想法，认为他说了也没用。父母有批评孩子的权利，孩子也应该有说话的权利。父母不能希望孩子在家什么都不敢说，到了外面却敢于表达自己。

孩子还要"会说话"。有人会想，说话哪个不会，除非哑巴。其实不见得，有时候，就连大人、素养比较高的人也不太"会说话"。

有个皇帝，梦见他所有的牙齿都掉光了。醒来后他立即召来了一个解梦家，问他这个梦具有什么意义。

"唉，真不幸啊！皇帝，"这解梦家说道，"每一颗掉落的牙齿，都代表着您一个亲人的死亡！"

"什么？你这大胆的家伙。"皇帝愤怒地对着他大喊，"你竟敢对我说这种不吉利的话？快给我滚！"并下令："来人啊！给这个家伙50大板。"

不久，另一个解梦家被带来了，听完了皇帝的梦，他说："皇帝您真幸运啊！您将活得比所有的亲人更长久！"皇帝高兴地笑了，他说："谢谢你，你立刻和我的侍从一起去库房领取50个金币！"

途中侍从对这个解梦者说："就我听来，你所解释的和第一个人所解的意思并没有什么不同啊！"那聪明的解梦家慧黠地答道："话有很多种说法，问题就在于你如何去说！"然后他高高兴兴领了金币回去了。

古话说："一句话说得合宜，就如金苹果在银网子里。"的确，同样的状况，不一样的表达方式，结果往往有很大的不同。如何智慧而得体地表达出心中的意思，需要用心，更需要操练。

爸爸感悟

中国的语文教育往往偏重于看与写，忽视说与谈，这可能是语文教育的一大失误。其实，我们学习的主要目的是要会讲话，会讲明白话，会讲精彩话。说话首先要把意思表达清楚，词要达意，不要说了半天别人没听懂你说的是什么，甚至话说出来之后完全背离了你的初衷。因此在日常生活中要注意对孩子这方面的训练。

语言是人的一大门面。缜密的逻辑性和淋漓尽致的语言表达会使人增添几分佩服；准确、鲜明、生动的遣词造句会使人增加几分理解；恳切、和气、文雅、谦逊的谈吐能征服几许听众；而文明礼貌的语言更会赢得几分尊重，使人生之路绿灯常开。相反，语无伦次、模棱两可则会增加不必要的误解；矫揉造作、强词夺理定会减少几位朋友；空话、假话使人生路荆棘丛生；谎话、粗话、脏话使人处处碰壁、四面楚歌。

语言是实现人际交流的重要手段，良好的语言表达能力很重要，是一个人思想的外在表现。现在的家长们对孩子一般只注重识字教育，而语言能力的培养却没有引起应有的注意。其实对孩子的发展来说，口头语言要比识字更为重要。因为口语能力是丰富知识、发展智力最重要的工具。儿童期是发展口语的最佳期，抓紧这个时期逐步形成良好的语言习惯，是发展智力，发展口头、书面表达能力，理解知识能力的前提，将受益终生。

一般说，语言发展比较好的孩子，往往求知欲旺盛，知识面也广，智力发展得比较好。口头语言能力也是学习文字的基础，口头语言发展得好的孩子，进入小学以后，在识字、造句、写文章等各方面都进步得比较快。

此外，语言对孩子的个性也有很大的影响。语言发展得比较好的孩子，往往思想活跃，性格开朗，喜欢同别人交往，活动能力比较强。相反，语言发展比较差的孩子，往往沉默寡言，比较胆小，活动能力比较差。良好的语言表达能力作用表现在：语言能促进孩子交往的发展。重视对孩子的语言理解能力和语言表达能力的培养，就能促进他主动与成人、同龄人交往，能用语言进行沟通和交流，使孩子的交往范围不断扩大，交流的能力也不断提高。语言能促进孩子智力的发展。孩子掌握了

语言，就掌握了认识事物的工具，能促进孩子的观察力、想象力、思维力、记忆力的发展。

1. 训练孩子的语言表达能力

小的时候，可以让孩子复述你给他讲过的故事，也可以让他讲一讲今天的所见所闻，鼓励孩子把心里想的话说出来，避免成为"茶壶里煮饺子有嘴倒不出"的人。

2. 说话要有对方意识

与人对话，不要只顾自己说，或是只顾说自己，兜着圈子把话题往自己身上拉。反之，应该主动地寻找大家共同感兴趣的话题，甚至重点谈及对方关心的事情，并留心他人欲言又止的难堪。

3. 说话要合情合理

说话讲理，合乎情理，是人生语言交际中必需的。当然，讲话不仅要讲理，还要合情。合情于语言中，会使合理减少生硬，使人在温柔的氛围中接受意见，在感激中接受批评。

4. 进言要注意方法

忠告和规谏是送给朋友的最好的礼物，但这只能在私下底下进行，甚至要创设氛围，利用契机，注意方法。否则，有益的进言会变成恼怒的根源。

5. 培养孩子的幽默感

有幽默感的人在谈话中会让自己和别人都觉得很轻松。

6. 控制音量、语调和节奏

要话说得好听，语调、节奏都是要注意的，不能太快，也不能太慢。说话时语调要抑扬顿挫，这样才能吸引人。

7. 说话中不要带有太多的口头禅

如"是不是""就是说""啊"等，太多了不仅显得啰唆，而且会让人听着难受。说话时要保持良好的姿势，眼睛要看着对方。

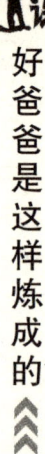

8. 非常注意说话的角度和分寸

自我评价不宜使用"最""第一"等最高程度措辞,也不应该把自己的成功、优点作夸张的、沾沾自喜的陈述。不要摆出居高临下的姿态说教别人,绝不在失落者面前谈论成功。

人们以为他们的理性支配言语,偏偏有时反而支配理性。

——培根

第八章

好爸爸也是好老师

1 "数到三,爸爸就抱你走。"要让孩子养成勤于锻炼的好习惯

接孩子从幼儿园回家,路上孩子对爸爸说:爸爸,我累了。爸爸和孩子说:咱俩数到三,爸爸就抱你走,行不行?孩子很高兴地答应了。然后,爸爸大声说:预备——齐步走!一、二、一;一、二、一;一、二、一……父子俩一路走回了家。

爸爸的幽默让孩子锻炼了身体。对于孩子来说,成长的过程不仅是增长知识和能力的过程,更是长身体的过程,家长不能在孩子的成长过程中顾此失彼,不能只关注孩子的知识和能力的增长,而忽视孩子的身体发育和健康状况。身体是革命的本钱,如果身体差了,即使学习成绩再好,能力再强,又有什么用处呢?因此,家长应引导孩子多做运动,从小养成锻炼身体的好习惯。

多做运动,加强体育锻炼,不仅能够强健孩子的体魄,而且在运动的过程中还能让孩子寻找乐趣,刺激孩子的大脑发育、锤炼意志、增强自信心。有的运动都可能是我们的孩子发育大脑、锻炼意志、寻找快乐和增强自信的最好机会。

但问题是现在的孩子普遍存在运动不足、不愿运动的问题,长此以往,必将对孩子的体质以及将来的学习生活产生不可估量的后果。那么有什么办法可以让孩子跑起来、跳起来、积极运动起来,去享受运动带来的乐趣和益处呢?

这是我和阳阳之间的一场艰苦卓绝、旷日持久却又胜负难料的战斗。其实我自己也明白,最终的胜利必将属于孩子——天下有几个家长拗得过孩子?

星期六,还没到出去锻炼的时间,儿子就照例又开始了病恹恹的哼哼唧唧:"老爸,我头疼。"我没有理他。过一会儿,他又嚷嚷:"老爸,我肚子也疼。"我依然不理他。

要是在过去,我会像书本里描绘的慈祥的父亲那样,温柔地对儿子进行循循诱导:"乖儿子,老爸知道锻炼身体比较累,可是老窝在家里看书会生病的,身体不好在学校里也会受人欺负的,练好了身体就能不生病、不吃药打针,将来还能保护爸爸妈妈呢!你说好不好?"

阳阳8岁了,性格比较内向,平时不爱运动,爱好的都是下棋、玩玩具这些比较文静的活动。亲朋好友谁见了我家儿子都夸赞:"哎呀,你家这孩子好乖啊,你们是怎么教育出来的啊!"可我听了却是如鲠在喉,有苦难言啊,我们发愁就发愁在他真是太乖了。

从周一到周末,除了去学校上课、上辅导班,平时不是看书写作业,就是待在电脑边打游戏,要么就是坐在电视机前看电视。眼见着他身上的肉越来越多,小身板越来越圆溜,那真是肉在儿身,愁在爹心啊!怎么能想个办法,让他多锻炼锻炼呢?

我以为天下的孩子都是爱玩的,于是我带阳阳到青少年宫的跆拳道培训班去看看,以为身为男孩的儿子会对武术感兴趣,那天正好一个培训班的孩子们在做热身,一群孩子发疯一样喊叫着从这边跑到那边,又喊叫着从那边跑到这边。我很兴奋,寻思着,儿子一定喜欢跟这么多小孩子在一起疯玩。可还没等我开口,就见儿子看了一会儿,然后一转身拉着我的手就走,边走边不屑一顾地说:"一群疯子。"得,这下又泡汤了。

带他去逛体育用品店,由着他随便逛,他喜欢什么都可以随便买。挑了半天,结果他挑了副羽毛球拍欢天喜地买回来了。刚开始,阳阳也确实热了那么几天,每天傍晚吃过饭,儿子都要把我扯下楼陪他玩一会

第八章 好爸爸也是好老师

儿。可是说实话，长这么大，我也没怎么玩过羽毛球，所以实际过程大多是在我们换着发球中结束。

感觉到阳阳确实喜欢羽毛球，但自己能力有限，不能做个称职的陪练，于是我征得他的同意，给他在市少体校报了个羽毛球培训班，还找了个号称玉溪第一拍的老师当教练。可阳阳兴高采烈地去了，却愁眉苦脸地回来了。原来人家是正规训练，刚开始练习，人家是不让去打羽毛球的，而是要从基本功练起——练蛙跳，这样一来，每次练完回来，阳阳都要龇牙咧嘴地疼上好几天，每天走路都是一副受刑的样子。

于是，儿子开始了逃避，每次都是找各种借口、软磨硬泡地不想去。在经我苦口婆心的劝导仍不见效后，我也只能对其睁一只眼闭一只眼地听之任之了！这个星期六，儿子消极抵抗的结果是：他倒是很不情愿地过去了，但没过10分钟就又欢天喜地跑回来了——今天老师放假！

锻炼有这么难吗？

我语重心长地教育儿子道："身为一个男人，你总得锻炼锻炼身体吧，要不等你长大了整天病恹恹的，别说保护你妈妈了，恐怕连你自己都会被别人欺负。"

儿子小脸儿笑得像朵花，挠头想了会儿，一掌冲天给我来了个豪迈的pose："老爸，百分之百全棉无掺假，我喜欢打气球！"

得，这下我又得去给他买气球了。为了孩子能够健康成长，就要连哄带骗，想方设法地让孩子喜欢上体育运动。好在他上了初中，因为中考要考体育，他妈妈每天晚上陪着他到文体中心跑步，阳阳才慢慢养成了锻炼身体的习惯。

很多家长谈到，现在给孩子报班存在着"重文艺，轻体育"的现象。的确，在现行的社会教育环境下，让孩子多学习些文艺类的知识，能够让孩子拥有文艺特长，对孩子将来参加集体活动，或者升学、就业都有帮助，有助于提高孩子的竞争力。

而在家长看来，体育类的项目只能算是孩子的一种兴趣爱好，很难算得上是孩子的一种特长。"就是由于家长这种过重的功利性，导致在培养孩子的过程中偏科太重，致使孩子的身体素质逐年下降，健康状况堪忧。"不少学校的体育老师也表示，现在的学生身体素质大不如从前，以1000米跑为例，10年前的合格率怎么也能到90％，现在却几乎连一半也达不到了。

孩子体质差、不愿意运动的主要原因还是在于家长，有些家长对孩子过于爱护了，不能见到孩子吃一点点苦，一看到孩子流汗就心疼得不得了，不让孩子做运动了。这样的锻炼显然是很难收到效果的，现在很多孩子出现的感统失调症状（好动、肢体不灵活、语言发育迟缓等），主要就是由于家长的这种过分溺爱、孩子运动缺乏引发的。

我们来看看国外，人家的孩子是怎么锻炼身体的呢？

在西班牙：爱孩子就要他多做运动。西班牙孩子的父母不仅鼓励孩子做运动，而且还积极参与孩子喜欢的运动项目，和孩子一起分享运动的快乐。比如在西班牙广泛流行的网球运动，大人和孩子都广泛参与，他们甚至将网球运动上升到一种精神、文化的高度，认为打网球的过程也是学着做人做事的过程。在那里，教孩子的网球教练的素质都非常高，因为他们认为教练不仅在教孩子打网球，而且是在教孩子一种精神、文化。在这种运动文化的氛围之下，西班牙很少有孩子是不喜欢体育运动的。

在日本：对孩子的赤足训练风靡全国。日本全国范围内的幼儿园、中小学校里，正在推行一种"赤足训练"，就是让孩子们光着脚丫子绕着操场进行慢跑运动。实践证明，推行孩子赤足训练一段时间，绝大多数儿童体质增强了，身高、体重增加很快，连伤风感冒也很少发生了。这种"赤足训练"很快风靡全国。

父母们往往更重视孩子的饮食健康和智力发展，其实，运动可以给孩子带来更多的益处。父母应该多带着孩子到户外走走、投入到大自然的怀抱中去。呼吸新鲜的空气，享受和煦的阳光，与自然亲密接触，这样不仅可以活跃孩子的新陈代谢，增强孩子的骨骼健康，还可以让孩子有机会接触到更多不同的人。孩子们也可以交到新的玩伴，他们一起做运动也可以让孩子学会团队合作。

爸爸要开动脑筋，培养孩子的运动兴趣，让孩子慢慢爱上运动。父母最好能够和孩子一起运动，共同分享运动的快乐。当孩子进行运动时，父母最好也参与其中，和他一起玩或一起做运动，这样他会运动得更开心。父母可以扮演体育解说员的角色，还可以像现场观众那样为他欢呼呐喊。这样做对孩子非常管用，孩子会玩得更尽兴。

跑步和登山运动不仅能增强孩子的体质，锻炼孩子的肌肉，增强身体的平衡能力，还可以给孩子带来更多的收获。在户外运动中，孩子可以通过与伙伴的合作，学会分享、礼让、学会规划、学会与人合作、怎样与人合作。一旦出现矛盾，孩子们会学着解决问题，学会商讨怎样处理纷争，学会如何使用团队的力量。

户外运动为孩子提供了一个多多认识他人、多多结交朋友的平台。可能就是一次在一起踢足球的运动，让两个原本互不相识的孩子从陌生到熟悉，从生人到朋友。孩子们熟悉后也会讨论很多的话题：今天踢足球时，谁得分最多，谁表现得最好，谁射门次数最多等，都是孩子积极讨论的话题。孩子和父母看球赛时，可能突然对某个球星的表现评头论足一番，突然对某个国家队的球员感兴趣，发现有些国家的球员是白皮肤，有些是黑皮肤，他们奔跑的速度、他们的身高可能比我们略胜一筹。当父母和孩子的话题因为运动而增多时，父母与孩子的感情也随之拉近，沟通也进一步升华。

教育小贴士

佛山市第二人民医院生长发育专科主任王晓宁介绍，应根据宝宝的年龄阶段选择适合他们的运动。

阶段一：10个月大

适合运动：可以用双手和膝盖着地爬行，这个阶段的爬行训练就与孩子长大以后进行开车等动作的协调有密切的关系。

阶段二：3岁以下

适合运动：逐渐学步和上下跳跃，这时可以训练孩子的双脚交替运动，可让其骑三轮车；

阶段三：3～6岁

适合运动：可以从事一些技巧运动，例如大动作的踢球、跑步，精细动作的穿珠子等，都是适合这个阶段年龄儿童的感觉综合协调训练。

阶段四：学龄期

适合运动：要增加有利于生长发育的运动。例如轻巧的弹跳伸展运动有利于长高，比如跳绳、跳远、跑步这些有助于四肢的生长；悬挂式的运动，可促进脊椎骨和四肢的生长；还有全身性运动，打羽毛球、足球、游泳等都有利于促进骨骼的伸展延长。

阶段五：青春期

适合运动：到了青春期要解决两个问题：一是肥胖，二是学习压力。针对儿童肥胖，家长可以让孩子进行有氧运动，每天进行30分钟以上，持之以恒。

针对学习紧张，可以进行爬山、慢跑等放松性的运动，调整神经系统的紧张。

② "孩子，你的眼睛能发现美。"培养孩子的审美能力

美是到处都有的，对于我们的眼睛，不是缺少美，而是缺少发现。我们面对的是同一个世界，眼睛是一样的，不同的是头脑和各自所处的位置。

面对玫瑰花，有个小姑娘却只看到刺，她没有错，但是她错过了更美好的东西。一对孪生姐妹到公园去玩耍，回来后向母亲报告了各自的观感。妹妹说："那可真是一个鬼地方，鲜花下面也有荆棘。"姐姐说："那可真是一个好地方，荆棘里面也有鲜花。"

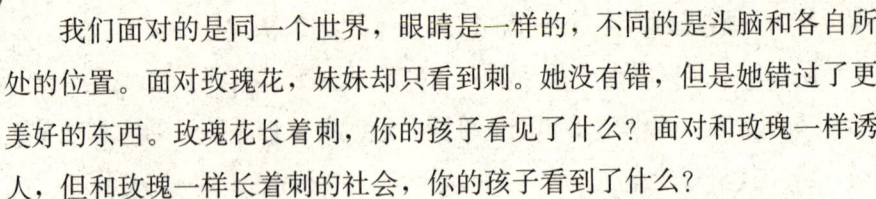

我们面对的是同一个世界，眼睛是一样的，不同的是头脑和各自所处的位置。面对玫瑰花，妹妹却只看到刺。她没有错，但是她错过了更美好的东西。玫瑰花长着刺，你的孩子看见了什么？面对和玫瑰一样诱人，但和玫瑰一样长着刺的社会，你的孩子看到了什么？

苏东坡和佛印和尚是宋朝有名的两个才子，他们都已经久闻对方盛名，只是未曾谋面。一天，两人在一个茶馆不期而遇，一番客套后，两人聊起天来。苏东坡问佛印："你看我像什么？"佛印以钦佩的口吻答道："我看你像一尊佛。"接下来，佛印反问苏东坡："你看我像什么？"苏东坡以嘲讽的口吻答道："我看你像一泡臭狗屎。"

苏东坡在跟佛印以前的交锋中，从未捡到过半点便宜，今天说得佛印瞠目结舌，便满意地回家了。回到家，苏东坡的扬扬得意仍然写在脸上，苏小妹见状，问道："哥哥，你今天为什么这么高兴？"苏东坡淋漓尽致地描述了整个过程，正等着夸赞呢！可苏小妹却说："哥哥，你应该难过才是！"按照佛家"相由心生"的道理，佛印心里有佛，所以看谁都像佛，而你心里只有一泡臭狗屎，所以看谁都像臭狗屎。苏东坡听后恍然大悟。

正如新柏拉图派的创始人普洛丁所说："眼睛如果还没有变得像太阳，它就看不见太阳；心灵也是如此，本身如果不美也就看不见美。"一颗阴暗的心是难以捕捉到美的。生活中，我们只有接纳自然才会发现自然之美，接纳自己才会发现生活之美，接纳别人才能发现人性之美。我们个性中的一个根本而必要的部分是对美的兴趣，是领悟美并把美吸收到性格中的能力。

夜晚，群星闪烁。妈妈和阳阳一起观赏着神秘的夜空，轻轻地唱起了《看星》这首歌："天上多少星星亮晶晶，一二三四五六数不清，一闪一闪好像小眼睛，我要问你明天天可晴？啊！星星请你回答，我要和你对话。"

秋天到了，我们带着阳阳到郊外，望着那金黄的谷穗、雪白的棉花，还有树上的累累硕果，边走边说："秋姑娘，秋姑娘，秋姑娘穿着花衣裳。谷穗金，玉米黄，棉花白，高粱红，红薯拖着绿油油。苹果笑得红了脸，丰收的歌儿照山乡。"

过年时，我们回到北方老家，窗外飘着雪花，妈妈抱着阳阳在窗前观看纷纷落下的雪花，轻轻地说："是谁？敲着窗户沙沙沙。是我，是我小雪花，我从天空飞下来，告诉你们：'冬天来到啦！'"这是美的镜头。是成人以自己对自然界的感情去感染孩子，刺激孩子的美感。

常听有人抱怨，认为生活平淡无奇、了无趣味，整日将"无聊""没劲""乏味""没意思"这些词挂在嘴上，仿佛生活真的苍白、味淡得如一杯白开水。以这样一种百无聊赖的心境去面对生活，怎么可能寻求到生活之趣和生命之美呢？

美需要我们去发掘。只有热爱生活，才能发现天地万物、宇宙人类无时无处不在的盎然生趣，才能在成败、得失、悲欢、离合中感受生活无限丰富的内涵和色彩，才能成为一个富有生活情趣、审美情趣的人。

春节即将来临，我们领着5岁的阳阳忙着做节日前的准备工作。我扫房，阳阳帮着搬东西；妈妈炸水果，阳阳在一旁观看，还学着做几样水果；我去买菜，阳阳帮着提篮子……吃饭时，阳阳给奶奶夹了一条鸡大腿，高兴地说："奶奶，您吃，这是我和爸爸去买的。"客人来了，阳阳端出"自己"炸的水果，请客人吃。

也许你会说，一个5岁的孩子能帮什么忙？但是如果从教育孩子的角度看，让孩子参见这些准备工作是完全有必要的。孩子的愉快感受不仅由于吃了香的，喝了甜的，穿了漂亮的，更主要的是由于他们创造了美好的事物——香的、甜的、漂亮的，这一情感的升华，对孩子来说是非常重要的。

虽然美就在我们的身边，爱美是每一个人的天性，但是如何使孩子认识美、感受美、鉴赏美，还需要家长与老师施以巧妙的方法加以培养。孩子的审美能力不能一蹴而就，需要长期培养，不能操之过急。有的家长为了提高孩子的审美能力，今天练钢琴，明天练绘画，后天练舞蹈。没有让孩子真正地、认真地感受各种审美活动所蕴含的美的因素，

缺乏审美体验，没有进入审美状态，何谈审美意识和审美能力的培养呢？

审美能力是个人所具有的与进行审美活动相关的主观条件和心理能力。审美感受以"视""听"两种感官为主，而在这方面并不是每个人都是一样的。在这里，先天的条件以及后天的训练都起着很大的作用。

每个人有不同的审美能力。先天失明的人无法有绘画的感受，先天失聪的人也无法有音乐的感受。对绘画和音乐的敏感程度，与人的视听器官的先天敏锐程度有关，而后天各人生活条件和经验的不同，对感官的培养、锻炼的不同，更现实地使各人具有不同的审美能力。这些个人的能力的产生、发展和形成，虽然和人们的生理和心理的素质有关，但在本质上是人类长期历史发展的产物，也是个人在生活中和审美活动中长期受到教育和训练的结果。

审美能力只能结合着审美活动加以提高，不能把它看成某种固定不变的东西，而应该把它看成可以在审美活动的过程中不断提高和丰富的东西。你要经常关注艺术类的东西，通过学习艺术理论和艺术实践（包括自己的创作和对别人艺术成果的观摩），提高艺术鉴赏能力，要博览群书（不仅是名著小说），政治、历史、文化、社科等都应该涉猎，知识面越宽，你的审美能力就越强。

中国呼唤美人，不是美在相貌，而是美在德行。中国人审美观倾向精致、朴实、和谐、高雅、永久一点，西方人审美观倾向大气、张扬、热爱、庄重、共同一点。

教育小贴士

1. 让孩子接触大自然

家长的任务是经常带孩子到大自然中去，让孩子身临其境，去体验和感受它的美。

2. 创造美的家庭生活环境

干净、整齐、朴素、美观、富有教育意义的家庭环境，其本身就是审美对象，要让孩子参与家庭环境的美化，在劳动中创造美。

3. 培养孩子具有文明的言谈举止

家长首先作语言美、行为美的表率，让孩子的语言健康，不做不得体的事，不说不得体的话。

4. 培养孩子健康优美的体态和仪表

让孩子在坐、立、走、跑、蹲或看书写字时都保持正确的姿势。孩子的穿着应该以舒适，能表现童真为美，避免把孩子打扮得成人化。

5. 花大力气塑造孩子健康美好的心灵

培养孩子具有同情、宽容、忍耐、热情、勇敢、善良等好品质。

6. 让孩子从小受到艺术的熏陶

通过绘画、唱歌、跳舞、手工、乐器演奏等活动，有效地培养孩子的观察力、注意力和创造力。

 名人名言

真、善、美是些十分相近的品质，在前面的两种品质之上加一些难得而出色的情状，真就显得美，善也显得美。

——狄德罗

3 从小就要爱科学：怎样教孩子爱科学

科学技术是第一生产力。从观念层面来说，科学技术是以科学精神来支撑的。由于历史的原因，中国传统文化中重思辨、轻实验，科学的含量很低。时至今日，只有11.4%的上海人能正确理解科学研究方法，了解科学研究的过程，而美国早在1990年就有18%的人正确理解科学方法，1995年达36%。当代学生对"算命结果"的高相信度，也说明对学生进行科学精神教育不容忽视。

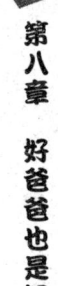

什么是"科学"?——大多数中学生会这样告诉记者:"科学是指先进的生产力""科学是神秘深奥的学问"。那什么是"科学精神"?——"是天资""是勤奋"——孩子们天真和五花八门的回答,说明他们对"科学""科学精神"的概念由模糊而产生敬畏,最终走向疏远。有关专家认为,这正是今天我们对青少年科学精神教育的匮乏,也说明科学精神在这个社会的缺失。

在欧洲,科学是在神学的控制下破土而出的,哥白尼使科学走上独立发展的道路,伽利略、布鲁诺、开普勒等科学家为此付出了沉重的代价。正所谓"安能摧眉折腰事权贵,使我不得开心颜"。爱因斯坦说过:"对真理和科学的热爱和追求是人类最崇高的品质之一。"真,是人类精神世界的支柱。如果缺乏求真的态度与勇气,科学怎会发展?所以,求真是科学精神的基础。要教育孩子不作假、不盲从、不附和、讲真话、求真理、做真人。不计功利。

居里夫人的女儿在《居里夫人传》中回忆了感人的一幕:在居里夫妇宣布发现镭以后,几名美国科学家去函询问分离和提取镭的方法。居里问居里夫人是否应该考虑申请专利,这将会得到一大笔钱改善生活和建一个良好的实验室,居里夫人毫不犹豫地说:"这是不可能的。这将会与科学精神相违背。……物理学家总是全部公开发表其研究成果。如果我们的发现有商业用途,那只是偶然的,我们不应该以之牟利。镭将被用于治疗疾病。……在我看来不能够从中捞好处。"

我们教育孩子从小爱科学,就是不太清楚科学方法是怎么回事。用科学解决问题的程序是怎样的?在当今信息时代,帮助孩子学会科学解决问题的程序是很重要的。我们可以从科学家哈雷的研究中得到重要启示。

世界上最有名的彗星叫哈雷彗星。其实,这颗现在命名为"哈雷"的彗星,还是我国最早发现和记载它的,古书《竹书纪年》中提到:"周昭王59年春,有星孛于紫微。"这是公元前900年的事了。古书《春秋》中记载:"鲁文公十四年秋七月,有星孛于北斗。"这时是公元前613年，是可靠记载哈雷彗星的第一次。在欧洲，1531年阿皮亚尼斯首先发现了这颗星，但为什么这颗彗星命名为"哈雷"？是因为哈雷用科学的方法对它的周期进行了研究。

生于1656年的英国人哈雷，从小热爱天文学。1682年当哈雷26岁时，这颗彗星靠近了地球。哈雷就在夜空中观察这颗"扫帚星"，哈雷对24颗彗星的轨道进行了计算，他还收集各种书刊，考查过去的记录，把从1337年起300多年来有关彗星的记载整理成一张表。他用微积分计算，精确又慎重。终于，他发现了1682年他看到的那颗彗星的轨道，与1531年、1607年出现的彗星轨道有相似性。哈雷天才地得到一个猜想：这3颗大彗星实际上是同一颗彗星的3次重现，这颗彗星以76年左右的时间为周期，沿着一个扁长的椭圆轨道绕日运行。他预测道："我坚决预言，这彗星在1758年还要回来的。"人的寿命有限，哈雷于1742年1月14日离开了人间，没能等到这颗彗星回归。但天文学家们在等待着，1759年3月10日，这颗彗星果然归来，辉映在夜空之中。后来在1835年、1910年、1986年，这颗彗星每隔76年左右就准时回来，证明哈雷的假说是成立的，他的预测是准确的。人们为了纪念和表彰哈雷的创造性发现，把这颗彗星命名为"哈雷彗星"。

因为哈雷彗星的周期达76年左右，所以一个人见一次也颇不容易，能见到两次就更困难。我们这些成年人1986年见到哈雷彗星出现在夜空，它那婀娜多姿的身影风靡了全世界，明亮的头部，像扫帚的尾巴显得古怪而神秘。哈雷彗星下一次回归的时间是2061年至2062年。

哈雷解决问题的程序，就是科学中解决问题的程序，可以总结为如下的四个阶段：

——发现和提出问题；

——分析和研究问题；

——提出一个假设；

——验证或否定这个假设。

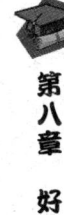

家长可以教孩子三点：首先，设计研究或实验的步骤，就是把自己的想法或别人的建议设计成研究或实验的方案；其次，一丝不苟地进行研究或实验，在研究或实验中获得数据，认真观察和记录；最后，分析和讨论研究或实验的结果，得出结论，看是否与假设吻合。

爱因斯坦的相对论提出来以后，在世界科学界立刻引起了强烈的反响，因为把时间和空间紧密地连在一起，而且时间和空间还会因为物质的存在而弯曲，这样的概念是闻所未闻的。而爱因斯坦也在急于寻找一种试验模型，以便把自己的理论应用于解决实际问题。然而，当他把广义相对论的方程式应用整个宇宙空间时，得到的解却是不稳定的。他惊奇地发现，在这个模型中，空间的距离并不是保持恒定不变的，而是随着时间的推移或者伸长，或者缩短。这也就是说，宇宙要么是在膨胀之中，要么是在收缩之中。实际上，这样的结果正符合相对论的，但爱因斯坦却被传统的观念所束缚，认为空间不应该自己胀大或缩小，宇宙中两个点之间的距离应该是不变的。他百思不得其解，便在自己的方程式中加上了一个常数项，称之为"宇宙常数"，以此来保证宇宙中的距离不会随着时间而改变，这就是所谓的爱因斯坦静态宇宙。

4年之后，一位出生于圣彼得堡的年轻数学家和大气物理学家弗理德曼，在详细地研究了爱因斯坦所做的计算之后，发现这位伟大的科学家犯了一个非常关键性的错误，他相信，这个静态宇宙肯定是爱因斯坦对他的方程式做了修改之后的一个解，但却并不是这个方程唯一的解。弗理德曼按照不加任何修改的爱因斯坦广义相对论方程进行了计算，所得的解却是一个膨胀着的宇宙，恰好与爱因斯坦方程原先所描述的完全一致。

"一失足成千古恨"啊！正因为受到传统观念的约束，爱因斯坦失去了做出"宇宙正在膨胀"这一伟大预言的良机！所以，科学发现的关键在于突破，科学总是在现实不再与现有的理论相符合的时候，出现新飞跃。科学的生命在于发展、创新和革命，在于不断深化对自然界和人类社会规律的理解。突破往往要受到旧思想的强烈反对，所以创新也包含着勇敢无畏精神。创新教育的重点是创新意识教育,培养孩子求知求新、乐于提问、勇于质疑、敢于批判、善于动手的新学风。

在对孩子的科学态度与科学精神的培养方面,家长起到的作用是至关重要的。家长既可以通过鼓励与欣赏来激发孩子的求知兴趣与探索精神,也可能因为不恰当的言语或态度而毁掉孩子的求知和创新欲望。

小孩子大多具有好奇的天性,喜欢探索未知世界,越是他不知道的、被禁止的东西,他就越想弄个明白。而好奇心和探索的激情正是一个科学家最需要的品质。所以人们说:孩子是"天生"的科学家。如果家长能够意识到这一点,那么他们就会发现,孩子那些顽皮的、看似捣乱的冒险行为其实就是一种处于萌芽状态的科学精神。而这种精神正是我们人类能够不断进步的原始动力,也是一个人未来能否成功的先决条件。对孩子的这些行为,我们不应该一味地责骂,而应该加以引导和保护。

1. 父母的理解、鼓励和支撑是最重要的

父母是引导学生进入科学殿堂和激励孩子攀登科学高峰的领路人。崇尚科学、弘扬科学精神、实行科学育人,是父母的主要职责,也是新世纪合格父母的基本标准。

2. 让孩子在游戏中发现科学

只有在宽松和谐的环境中,孩子们才敢于讲真话、讲实话,才敢各抒己见、讨论争鸣,才会爱科学、学科学、用科学,才会探索和创新。所以作为教育者要有效地对学生进行教育,就必须创设和谐宽松的环境。

3. 让孩子养成做实验的习惯

借鉴现代自然科学教育的基本方法,不是从给予科学概念入手,而是从小学起就让学生操作实验,从而尽早掌握获得科学概念的能力,注重实验过程,注重实验方法,培养学生的创新精神与实践能力。

4. 鼓励孩子学好数理化

科学精神可不是说有就有的,学好了数理化,并不表示就一定具有了科学精神,但是,一点数理化都不学,谁会相信能有什么科学精神。

5. 对孩子进行"诚实"教育

实事求是是最基本的科学精神。做一个实事求是、一心为公的人,不仅是科学精神的根本,也是做人的根本。

6. 要结合日常生活,鼓励孩子去思考和解决现实问题

把研究性学习同缝纫、家电维修等贴近孩子生活的东西结合起来,把所学来的知识用在解决实实在在的问题上,绝不脱离生活,让孩子学会关注生活、思考问题并采取科学的方法去解决问题,这是树立科学精神的意义所在。

7. 对孩子进行科学史的教育或听听科学家的报告

虽然科学家的精神并不等于科学精神,但是,从现实中我们可以很清楚地看到,在科学家们的身上凝聚着许许多多我们的教育所必须具备的科学精神。而事实上,科学家们的报告比之我们家长的长篇大论的思想教育更具有吸引力和说服力。

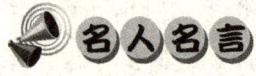

我要把人生变成科学的梦,然后再把梦变成现实。

——居里夫人

④ 真善美就是正能量:与孩子一起提升素养

《热带丛林历险记》这部影片好多人都可能看过。片中的主人公是在一家航空公司供职的机长。公司老板为了谋取巨额的保险赔款,命人在机长驾驶的飞机里做了手脚,妄图使机毁人亡。由于机长高超的技术和冷静的操作，飞机最终迫降在一片原始森林中。在这片与世隔绝的原始森林中，虽然机长以及飞机上的全体乘客历尽了生活的艰辛，但是他们患难与共，同舟共济，表现了人与人之间最纯真的感情。影片还描写了一群能分辨善与恶、美与丑的狮子和老虎，它们同这群落难的人一同惩治了邪恶。

影片告诉我们，文明社会虽然有发达的科学技术，但那里却充斥着欺骗、残暴和谋杀，缺少人与人之间的温情和关爱。其实，生活中的故事也是一样。有人高尚，为他人付出了自己；有人卑鄙，为自己付出了他人。

理性、道德伦理、灵与肉的区别等早已成为人类文明的标志。经过几千年的发展，今天，人类物质文明高度发达，但同时也正在埋葬善与美。20世纪，人类经历了最辉煌的发展阶段，在这个世纪，由于科技发展，人类创造的物质财富比以往所有世纪创造的财富的总和还多。然而就在这繁荣的物质文明背后，人们却普遍感到了深刻的精神危机，缺乏人文关怀的科学技术本身却对此无能为力。

"早晨走路用四只脚，中午用两只脚，黄昏用三只脚是唯一可以用不同数目的脚走路的生物，脚最多的时候，正是速度和力量最小的时候。"这是古希腊神话中斯芬克司之谜，英雄俄狄浦斯猜中其谜底是"人"，狮身女怪因此跳崖而死。但谜的破解并未结束，正是这个聪明勇敢的俄狄浦斯，却逃脱不了命运的捉弄，弑父娶母，羞愧难当，自己刺瞎双眼到处流浪，演出一场悲壮惨烈的人生舞台剧。于是谜底复为谜，"人是什么？"成为千古之谜，成为人立身做人不得不思考的首要问题。

现代生活中，我们需要竞争的活力，但不能尔虞我诈，仍然需要淳朴、善良、正直、诚恳的美德。我们需要高效率、快节奏，但也需要宁静与典雅。我们需要消费，需要物质的享受，但也需要人与人之间那份理解、温情和慰藉。我们需要培养孩子对于人类的爱、对于真善美的永恒追求，以及表现在这种追求中的自由本质的展现。这正是"人文"的内涵。

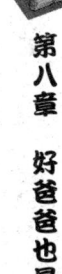

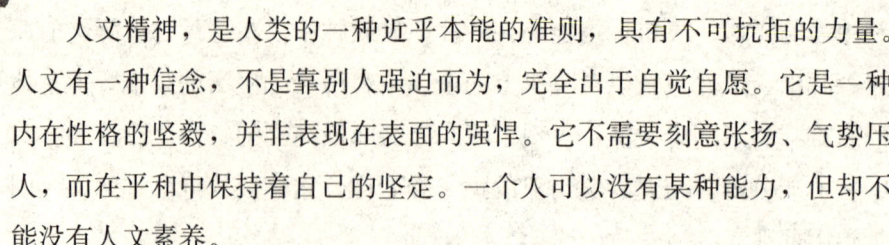

　　人文精神，是人类的一种近乎本能的准则，具有不可抗拒的力量。人文有一种信念，不是靠别人强迫而为，完全出于自觉自愿。它是一种内在性格的坚毅，并非表现在表面的强悍。它不需要刻意张扬、气势压人，而在平和中保持着自己的坚定。一个人可以没有某种能力，但却不能没有人文素养。

　　一位植物学家的儿子手拿着一株不知名的小草去问他的老师，老师不知道。谦虚而诚实的老师对孩子说："你爸爸是很有名的植物学家，你回去问问他，我也希望知道这株小草的名字呢！"第二天，孩子拿着小草对老师说："爸爸说他也不知道这株小草的名字，他说，老师您一定知道，可能一时忘了，要我回来再问老师。"说着，孩子递给老师一封信，说是爸爸叫他给老师的。老师打开信一看，里面详细地写着有关那株小草的名字和特征，最后还附着一句话："这问题由老师您直接回答，想必更为恰当。"

　　前不久和朋友一起聊天，听朋友说起现在有些家长对待孩子间打架的态度，说是："宁可自己的孩子打了别人的孩子而登门去道歉，也不让别人的孩子打了自己的孩子而来道歉。"这样的意识灌输给下一代，等于公开对孩子说："你去打吧，我乐意和你一起去道歉。"虽说都是一些小事情，可反映出了两位家长不同的做人之道。

　　都说现在的孩子自私、以自我为中心，不懂得关心别人、照顾别人，可是大人们郑重其事地提醒过孩子了吗？每位家长都具备了足够高的人文素养了吗？现在的问题是，我们的孩子到底应该具有什么样的人文素养？是不是学生懂得了经史子集、四书五经，会吟诗诵词，就说明他的人文素养很高了呢？事实恐怕不是这样。

　　人文知识并不等于人文素养，虽然丰厚的人文知识是形成一个人的人文底蕴的基础。人文素养所关注的侧重点恐怕在于人生的意义与价值，人与社会与自然的本质联系，人类的终极关怀、社会的终极目标，人类的安全、发展与命运等。

　　有一则寓言，说的是某人想弄清天堂与地狱的区别，于是他先来到地狱，发现地狱里的人都饿得面黄肌瘦，他又来到天堂，天堂里的人个个吃得红光满面。无论天堂还是地狱里，吃的都是山珍海味，而且每个人都拿着一双两米长的筷子。唯一不同的是，地狱里的人都是自己夹食物喂自己，因为筷子太长，无法把食物送进自己嘴里；而天堂里的人都是夹起食物喂进对方嘴里。寓言很明白，关心他人，相互帮助，生活才能美好。我们甚至可以说，关爱他人，也就是关爱自己，关心他人是人类生存和发展的需要，也是个人生存和发展的需要。

临沭双语实验学校的菡·蕾在博文中写到：

家长的文化修养是家庭教育资源中的"活教材"，对孩子的成长显得尤为重要。文化修养主要包括三方面的内容：文化知识修养、审美修养、文化修养能力。

文化知识修养包括人文知识修养，自然科学知识修养。提高自身的知识修养是我们一生的课程。提高知识修养的主要途径是广泛阅读，博览信息。包括阅读书籍报刊、阅读电子资源。

审美修养包括审美观念、审美标准、审美能力、创造美的能力等多方面的修养。审美修养通过一个人的言谈举止、服饰礼仪、家居风格、兴趣爱好、饮食休闲等形式体现出来。外出旅游、探亲访友、工作学习过程中同样也可以反映出人的审美修养。这一切都会对孩子起到潜移默化的熏陶作用。提高审美修养不一定要博览审美书籍，而是在日常生活中处处关注审美，并通过生活实践来体现。比如，参观美术馆、博物馆，欣赏艺术佳作，领略美丽自然，写写书法作作画，学习花艺茶道，注意室内设计装修，家具的布置搭配，注意自身的仪表妆容，注意举止的优雅，言行的文明，等等。

文化修养能力是指人的文化修养的表现能力和不断提高文化修养的能力。

家长要鼓励和支持孩子博览文艺佳作。让孩子在提升自身的文化修养中开阔眼界，增长见识，丰富情感生活。父母引导孩子尽可能多地博览中外古今的文艺佳作是最省时省事的自我教育的方法。

家长要引导孩子接受音乐熏陶。如果家庭条件允许，家长应尽可能早地让孩子接受音乐教育，比如学弹奏一种乐器，进行声乐训练等，让孩子感受音乐的熏陶。家长要有意识地为孩子营造音乐熏陶的氛围，孩子在音乐的熏陶中会受益匪浅。

家长要培养孩子的绘画才艺，提高审美眼光。孩子绘画的过程就是自我创造、自我挥洒的过程。在绘画中，孩子可以自己挥笔构造属于自己的世界，审美情趣能得到很大的提高。家长要鼓励孩子多创作、多欣赏、多点评，可以带孩子去参观画展，去户外写生，这样既可以锻炼孩子的绘画能力，还可以丰富孩子的业余生活。

家长要让孩子亲近自然，感受自然。家长在闲暇时要多带孩子去郊外走走，与大自然亲密接触。欣赏大自然的美丽与神奇，感受大自然的恩惠与赠予，这本身就是一种最深刻的自我认知，最纯粹的心灵洗礼。亲历名山大川，游览名胜古迹，访问名人故居，这本身也是一种学习文化的过程，也是读史洗礼的一种方式。

俗话说，"读万卷书，行万里路"。由此可见，不仅要博览群书，也要行走路上。"读"与"行"要结合起来，这样才会完成一个人完整的科学与人文素养的教育。

1. 从父母做起

父母是最好的老师。人文素养的养成，一定意义上说是，这一种代与代之间的传承。父母的养成不好，别幻想孩子会有多高的养成。

2. 从小对孩子进行传统美德教育

中国传统道德中有很多精华，闪现着人文的光辉，让孩子学习优秀的历史遗产具有深远的意义。

3. 让孩子听严肃音乐

严肃音乐中往往蕴含着生命的爱与力，给人们以震撼和润泽，勾起人们对真善美的追求与热爱。

4. 孩子不仅学习语文，还懂得文学

学习语文和懂得文学是两码事，学习语文很大程度上是技能训练，而懂得人文关怀，那已经是文学的范畴，是真正学到了语文的精神。

5. 从哲学故事开始

多让孩子接触哲学，能培养孩子的辩证思维能力，了解哲学精神，培养对人类的终极关怀。

6. 具有必要的礼仪常识和修养

从小培养孩子的礼貌、谦让、正直、善良和同情心。

 名人名言

你如果要做一个艺术家，你要牢记：必须开拓你的胸襟，务使心如明镜，能够照见一切事物，一切色彩！

——达·芬奇

5 孩子也是父母的老师：共同面对信息时代

某天，北京一位母亲忧伤地回到了家，似乎整个人都要垮掉了。原来，她是一个勤劳的工人，却下岗了，怎么也想不通。儿子是中学生，一边安慰妈妈，一边在互联网上发出了求职信，并介绍了妈妈的情况。妈妈万万没想到，儿子没托人也没送礼，用计算机为自己找到了工作。

毋庸置疑，信息社会的出现是20世纪末的、对未来将有重大影响的事件之一。新技术使人类进入了信息传播全球化的时代。它消除了距离上的障碍，正十分有效地参与塑造明日的社会。从一定意义上说，个人获取信息和处理信息的能力对于自己进入职业界和融入社会及文化环

境都将是决定性的因素。国际21世纪教育委员会认为,信息将对未来社会造成巨大的影响。个人有效地管理知识与处理信息的能力在一定意义上将决定这个人的生存状态。

孩子是离不开也避不开信息的。也许有人会说,孩子又不需要赚钱花钱、养家糊口,干吗需要信息?其实,作为跨世纪的一代,孩子也是离不开信息的,如果想把事情做得更快更好,就得学会利用身边的信息。

美国宾夕法尼亚州有个11岁的小男孩,很早就有一个理想:为自己购置一辆自行车。如果办得到的话,再给妹妹也买一辆。美国孩子不习惯伸手跟父母要钱,他决定打工存钱。利用课余时间,他为人家干杂活、搞卫生、除草、清理花园……一个学期过去了,天渐渐转冷,他又帮人家干起了清扫炉灰的活计。

一天,爸爸从外地回来说汽车在结了冰的路上走起来很困难,老打滑。小男孩一听,这是条宝贵信息啊!他想如果能用他清扫的炉灰来铺路,不就可以防止汽车打滑了吗?打定主意后,他到报社去刊登了一条广告:圣诞节最佳礼品——炉灰——送给雪地行车的朋友,有超乎寻常之妙用。本地售0.15美元一袋,其他地区售0.25美元一袋。这条别致的广告吸引了很多人,订单不断传来。不久,他和妹妹就各自拥有了一辆崭新的英国三速自行车。

小男孩依靠信息实现了自己的愿望,非常值得我们中国孩子学习。信息社会,教会孩子发掘信息、辨别信息、正确使用信息已经是家长和老师义不容辞的责任。只要你认真发现,信息就在你身边。

台湾"天作实业公司"的女老板周玉凤,从报纸上看到这样一条信息:科威特由于土地大面积沙漠化,每年需要进口大量泥土种植花草,美化环境。这条简单的信息启发了这位女老板,她认定小草可做商品,它会比泥土更有发展前途。于是,她投入资本请科研部门和专家协助研究一种可以不需要泥土种植的小草。不久,他们培植出一种可以大量生产的标准草皮,即"植生绿化带"。于是,"小草"为公司带来了滚滚财源。

从这个故事中可以看出，信息并不是都偏爱别人，信息不都是产生在外地，我们身边就有许许多多的信息。注意身边的信息并充分利用它们，是我们取得成功的重要途径。

都说今天是信息爆炸的时代，每个人都面临着无数信息的选择。一方面，人们必须依赖大量的信息资源；另一方面，人们又必须在无限的信息中选择最有利于自己生活、工作和发展的信息。这就需要人们具有一种判断、选择、处理信息的能力，即信息素养，否则，就会被信息的汪洋大海所淹没。

太平洋的一座岛屿上，有一天来了两个分属于英国和美国的皮鞋推销员。两人在岛上分别跑了一圈，发现岛上竟无人穿鞋，于是第二天各人给公司发了电报。英国推销员的电文说："此岛无人穿鞋，我于明早返回。"而美国推销员的电文却是："太好了，此地无人穿鞋，皮鞋销售远景极佳，我拟驻留此地。"

两人面对相同的信息为什么却有如此不同的反应呢？英国推销员把信息固化在"现在"这个点上，因此没有看到岛上居民不穿鞋这种状况并非不可改变。而美国推销员把信息固化在"将来"，着眼于现状的改变。因此，接下来的做法，那位美国人为了推销皮鞋设计了巧妙的广告，他画了一个当地模样的壮汉，脚穿皮鞋，肩扛狼、豹、鹿等猎物，威武雄伟，极符合当地居民的欣赏口味。结果当地居民纷纷询问从哪里可以弄到脚上穿的东西，于是销路打开了，他获得了成功。

如何处理信息是一门学问，它需要我们在实践中不断摸索，掌握它的真谛。如果你学会了捕捉信息和筛选信息，你将从中受益无穷。反之，一个人如果不懂怎样科学地收集信息、处理信息。他就有可能在竞争中被淘汰。

今天的孩子从小就有意无意地接受着各种信息，好的信息可以使青少年增长见识，不好的信息既浪费了时间，又有可能导致错误的决策，不掌握捕捉有用信息和筛选信息的方法怎么行呢？

爸爸感悟

信息处理就是对信息的采集、存储、转化、传输和发布等。在现代信息大爆炸的时代对信息的处理和管理，离开计算机和互联网几乎是做不到的。

随着计算机科学的不断发展，计算机已经从初期的以"计算"为主的一种计算工具，发展成为以信息处理为主的融计算和信息处理为一体的与人们的工作、学习和生活密不可分的一个工具。计算机的功能有很多，如游戏、绘图、统计、阅读电子出版物、看电影或动画片、听音乐等等。

那么除了计算机能做的，互联网还能为我们做什么呢？

互联网的功能远远胜过计算机。当我们的计算机与世界上无数计算机通过互联网连接起来，它向我们展示的是一个全新的世界，它给我们带来的是一种全新的生活方式。

据中国社科院大众传媒与青少年发展中心主任卜卫副研究员介绍，互联网对青少年来讲至少有五大功能：A. 帮助我们学习使用信息资源的技能；B. 为青少年朋友建立一个环球交流网；C. 增加青少年接触世界的途径；D. 学会勇敢地表达自己；E. 可能增加父母与孩子的交流。

当然，计算机和互联网带给孩子的也不完全都是益处，如果引导不善，或者管理不严，互联网也极易将孩子带入歧途，甚至毁掉孩子的一生。

那么作为家长应该如何引导孩子正确使用计算机和互联网呢？显然，会上网算不上是孩子的一个特长或者说是本领，上网也不是孩子能力发展的一个标准。我们不能用孩子会不会上网，或者几岁会上网来对孩子进行考核评价。迄今为止，我们还没有发现有关孩子上网年龄，以及上网对不同年龄孩子的影响的专门研究。但是，生活中已经发生的有关互联网和孩子之间存在的问题，给我们提供了诸多借鉴。这些借鉴告诉我们，网络对孩子有益处也有害处，孩子什么年龄都可以上网，但是不同年龄的孩子，对网络活动的需求不同，其家长对孩子上网的管理和指导也应不同。

现在，互联网上有许多针对儿童的网络教育资源。其中"儿童上网指导：父母从 abc 学起"（http：//www.childrensp-artnership.org/parent-guide/part I.btm1）是最为实用的资源之一。它将 2～18 岁的青少年分为 5 个年龄段，提出了不同年龄段的教育内容及其方法：

2～3 岁年龄段：不要让儿童自己玩计算机和互联网。但可以让儿童观看家长使用计算机和互联网，特别是让他们看到父母从中获得了乐趣。在这个年龄段，儿童计算机接触的主要内容是：看动画片光盘以及适合儿童兴趣的电子出版物。当母亲操作计算机时，可将孩子抱到膝上，向他（她）演示鼠标如何工作，并让他尝试敲击键盘。

4～7 岁年龄段：这个年龄段的儿童，可以教他学习一些基础的计算机知识，也可以让孩子玩一些简单的电脑游戏，看一些教育性娱乐软件。但是切忌在这个年龄段让儿童使用计算机完成一些学习任务，这样做是不理智的。

6～7 岁时，可以让孩子在家长陪同下上网，访问一些网上的儿童站点，这样可以让孩子会很快熟悉网络。但是，家长切忌让孩子单独上网。这个年龄段的孩子一定要在家长的陪同下才可以上网，家长要亲身示范给孩子看，向孩子展示什么才是正确的计算机使用方法，并指导孩子正确地使用计算机和互联网，针对孩子在使用互联网时存在的问题，有针对性地进行辅导，即时纠正孩子使用互联网的坏习惯。

8～11 岁年龄段：这个年龄段的孩子正是价值观念形成的时期，也是比较叛逆的关键时期。同时，这时的孩子也拥有了较为丰富的上网经验，他们经常使用互联网查询、下载资料，通过互联网来完成老师布置的作业，也开始通过互联网结识网友，联系亲朋。这一时期的家长要特别注意孩子在网上的表现，特别注意防止一些不健康的网络内容进入孩子的视野，防止孩子受到不良网络文化的侵蚀。对这一时期的孩子，家长的网络指导原则是：给孩子制定完善的互联网使用制度，不告知处罚

后果；加强对孩子的互联网安全教育，防止孩子受骗上当；控制孩子的上网时间；向孩子阐明网络不良信息的危害后果等。

12~14岁年龄段：这个年龄段的孩子上网更加活跃，通过网络涉猎的范围也更加广泛，同时更喜欢独立地上网，家长应尽可能地陪同孩子一块上网，但要注意保护孩子隐私，避免孩子出现抵触、叛逆情绪。这一时期家长要向孩子明确网站规则的法律红线，以及触碰这些法律红线的后果，并注意监督孩子，以免受到暴力、色情等网络垃圾文化的侵蚀。

15~18岁年龄段：对这个阶段的孩子来说，网络世界拥有无限的资源。他们开始利用这些资源解决现实问题，如发现工作机会、选择大学、学习外语等课程。他们总是迫切地希望发现新的网址和新的朋友。不要以为孩子已经进入互联网络了就不再关注他们，父母仍然需要鼓励他们的网上探索。这时父母的指导要点是：将家里一些需要解决的问题交给孩子，让他们在网上找到解决问题的方法，如查询网上购物信息、确定旅游路线等；与你的孩子谈论网上的新事物，以及刚刚经历的新的探险；如果发现你的孩子对计算机和互联网络特别感兴趣，鼓励他们去学校或福利组织，帮助儿童学习使用计算机和互联网络。

孩子们在各个年龄段都可进入互联网络，但不同年龄段的儿童对计算机、互联网络有不同的理解和应用领域，因此，必须按照儿童的年龄和兴趣，而不是按照父母的年龄和兴趣来指导孩子。

教育小贴士

1. 以开放的心态对待信息源

成年人的任务，不是管制孩子们不许看电视、不许上网、不许……而是要教会他们成熟地对待各种信息来源。

2. 培养孩子的判断能力

让孩子对大众传媒的各种信息进行筛选和分类。

3. 训练孩子利用信息的能力

有意识地传达一些信息给孩子，然后让孩子谈谈怎样利用这些信息并加以引导。

4. 换一种方式考虑问题

对同一个信息，进行多角度地分析，可以培养孩子的辩证思维能力。

把所有的愚昧淘尽，会看到沉在底下的智慧。

——贝尔纳

6 **"老爸，现乃反哺教育时代。" 和孩子一起面对数字化生存的挑战**

信息的数字化引起了传播界一场深刻的革命。网络办公、网络商务、网络新闻、网络图书、网络杂志、网络出版、网络教学、网上娱乐……将进入人们的生活。任何人都可以与地球上任何国家和地区的人直接沟通，形成全球范围的知识共享；色情、暴力、网上侵犯性行为、种族歧视以及过度商业化等是网络中最不安全的因素，青少年要学会网上自律。

1984年移居加拿大的美国科幻作家威廉·吉布森，在他著名的科幻三部曲小说里，新创了一个奇怪的术语"赛伯空间"（Cyberspace）。小说叙述了一个生动的故事：反抗者英雄被派往全球电脑网络构成的空间执行冒险任务。进入这个巨大的空间，不需要乘坐飞船或火箭，只需在大脑神经中植入插座，然后接通电极，电脑网络便被人感知。当它与人的思想意识合为一体后，即可遨游其中。在这个空间里看不到高山荒野，也看不到城镇乡村，只有庞大的三位信息库和各种信息在高速流动……

今天，故事已部分变成现实，互联网几乎覆盖了世界各地。站在历史与未来的交叉点上，数字化究竟是一个"绝望的冬天"还是"希望的春天"？我们家长如何面对这个新事物？

我们都生活在网络中。据美国《商业周刊》报道，十年前美国就有900多万人进入互联网，其中2~18岁的青少年超过了100万。即使在我国，率先进入赛伯空间的人，大量的也是我们的孩子。据调查，我国14个大中城市拥有个人电脑的家庭已达20.6％。瀛海威时空网中80％以上用户是30岁以下的青少年，21％是在校中小学生。孩子们的行为，已经使得我们的成年人，特别是中小学教师感到手足无措。西方有学者甚至提出："未来将不再是我们能为孩子做点什么，而是孩子能为我们做点什么。"这就是知识经济时代具有典型特征的"文化反哺"现象，青少年将带领着他们的父母和祖父母进入数字化生活。

21世纪则是每一个人都在使用网络的时代。网络的功能多元化使孩子不仅仅会上网浏览网页，还将网络作为了学习、生活不可或缺的工具。我们不再需要书本，不再需要写字的笔，因为我们在电脑上就能够完成所有这些以前需要如上工具的工作。

这是一个最好的时代？

当我们日复一日地发现，时空已被极大地压缩，世界正在向着"地球村"（它是如此之大，又是如此之小）演变的时候，"互联网与未来社会相连"的观念，已经根植于人们的意识里。任何人都可以与地球上任何国家和地区的人直接沟通，形成全球范围的知识共享。

儿童使用计算机网络能够获得一种自发式探索（兴趣或注意－尝试－操作－体验成功）的自由感。现实生活中有许多可自发探索的对象，但没有一个对象像互联网这样充满乐趣、富有想象力、个人可以最大限度地自由参与并且极具挑战性。美国西北大学学习科学研究所所长史强克教授认为："今天的教学模式是一个专家站在教室里对着一群学生讲话，电脑化的教学恰好颠倒过来，一个学生坐在电脑前面，身后却有无数专家。"

电脑网络不仅仅是计算工具和信息处理工具，它将嬗变为一个与广播、电视和报纸一样地位的"第四媒体"，而且拥有最多的信息、最快的传播和独特交互性的新媒体。网络办公、网络商务、网络新闻、网络图书、网络杂志、网络出版、网络教学、网上娱乐……将进入每个人的生活。

这是一个最坏的时代?

1988年,年仅23岁的美国康奈尔大学研究生罗伯特·莫里斯在键盘上轻轻一点,他制造的"蠕虫"病毒在一个半小时内,令互联网上6000台电脑全面崩溃,造成近千万美元的损失。据截止到1996年底的不完全统计,全世界已经出现上万种病毒,平均每天有10种新病毒产生,花样不断翻新,编程手段越来越高,令人防不胜防。

有些"黑客"利用高技术手段在网络中为所欲为,或非法入侵机密重地,或恶意捣毁和破坏系统,或者干脆打家劫舍截取账号盗窃钱财,甚至成立了许多臭名昭著的犯罪组织。

此外,互联网上沉渣泛起,黄毒猖獗,反动的、色情的垃圾泛滥成灾。于是有人疑惑:这是电脑的悲哀还是人性的悲哀?甚至有人担忧:当"深蓝"战胜人脑和克隆羊"多利"诞生后,电脑会代替人脑主宰人类,"把现实生活变成一个失去家园的驿站"。

当今时代是科技迅速发展的时代,父母选择让孩子从小就接触计算机,在现在社会中很是常见。21世纪学习的特征是掌握管理知识和处理信息的能力,那么互联网自然不可或缺。所以,多数专家们赞成让孩子从小学二年级开始学习和使用互联网。

但是,网络是一把双刃剑。它既可以为我们迅速提供海量的信息资源,也可以让我们深陷其中无法自拔。这个时候,父母更应该加强监护孩子的责任,让孩子在容易迷失的网络世界里趋利避害。

每一个幼稚的孩童在刚刚接触电脑时,几乎都充满了神圣之感。他们谨小慎微,慢慢地探索着电子科技的神奇,他们的内心被新鲜的科技充斥着,他们的眼睛里充满了探索的渴望。

这是人生之中的一个黄金时期,一个探索时期,需要埋下一粒健康的种子,需要奠定良好的基础,需要养成良好的习惯。可悲的是,许多孩子的这一黄金时期变成了危险时期,变成了堕落时期。他们在网络空间里沉溺,在虚拟世界里迷失,在游戏中堕落,由此产生的悲剧不胜枚举。

1. 消除孩子对计算机和网络的依赖感

家长或老师要牢记,计算机只是收集信息、储存和处理信息的工具之一,孩子必须知道并能运用其他途径收集、储存和传播信息。

2. 跨越数字化时代的代沟

家长有必要了解电脑和互联网而不要成为计算机盲,父母能够成功地使用计算机,将有利于消除代沟,与孩子有共同语言,既有利于孩子的成长,也有利于父母的现代化。

3. 让孩子了解计算机和网络的基本知识

对计算机、网络及其使用有相应的管理能力。

4. 具有发现和处理信息的能力

当发现信息后,要能判断信息对自己的意义,否则,只会被大量的信息所淹没。

5. 具有创造和传播信息的能力

能够创造有意义的信息,善于表达自己的思想并懂得网络礼仪,能熟练处理网上人际关系。

6. 在网上有保护自己安全的能力

在网上不要给出能确定身份的信息,包括家庭地址、电话号码等,未经父母同意,不在网上发送自己的照片。

7. 不要自己单独去与网上认识的朋友见面

如果认为有必要,则到公共场所,最好有大人陪同。

8. 经常与父母沟通，让父母了解自己在网上的所作所为

 名人名言

任何东西都敌不过真实。不管愚蠢的人对它如何赞颂，坏的东西总要消逝；尽管无知对它怀疑，嫉妒对它狂吠，好的东西总会存留下去。

——狄德罗

⑦ "请老爸放心，我会继续加油的。" **尽力做好现在，把握将来**

阳阳考上大学之后我们按照他的要求让他一个人去上大学。虽然我们相信他肯定没问题，自己就能够处理好这些事。可是心里还是有些舍不得的。毕竟他这一路走来我们虽然没有干涉较多，但是在关键时候总能有我们的提点。从今以后我们已不能天天陪在他身边了，我希望的是能收到阳阳写的像辽宁中医药大学第一临床医院刘婧写给她爸妈的一封信的信件。

亲爱的老爸老妈：

屈指一数，你们已经过了不惑之年。我已经在你们无形的呵护下度过二十多个春秋，时光匆匆不待人，你们用喜悦迎来了儿子的生命，你们用汗水浇灌了儿子的前程。你们高大的背影，粗糙的双手，期待的眼神是儿子前进的动力，是儿子心中最神圣的灯塔。你们用毕生的心血培养我。而我总是在夜深人静的时候对着明月星空许愿。因为孩子有太多的伤痛，太多的谴责，太多的爱想要表达，泪眼蒙眬中，我深深感到你们对儿子那份温馨的爱，浓郁的情。

有一种爱可以深入骨髓，有一种爱可以切入肌肤，这就是血浓于水的亲情。是你们用爱为儿子筑起遮风挡雨的万里长城，从心的这头到那头都牵挂着千丝万缕的情，挂着默默付出的爱。你们对我的爱可以击垮一切。

爸爸是座山，妈妈是条河。河拥抱着山，山点缀着河。而我就是这

河与山之间初学飞行的雏鸟。我可以看到：山的雄伟和小河的清澈。累了山脚下歇息，渴了可以在河边饮水。大山教我宽容，小河教会我做人。也许将来某一天那只雏鸟会变成展翅高飞的雄鹰。但无论我飞得多高，始终飞不出妈妈的视线。无论我飞得多远，始终飞不出爸爸胸膛。因为在你们心中，儿子永远是孩子。

"丝丝白发儿子债，历历深纹岁月痕。"儿子爱你们。

不论儿子犯过多少错，你们总是默默包容。不论儿子离你们多远，你们总是惦记着。但接下来的时间你们不必总是挂念着孩子，因为孩子已经长大。儿子会谨记爸爸送给我的墨宝的：做好今天，把握明天！

阳阳

某年某月某日

如果收到这封信，我会引用《青少年励志经典：你在为谁学习》中的一段话回复他。

人生如书，一本厚重的书，一本一辈子才能写完、读完的书。写好、读好人生这本书，需要奉献自己的全部。著名的科学家居里夫人，为了"把人生变成一个科学的梦，然后再把梦变成现实"，在实验室里耗尽了她所有的精力，终于发现了钋和镭两种放射性元素，实现了她的科学梦。世人景仰的英雄奥斯特洛夫斯基，以他无悔的人生，诠释了人生的真谛。对人生信仰的不懈追求和对名利得失的淡然，构成了他们既光辉、伟大而又平凡、真实的人生。我们每个人在社会生活实践中都在不知不觉中写自己的人生，也在不知不觉中读自己的人生。每个人都应该抱着一颗平常心，正确对待个人的得失名利，在任何时候都应该拿得起放得下，在平凡的岗位上去实现人生的自我价值。目标决定成败有人说，人不应该幻想遥远的未来，而应该把握具体可见的现在。但是没有高远一点的目标，就会失去生活的灯塔而迷失前进的方向。

有一个故事是这样的。有三名建筑工人，在炎炎烈日下同样辛苦地建造一堵墙，一个行人问他们："你们在干什么？"一人回答："我在砌墙。"第二个工人回答："我干一小时活，挣五元钱。"第三个工人凝视着远方，答道："我在修建一座大教堂。"多年以后，前两个工人庸庸碌碌，而第三位工人则成了享誉世界的建筑工程师。这个故事告诉我们，由于人生目标的不同，对同一件事情有不同的态度，而这不同的态度决定了人生的高度。没有目标，只能在路上无目的徘徊，而一旦丧失了目标，就会颓废消沉。

早期的登月人埃温德·奥尔德林在登月成功后曾一度精神崩溃，事后他在一本书中写道，导致他精神崩溃的原因是他忘了登月之后仍然要活下去。登月，人类多少世纪以来的梦想在他手里实现了，人生到此还能有什么追求呢？失去生活的目标，正是他无法生活下去的原因。人生如潮，有起有落。一个没有目标的人就像一艘没有舵的船，永远漂泊不定，心无所依，那么搁浅是必然的，由灰心、失望而导致失败也是在所难免的。有了目标，就有了正确的积极的心态，就能看到周围的一切存在着无限的可能性与机会。

许多年前，某报曾作过300条鲸鱼突然死亡的报道。这些鲸鱼是在追逐沙丁鱼时，不知不觉被困在一个海湾里。弗里德里克·布朗·哈里斯说："这些小鱼把海上巨人引向死亡。鲸鱼因为追逐小利而暴死，为了微不足道的目标而空耗了自己的巨大力量。"没有远大目标的人，就像故事中的那些鲸鱼。他们空有巨大的力量与潜能，把精力放在小事情上，而小事情使他们忘记了自己本应做什么。因此，要发挥潜力，你就必须全神贯注于自己有优势并且会有高回报的方面。远大的目标能助你集中精力。

我会希望他幸福地度日，合理地做人！

我会告诉他，静水深流，智者无声，只有宽容和善良才会在人心中盛开美丽的花朵。